Ismaël contre Israël

Esther Benfredj

Ismaël contre Israël

Genèse du conflit israélo-arabe

Préface de Shmuel Trigano

DESCLÉE DE BROUWER

Édition originale en langue française parue sous
le titre *Israël contre Ismaël : le conflit israélo-arabe depuis ses origines*, Éditions Québec Amérique inc, 2015.

Éditions Desclée de Brouwer
10, rue Mercœur - 75011 Paris
9, espace Méditerranée - 66000 Perpignan

www.editionsddb.fr

ISBN : 978-2-220-08562-3
EAN Epub : 9782220086811

À mes parents.

« L'Histoire suit souvent des voies obscures et tortueuses, mais toujours le sens historique l'emporte, toujours, pour finir, ce qui est nécessaire se réalise. »

Stefan Zweig, *Marie Stuart,* 1935.

PRÉFACE DE SHMUEL TRIGANO

LE « PRINTEMPS DES NATIONALITÉS » D'ORIENT : L'ÉPISODE OUBLIÉ

Le livre d'Esther Benfredj reconstitue de façon objective la généalogie du conflit du Proche-Orient. Cette clarification permet de soulever une dimension importante de l'état des choses que le récit historique dominant occulte généralement. Obnubilé par le face-à-face du colonialisme et des colonisés, hanté par la culpabilité occidentale ou l'apologie de l'innocence des colonisés, le récit historique faillit à percevoir une dimension objective de la réalité, à savoir que le peuple juif est un des acteurs de cette histoire. Je fais référence ici au « peuple juif » et non à la « nation israélienne », le peuple juif avant qu'il ne s'organise en « nation israélienne ». Car il n'y a de nation que dans l'adéquation d'un peuple à un État mais le peuple juif n'est pas pour autant un entassement hétéroclite de populations dont seule rendrait compte la logique « humanitaire ». La création de l'État d'Israël ne peut être dissociée de l'histoire du peuple juif qui la précède (et continue après elle).

Redécouvrir cette histoire malmène dans ses tréfonds les conventions. Quand on voit, par exemple, dans la création de l'État d'Israël une forme de compensation de la Shoah (que l'Occident aurait injustement fait « payer » à des Palestiniens innocents), on méconnaît l'histoire juive et, en l'occurrence, l'histoire du monde arabo-musulman (où vivait la majorité de la population du nouvel État d'Israël) qui, par ailleurs, ne ressemble en rien à la version « post-colonialiste » complaisante que l'on voudrait accréditer.

Quand on ne se focalise plus sur la perspective occidentale, l'état des choses originel s'impose : le régime colonial européen n'est pas le premier chapitre de cette histoire. Tout commence avec l'Empire ottoman. Depuis le 15e siècle, il n'y a, en effet, aucun « État » ni aucune « nation » arabe, dans le sens moderne de ces notions, même s'il existait des sensibilités régionales. Le caractère colonial de cette entité, un pouvoir dominé par les Turcs et imposé aux Arabes, est indéniable. La *ummah* islamique était le support du pouvoir impérial des Turcs ottomans.

Dans cet univers, les non-musulmans étaient des parias, dans le meilleur des cas des sujets de seconde zone, soumis à un régime vexatoire et persécutoire selon les époques et les lieux mais dont le cadre était toujours la *charia* des non-musulmans. Ce statut de minorité politique dominée découlait de l'islam. C'était bien plus qu'une oppression de peuples vaincus dans l'invasion[1] arabe du 8e siècle – Chrétiens grecs orthodoxes, Arméniens, Coptes, Grecs, Slaves et Juifs – qui se jouait là : l'instauration d'un ordre religieux du monde (*dar el islam*).

La brève conquête napoléonienne, l'influence grandissante des pouvoirs européens, les progrès de la modernisation ébranlèrent ce système, ce qui ouvrit à ces peuples dominés l'horizon d'une libération. Les premiers à se libérer du joug ottoman furent les Grecs en 1822, avec le soutien de toute l'Europe romantique. Ce tournant historique donna le signal de la libéra-

1. La « Conquête », comme il est d'usage de dire, c'est le point de vue du conquérant. L'« Invasion », est le point de vue au plus près de la réalité du vaincu...

tion à tous les peuples balkaniques et infligèrent son premier recul à l'Empire ottoman. Puis vint le tour des Arméniens qui fondèrent en 1890 la Fédération révolutionnaire arménienne à Tiflis, un acte annonciateur d'un processus d'indépendance. Ce fut là un échec sanglant. Le sultan Abdul Hamid II extermina 200 000 Arméniens entre 1894 et 1895. Puis, une fois l'Empire ottoman disparu, les Jeunes-Turcs, tout à la construction d'un État-nation, fondé sur l'exclusion non pas des non-Turcs mais des non-musulmans[2], se livrèrent à ce qui était plus qu'un massacre, un génocide (1915-1916). C'était un avertissement à tous les peuples dominés tentés par l'indépendance, c'est-à-dire par la construction d'un État-nation. Dans le cadre de cette politique, la séparation des populations chrétiennes et musulmanes prit de très grandes proportions : 1 300 000 Grecs furent expulsés de Turquie contre 385 000 Turcs de Grèce.

Les Tanzimat (1839-1876), réformes imposées par les puissances coloniales pour alléger la condition des *dhimmis* (ou *raya*) étaient arrivées trop tard. Elles ne furent pas mises en œuvre et, de toute façon, pérénisaient pour les non-musulmans la condition de minorité politique à fondement religieux, malgré un statut de quasi citoyenneté attribué aux individus. Surtout, elles soulevèrent l'opposition islamique, choquée de voir rétrograder les musulmans à une condition de minorité alors qu'ils étaient

2. Le motif religieux de l'extermination est en général occulté puisque les Jeunes-Turcs étaient laïques mais la non-extermination (néanmoins non systématique) de femmes et d'enfants arméniens, qui furent placés d'office dans des familles musulmanes pour qu'ils se convertissent et se diluent dans la population turque, montre que le critère d'extermination n'était pas racial.
Ara Sarafian, « The absorption of Armenian women and children into Muslim household as a structural component of the Armenian genocide », in Omer Bartov and Phyllis Mack (ed), *In God's Name : Genocide and Religion in the XXth Century*, London, Bedrghan Books, 2001, p. 210 et sq.

majoritaires. Les massacres de chrétiens du mont Liban en 1850-1860 en furent l'expression la plus violente. Ils occasionnèrent l'entrée en lice des puissances coloniales.

Les Juifs, non pas ceux de l'Europe mais du monde arabo-musulman, s'inscrivaient dans ce paysage et eux aussi furent habités par la volonté de libération et d'autodétermination qui saisit les peuples dominés de l'islam. Le pogrom de Hébron de 1929 fut ainsi un des actes de répression de ce vent libératoire, de ce « printemps des nationalités » du Moyen-Orient.

Ce courant, bien évidemment, touchait principalement les Arabes – qui ne sont pas des Turcs – y compris les Arabes chrétiens qui crurent trouver dans le nationalisme arabe et dans le mythe de la culture de l'Arabie anté-islamique une issue à leur impasse dans l'islam. C'est alors qu'apparut le mouvement nationaliste arabe. Il s'affirmait contre les nouveaux Turcs, certes, mais aussi contre les nouveaux pouvoirs coloniaux et les nations dominées. C'est cette dernière dimension qui se voit occultée dans le récit historique conventionnel.

Pendant et après la Première Guerre mondiale, cependant, les Arabes comme les nations dominées frayèrent avec les pouvoirs coloniaux européens. Ceux-ci étaient, en effet, les fourriers de leur libération des fers ottomans. C'est par eux d'abord que l'indépendance venait. De fait, les États-nations arabes qui se créèrent bien plus tard, avec la décolonisation, sont des inventions de l'Europe, tant dans le conglomérat de peuples qu'ils rassemblent que dans leurs frontières. Aucun des 22 États arabes actuels n'a jamais existé avant la décolonisation qui superposa un pouvoir colonial (français et anglais) à un autre (ottoman) qui, lui même, se superposait aux restes de l'Empire islamique unifié, découlant, lui aussi, des invasions de l'Islam, de la Perse à l'Espagne, et donc se superposant déjà aux peuples conquis (dont certains subsistent encore, Berbères, Kabyles, Coptes,

Araméens). Ainsi, c'est en s'appuyant sur le nouveau pouvoir qui mettait un terme à la domination ottomane que les peuples soumis à l'Empire tentèrent initialement de s'affirmer. La promesse des Anglais au chérif Hussein de la création d'un État est la plus célèbre, de même la déclaration Balfour... Quant aux non-musulmans, l'arrivée des pouvoirs coloniaux sonnait leur libération : ils accédèrent alors en masse à la protection consulaire ou à la citoyenneté des États européens et se libérèrent du corset de fer de la charia. Ce faisant – et notamment les Juifs – ils sortaient du cadre où ils étaient enferrés depuis des siècles et se donnaient pour horizon l'égalité et la liberté.

C'est justement ce qui leur aliéna le mouvement national arabe dont le nationalisme ne toléra pas que les peuples sous la domination de l'islam se libèrent et qui – retrouvant son atavisme islamique – se retourna contre ses libérateurs, les pouvoirs européens. C'est que ces deux mouvements étaient alors en gestation : le nationalisme arabe, anti-ottoman, et le réveil de la *ummah* islamique contre le joug occidental, *de facto* chrétien (« croisé »). Ces deux mouvements étaient très étroitement liés, comme l'a montré ultérieurement l'articulation et la convergence à certaines époques du panarabisme et du panislamisme. L'évolution contemporaine le confirme quand le panislamisme de la *ummah* submerge le nationalisme arabe et quand les Arabes chrétiens, à l'origine fers de lance du nationalisme arabe, se voient exclus des lieux de la *ummah* islamique dans de nombreux pays. Une autre preuve corrobore cette réalité : tous les États arabes adoptèrent la charia pour base de leur droit constitutionnel.

Le nationalisme arabe fut ainsi un échec, dès le départ. Il ne parvint pas à créer des États-nations, des communautés politiques unifiées, ni à fonder une citoyenneté capable d'intégrer les non-musulmans. Les lois de la nationalité dans plusieurs pays arabes (Égypte, Irak, Libye, Syrie...) dépouillèrent les Juifs de tous droits et de toute aspiration à une égalité dans la citoyenneté[3]. Le sionisme évidemment était la « cause » de l'exclusion ethnique et de l'expulsion à laquelle ils étaient voués : il était le symbole de la libération du peuple *dhimmi*, l'affirmation qu'il aspirait à devenir un sujet souverain. Et ce n'est pas un hasard si sur près d'un million de Juifs issus d'une dizaine de pays, du Maroc à la Perse, et de la Thrace au Yémen, 600 000 trouvèrent refuge en Israël, entre 1940 et 1970 : cela montre bien que la *ummah* était à l'œuvre[4]. C'était la destination logique dans une région en voie de reclassement et où l'ordre stato-national arabe se mettait en place. De ce point de vue, l'État d'Israël est aussi « ancien » que les États arabes. Il est né de la même tourmente, de la même histoire, aussi légitime et légal qu'eux, peuplé en majorité par des Juifs originaires de ce monde-là, qui s'y sont regroupés dans le cadre d'un grand échange de populations (nous avons évoqué le cas de la Turquie et de la Grèce). Le cas de l'échange de populations entre un Pakistan islamique et une Inde hindoue est significatif avec ses 13 millions de personnes déplacées. Les Juifs du monde arabe et la population arabe de Palestine s'inscrivent dans ce schéma. C'est ce versant de l'histoire qui a complètement disparu de l'histoire conventionnelle, y compris israélienne, et qui est le secret le mieux gardé du conflit.

Dans cette perspective, comment penser alors la logique « européenne » de la création d'Israël, celle qui domine dans

3. Shmuel Trigano (dir), *La fin du judaïsme en terres d'islam*, Denoël, 2009.

4. Tout comme la guerre d'extermination lancée contre Israël en 1947 n'était pas le fait d'une Palestine qui n'avait jamais existé mais de cinq États arabes (Égypte, Liban, Syrie, Jordanie et Irak) assistés de contingents de l'Arabie saoudite et du Soudan, c'est à dire de la *ummah*, sans distinction d'États, de toutes façons embryonnaires.

l'histoire conventionnelle (Israël résultant d'une création des Européens et peuple de populations juives étrangères à la région) ? L'histoire du monde arabe moderne n'est pas séparable de celle de l'Europe contemporaine. Dans la lutte pour l'indépendance, les nationalismes arabes s'invitèrent dans le théatre de la Seconde Guerre mondiale, en courtisant les puissances de l'Axe contre les Alliés qui étaient aussi les puissances coloniales qu'ils combattaient. La fréquentation du nationalisme arabe et de l'Allemagne nazie est peu connue[5] quoique la figure du mufti de Jérusalem, Hadj Amin al-Husseini, chef en son temps à la fois du nationalisme arabe et du panislamisme, mais aussi dignitaire nazi et chef d'une section de SS musulmans, soit de plus en plus connue[6]. Il fut le premier à opérer la synergie de l'islamisme et du nationalisme en faisant de Jérusalem le foyer de cet alliage (il y organisa le premier congrès islamique mondial en 1931...) et le facteur d'agitation des masses islamiques mondiales. Le monde arabe était ainsi un acteur, même mineur, de la Seconde Guerre mondiale. Cette convergence de courants du nationalisme arabe avec l'Allemagne nazie ne met pas le monde arabe à l'écart des conséquences de la Seconde Guerre mondiale et de ce qui s'y passa.

Mais l'histoire des Juifs d'Europe a aussi sa propre logique qui n'a pas la faveur des conventions et tout d'abord en Occident. Dans une perspective strictement politique, on ne peut s'empêcher de voir dans la Shoah l'expression de l'impasse politique qu'entrainaît l'émancipation pour les Juifs européens comme peuple, malgré leur accession à la citoyenneté à titre

5. Roger Faligot et Rémi Kauffer, *Le croissant et la croix gammée. Les secrets de l'alliance entre l'islam et le nazisme, d'Hitler à nos jours*, Albin Michel, 1990.

6. Matthias Küntzel, *Djihad et haine des Juifs: le lien troublant entre islamisme et nazisme à la racine du terrorisme international*, L'Œuvre, 2009.

d'individus et de sujets de droit abstraits[7]. C'est comme peuple en effet qu'ils furent détruits, par-delà les différentes nationalités de l'Europe dont ils étaient censés jouir, au terme d'un processus qui avait commencé avec le printemps des nationalités. L'antisémitisme – qui apparut alors – fut indissociable des nationalismes européens. C'est ce qui arriva quelques dizaines d'années plus tard au monde arabo-musulman dans la foulée de l'évolution européenne. Nous retrouvons, dans cet éclairage, la synergie de l'histoire des deux pans du peuple juif, Ashkénazes et Sépharades, qui se sont réunis dans l'État d'Israël, augurant de la renaissance du peuple juif. Ils n'avaient plus leur place de sujets libres dans les nouveaux États-nations arabes, la place dont l'épisode colonial leur avait donné le goût et qu'ils avaient perdue dans l'ère des totalitarismes européens. L'État-nation s'imposait pour eux aussi.

Shmuel Trigano
Professeur des Universités (Paris Nanterre)

7. Shmuel Trigano, *L'idéal démocratique à l'épreuve de la Shoah*, Odile Jacob, 1999.

INTRODUCTION

Les États vivent au plan international ce que les hommes connaissent à l'échelle individuelle. Des alliances se forment, se rompent parfois violemment au fil des saisons et, surtout, au gré des intérêts de chacun, laissant des traces indélébiles dans les mémoires et les consciences collectives. Échecs et victoires se succèdent, constituant l'histoire sinueuse, sinon nécessaire, des hommes comme celle des États.

« Vers l'Orient compliqué » volait le général de Gaulle « avec des idées simples » et, plus tard, Antoine Sfeir, spécialiste de cette région, avec des idées claires[1]. Terre marquée des millénaires durant par les guerres, les conflits et les paradoxes, le Proche-Orient, à la croisée des chemins entre l'Orient et l'Occident, a inlassablement fait l'objet de nombreuses convoitises politiques, économiques et religieuses : Perses, Arabes, croisés et Ottomans l'ont occupé après Rome, marquant leur passage par la construction de joyaux architecturaux. Le Proche-Orient, et plus particulièrement la Palestine, a également constitué à la fin du 19e siècle une terre d'espoir pour le peuple juif, dont le

1. Charles de Gaulle, *Mémoires de guerre. L'Appel. 1940-1942*, tome 1, Paris, Plon, 1954 ; et Antoine Sfeir, *Vers l'Orient compliqué*, Paris, Grasset, 2006.

royaume avait été perdu à l'époque romaine. C'est précisément au cœur du Croissant fertile que les Hébreux, devenus le peuple juif après avoir fait la conquête de la terre des Philistins dix siècles avant l'ère chrétienne, avaient nommé leur royaume : la Judée. Conquis par les Romains, ce territoire fut aussitôt rebaptisé Palestine pour faire directement référence aux Philistins et gommer son caractère hébraïque.

Si, depuis le 7e siècle, l'islam, religion en quête de domination universelle, s'était trouvé face aux mêmes prétentions chrétiennes, ces deux religions rivales, puisque prosélytes, ne pouvaient être que traumatisées par la volonté puis la réussite des Juifs à ressusciter en tant qu'entité politique. La naissance de l'État d'Israël, le 14 mai 1948, conduisit indéniablement ses pères fondateurs à insuffler une nouvelle vie à la langue et à la culture hébraïques, mais aussi à une terre sur laquelle le peuple de Judée « acquit son indépendance et créa une culture d'une portée à la fois nationale et universelle[2] ».

Âgé aujourd'hui de 69 ans, l'État d'Israël est encore bien jeune dans le concert des nations. À l'origine de son histoire, deux mouvements condamnés à s'affronter : le nationalisme arabe et le sionisme. C'est d'ailleurs ce qu'avait prédit en 1905 Neguib Azoury, fondateur de la Ligue de la patrie arabe pour l'indépendance :

> Deux phénomènes importants, de même nature et pourtant opposés, qui n'ont encore attiré l'attention de personne, se manifestent à présent en Turquie d'Asie : ce sont le réveil de la nation arabe et l'effort latent des Juifs pour reconstituer sur une très large échelle l'ancienne monarchie d'Israël. Ces deux mouvements sont destinés à se combattre continuellement jusqu'à ce que l'un d'eux l'emporte sur l'autre.

2. Extrait de la Déclaration d'indépendance de l'État d'Israël, proclamée par David Ben Gourion.

> Du résultat final de cette lutte entre deux peuples, représentant deux principes contraires, dépendra le sort du monde entier[3].

Selon Azoury, telle est la racine idéologique de l'affrontement israélo-arabe que nous connaissons aujourd'hui encore.

Le droit international est-il en mesure de mettre un terme à un affrontement dont les racines culturelles sont puissamment ancrées au sein de ces deux mouvements ? Selon les juristes, la nécessité de ce droit se trouve dans sa capacité à « canaliser le comportement international de l'État parce qu'elle l'oriente, permet de le prévoir, de l'évaluer, éventuellement de le corriger[4]. » Le droit international est ainsi au service de l'État, « le plus froid de tous les monstres froids », à en croire Friedrich Nietzsche (*Ainsi parlait Zarathoustra*), et constitue aujourd'hui encore l'armature de la scène interétatique. À ce titre, pour les théoriciens réalistes et néoréalistes des relations internationales, les doctrines relatives à la gouvernance globale ou au cosmopolitisme seraient illusoires : l'essence même de ce droit n'aurait pas ou peu évolué, pérennisant ainsi l'idée que la souveraineté étatique en constitue la moelle épinière.

Pour autant, la souveraineté de l'État, qui se caractérise par son pouvoir d'émettre des normes juridiques, se trouve incontestablement amoindrie. Ce monopole étatique perd de sa vitalité et de son efficience au point que nous assistons à une mutation de la souveraineté. Du fait de la mondialisation, de nombreux et nouveaux acteurs internationaux (firmes transnationales, organisations internationales, ONG, etc.) agissent en interdépendance sur la scène internationale, transcendant la souveraineté

3. Henry Laurens, *L'Orient arabe. Arabisme et islamisme de 1798 à 1945*, Paris, Armand Colin, 2004.
4. Serge Sur, cité dans Jean-Jacques Roche, *Relations internationales*, Paris, LGDJ, 2001, p. 134.

de l'État. Issues de la scène interétatique, les organisations internationales, nées au début du 20e siècle, sont à l'origine de la transformation des relations internationales.

Rappelons que la Première Guerre mondiale avait plongé l'Europe dans un véritable chaos politique à l'origine de la disparition de plusieurs empires (russe, allemand, austro-hongrois et ottoman). Des auteurs tels Albert Demangeon (*Le Déclin de l'Europe*, 1920) ou Oswald Spengler (*Le Déclin de l'Occident*, 1918 et 1922) prirent alors conscience du caractère inéluctable du déclin de l'Europe et de l'Occident. Horrifié par ce conflit, Paul Valéry avait d'ailleurs écrit, en 1919, dans « La crise de l'esprit » : « Nous autres, civilisations, nous savons désormais que nous sommes mortelles. » C'est pour cette raison que la période de l'entre-deux-guerres généra une réinvention du politique et du juridique : l'indispensable nécessité de repenser le monde s'appliqua tant aux questions intérieures qu'à la scène internationale, où la perte de confiance dans la pratique de la « balance des pouvoirs » engendra la création de la Société des Nations, organisation internationale à vocation universelle.

Instauré par les États-Unis, ce nouvel ordre mondial puisait ses racines dans le traité de Versailles, signé entre l'Allemagne et les Alliés le 28 juin 1919. Il réintroduisait également une certaine moralisation du droit, selon le juriste constitutionnaliste Carl Schmitt, provoquant ainsi une rupture avec l'ancien ordre issu des traités de Westphalie de 1648 qui se fondait sur la souveraineté des États et le concept non discriminatoire du vaincu[5].

---

5. Carl Schmitt, *Le nomos de la Terre*, coll. Léviathan, Paris, Presses Universitaires de France, 2001. Schmitt explique que pour empêcher les guerres religieuses qui dévastaient alors l'Europe, il fallait impérativement séparer le juridique du religieux. Consacré au 17e siècle à la suite des traités de Westphalie, le concept d'État souverain était le résultat de longs efforts pour définir une sphère neutre dans laquelle pouvaient évo-

Cette moralisation des rapports internationaux passait notamment par la création du système des mandats de la Société des Nations afin d'administrer les territoires perdus par les forces allemandes et ottomanes après le conflit. La Palestine ottomane (1516-1918) faisait intégralement partie de ces territoires et allait, de ce fait, être administrée par la Grande-Bretagne, puissance victorieuse de la guerre. Quant à la France, autre nation victorieuse, elle héritait de la Grande Syrie (Liban et Syrie). Inédite, cette administration internationale du Proche-Orient marquerait le point de départ de l'épineuse et passionnelle question de la Palestine. Avec l'aide de la communauté internationale, les Anglais et les Français posèrent les premiers jalons politiques d'un conflit quasiment insoluble, dont le droit international servit, paradoxalement, de fer de lance. Cette jeune administration internationale devint le socle à une nouvelle forme de colonialisme et, plus largement, contribua également à modifier toute la gestion des autres conflits mondiaux.

Nous le savons, la Société des Nations ne résista pas à la Seconde Guerre mondiale : elle fut aussitôt remplacée par l'Organisation des Nations unies en 1945. Héritière de la « mission civilisatrice » chère à la SDN, l'ONU continua l'action entreprise par cette dernière : une multitude d'agences, de comités et de programmes, destinés à résoudre une question qui s'était rapidement transformée en un véritable conflit israélo-arabe après la naissance d'Israël, furent fondés. À la même période, les États-Unis et l'URSS, devenus des superpuissances, prenaient véritablement conscience de l'intérêt géostratégique de

luer, plus ou moins librement, toutes les confessions. Selon Schmitt, le traité de Versailles et la SDN, qui mettaient un terme à cet ordre international moderne, alors fondé sur la parité des États et le « concept non discriminatoire de l'ennemi », avaient été responsables de la modification de l'ossature de la scène interétatique en introduisant la notion de « criminalisation de l'ennemi » et de moralisation du droit international.

cette région progressivement désinvestie par la France et la Grande-Bretagne en raison de l'affaiblissement de leurs empires coloniaux durant la guerre. Des alliances stratégiques et économiques se formèrent alors au fil des années entre les États-Unis et les États arabes du Proche et Moyen-Orient (comme l'Arabie saoudite) dirigés par des familles, des dynasties ou des tribus.

À la suite des accords d'Oslo signés le 13 septembre 1993 par le premier ministre israélien Yitzhak Rabin, le président de l'Organisation de libération de la Palestine Yasser Arafat et le président des États-Unis Bill Clinton, on proposa de résoudre le conflit israélo-palestinien en créant une Autorité palestinienne, destinée à mettre en œuvre un projet national. La création de cette AP donna naissance à une nouvelle forme de pouvoir politique dans les territoires palestiniens et engendra de ce fait de nombreux espoirs. Pourtant, ce sont les multiples désaccords entre Palestiniens et Israéliens[6], et surtout les vifs conflits au sein même de la société palestinienne, qui prirent le dessus. Les négociations avec Israël et la gestion des luttes internes liées à la tumultueuse histoire du « mouvement national palestinien » constituèrent autant de difficultés et de nécessités qui font de l'unité palestinienne un point aussi délicat que crucial[7].

Lors du Sommet pour la paix au Proche-Orient de Camp David en juillet 2000, et en septembre 2008, en réponse à la proposition d'Ehud Olmert, alors premier ministre d'Israël, les dirigeants de l'AP, Yasser Arafat, en 2000, et Mahmoud Abbas, en 2008, avaient refusé tout compromis avec Israël. Considérée par la communauté internationale comme étant la solution du conflit, la proposition israélienne de septembre 2008 garan-

6. Bernard Botiveau, *L'État palestinien*, Paris, Presses de Sciences Po, 1999.

7. Nadine Picaudou, *Le mouvement national palestinien. Genèse et structures*, Paris, L'Harmattan, 1989 ; et Olivier Carré, *Le Mouvement national palestinien*, Paris, Gallimard, 1977.

tissait pourtant l'établissement d'un État palestinien sur la quasi-totalité des territoires, le partage de Jérusalem, l'internationalisation du mont du Temple et l'acceptation de réfugiés palestiniens en Israël sur la base de réunifications familiales. Abbas repoussa cependant catégoriquement cette proposition et déclara en mai 2009 au *Washington Post*: « [...] le fossé entre ce qu'a proposé Ehud Olmert et ce que les Palestiniens sont prêts à accepter est [...] énorme[8] ». Ainsi, en dépit de la bonne volonté d'Israël, que Shmuel Trigano appelle « le messianisme de la paix », et des efforts diplomatiques de la communauté internationale, les actions armées comme les tirs de roquettes sur Israël prolongèrent et aggravèrent la situation (crise économique, morcellement des territoires palestiniens, guerre civile), enfonçant la population palestinienne dans une plus grande misère[9].

Si les Palestiniens ont échoué dans la création de leur État, qui leur avait pourtant été offert par la commission Peel (1937) puis par un vote solennel de l'Assemblée générale de l'ONU décidant d'un nouveau partage de la Palestine en deux États (1947), la requête déposée aux Nations unies par Mahmoud Abbas en septembre 2011, visant une reconnaissance unilatérale de l'État palestinien, a-t-elle véritablement contribué à une amélioration de la situation ?

La question de l'État palestinien est un enjeu important dans les rapports israélo-arabes ; c'est aussi une cause d'engagement pour l'ONU et certains pays comme les États-Unis, le Canada ou la France. Cet engouement international a toutefois contribué à façonner un paradoxe : si « le paradoxe de la condition humaine est que l'on ne peut devenir soi même que sous l'influence des

8. Emmanuel Navon, « Le conflit israélo-palestinien est-il insoluble ? », *JForum.fr*, 20 juin 2011.

9. Shmuel Trigano, « La Fin de 40 ans d'illusions », *Controverses*, n° 3, octobre 2006 ; cf Sidney Touati, « Conférences pour la paix : l'étrange paradoxe », *Controverses*, n° 7, février 2008.

autres », comme l'écrivait le psychanalyste Boris Cyrulnik dans *Les Nourritures affectives*, celui du conflit israélo-palestinien se situe dans l'idée que seule la communauté internationale sous les bons offices de l'ONU, cet « autre politique », serait en mesure de permettre l'existence d'un État palestinien. En faisant des Palestiniens un peuple victime, comme l'explique Shmuel Trigano, et en criminalisant quasi systématiquement les Israéliens, la communauté internationale n'enfermerait-elle pas les principaux acteurs du conflit dans un jeu de rôle dont ils ne peuvent plus s'extraire ? N'entretiendrait-elle pas également la croyance des mouvements intégristes selon laquelle il faut avoir recours aux pratiques les plus extrêmes pour se faire entendre ? Une approche trop manichéenne du conflit ne permet pas d'appréhender la situation « par-delà le bien et le mal », pour citer à nouveau Nietzsche.

Bien sûr, il ne s'agit pas de faire de la communauté internationale l'unique responsable du conflit : de nombreux phénomènes d'ordres culturel, religieux, idéologique et politique le sous-tendent. Il n'en demeure pas moins que l'importante implication de l'ONU au sein du conflit n'a guère apporté d'amélioration sur le terrain. Précisons d'emblée que la conclusion historique du premier traité israélo-arabe le 26 mars 1979, le traité de paix israélo-égyptien, et des premiers accords israélo-palestiniens en 1993 (les accords d'Oslo), ont vu le jour sous la gouverne américaine et non sous la direction d'un médiateur des Nations unies.

Comment les États et la communauté internationale ont-ils en partie scellé le sort de cet Orient compliqué et quel rôle tiennent les nationalismes arabes et le sionisme au sein de ce conflit ? Ce sont précisément les thèmes de notre étude.

CHAPITRE 1

LE CHOC DES NATIONALISMES ARABES ET DU SIONISME

Vous évoquez le passé musulman de la Palestine ? J'invoquerai le passé juif qui l'a précédé. Vous dénoncez l'injustice subie par les réfugiés arabes en 1948 ? J'en ferai autant mais j'en désignerai les vrais responsables : vos propres dirigeants (arabes), leurs discours incendiaires, leur fanatisme virulent. Si seulement ils avaient accepté les résolutions de l'ONU sur le partage de la Palestine, si seulement ils n'avaient pas incité les habitants arabes à fuir en masse pour revenir « incessamment » en vainqueurs ; si seulement ils n'avaient pas tenté de noyer la jeune nation juive dans le sang.

Elie Wiesel, *Un Juif, aujourd'hui*

Tous les événements liés au roi Saül, au roi David et au roi Rehoboam se sont déroulés au Yémen, et aucun vestige hébreu n'a été trouvé en Israël pour la bonne et simple raison qu'ils n'y ont jamais vécu.

Déclaration de l'historien Jarid al-Kidwa lors d'un programme éducatif de l'OLP en juin 1997, reprise par *Haaretz*, 6 juillet 1997.

Retracer l'histoire du Proche-Orient permet d'appréhender la situation actuelle et d'analyser les prétentions territoriales des peuples arabes et juif sur la Palestine. Pour y parvenir, il convient de prendre en considération le contexte historique, politique et juridique des différentes époques. Force est alors de constater qu'en perpétuel bouleversement, l'histoire mouvementée de cette région passe par un fort attachement territorial des peuples arabes et juif. Cet attachement donna naissance aux nationalismes arabes et au sionisme, contribuant à façonner dans les sociétés israélienne, palestinienne, syrienne, égyptienne, jordanienne ou libanaise différentes grilles de lecture destinées à décrypter l'histoire et les conflits successifs.

Précisons d'emblée que les prétentions territoriales, revendiquées par les Arabes et les Juifs, révèlent deux approches différentes du territoire. Tandis que les Arabes, notamment de Palestine, considèrent que les revendications juives sur la Palestine ont conduit à la négation d'un territoire qui leur appartenait, les Juifs, pour leur part, affirment qu'il n'y avait pas de véritable peuple palestinien mais des populations de toutes obédiences évoluant sur un territoire devenu arabe puis ottoman, dont ils faisaient partie depuis l'effondrement du royaume de Judée. Yigal Allon, ancien général et ministre israélien, remarque ainsi que la population arabe n'a jamais constitué de groupe national distinct :

> [...] ni à l'âge d'or de l'Islam, ni durant les quatre cents ans du règne du pouvoir ottoman, ni sous le mandat britannique, ni pendant les dix-neuf ans de domination hachémite sur la rive ouest du Jourdain et de domination égyptienne dans la bande de Gaza. Exception faite des périodes d'indépendance juive dans l'Antiquité, la Palestine a toujours été une province, soit des empires antiques, soit de l'empire arabe, soit des croisés, des mamelouks et, finalement de l'Empire ottoman[10].

Quant à Jérusalem, ville symbolique, elle constitue depuis des décennies le point crucial de cet affrontement idéologique.

10. Yigal Allon, *Israël : la lutte pour l'espoir*, Paris, Stock, 1977, p. 181. Les spécialistes de l'histoire du Proche-Orient, comme Shmuel Trigano, Antoine Sfeir et Christian Chesnot, donnent raison à cette approche. Shmuel Trigano, « Le nouvel antisémitisme, vers une modélisation », *Controverses*, n° 8, mai 2008. Antoine Sfeir et Christian Chesnot, *Orient-Occident, le choc ? Les impasses meurtrières*, Paris, Calmann-Lévy, 2009, p. 25.

Les nationalismes arabes

Le nationalisme arabe s'est développé au mont Liban, au milieu du 19e siècle, sous la forte impulsion des chrétiens maronites. À l'origine, ce nationalisme était un mouvement de résistance à l'Empire ottoman, non à l'Occident. Les nationalistes chrétiens souhaitaient prendre l'Occident pour modèle et en attendaient une aide matérielle et morale[11]. C'est dans ce contexte qu'en 1847, Nasif al-Yaziji fonda la première société arabe à Beyrouth : la Société des arts et des sciences. Cet intellectuel, qui avait coutume d'écrire ses livres en arabe, contribua au réveil de cette langue. Il contestait vigoureusement la culture ottomane, symbole de l'autorité responsable du maintien de la condition de *dhimmis* des chrétiens et des juifs[12]. Prônant l'arabisme, les chrétiens négligèrent volontairement leur histoire et leur langue, le syriaque. Une pensée moderne exprimée en langue arabe s'imposa progressivement, gagnant tant les classes bourgeoises chrétiennes que la jeunesse populaire[13].

Une décennie plus tard, en 1856, le sultan ottoman publia un décret reconnaissant l'égalité dans le domaine de la justice et de la propriété à tous les citoyens de son Empire. Cette mesure avait d'ailleurs été adoptée sous les recommandations de la France et de la Grande-Bretagne, qui avaient sauvé les Ottomans lors

11. Metellus, « Le nationalisme arabe », *Politique étrangère*, n° 6, 1957.

12. Les *dhimmis*, ou « gens du Livre », n'avaient pas les mêmes droits que les musulmans. En échange de leur allégeance au pouvoir ottoman et du paiement de taxes appelées *jizya*, les *dhimmis* pouvaient appliquer leurs propres lois dans leurs affaires communautaires en terre du Levant. Michelle Burgis, « Faith in the State ? Traditions of Territoriality, International Law and the Emergence of Modern Arab Statehood », *Journal of the History of International Law*, vol. 11, 2009 ; et Shmuel Trigano (dir.), *La Fin du judaïsme en terres d'islam*, Paris, Denoël, 2009.

13. Robert Montagne, « L'Union arabe », *Politique étrangère*, vol. 11, n° 2, 1946.

de la guerre de Crimée (1853-1856) et qui avaient contraint la Russie à reconnaître l'intégrité du territoire ottoman lors de la signature du traité de Paris en 1856. Bien sûr, il était avantageux pour les puissances européennes d'étendre leur système économique et juridique au monde ottoman, qui commençait alors à décliner : en situation d'infériorité en matière économique et militaire par rapport aux puissances européennes, l'Empire ottoman n'avait d'autre choix que d'intégrer le système européen[14].

Dans la continuité du décret adopté par le sultan en 1856, certains musulmans avaient proposé aux chrétiens fondateurs de la Société des arts et des sciences de dissoudre ce groupe afin d'en constituer un nouveau auquel ils pourraient s'intégrer. En 1857, la première société multiconfessionnelle, connue sous le nom de Société syrienne des sciences, fut ainsi inaugurée. Si la constitution d'une nation arabe laïque semblait séduisante pour quelques intellectuels musulmans, l'égalité proclamée par le sultan paraissait difficilement acceptable pour la majorité de la population musulmane. Une période de troubles s'installa au Proche-Orient entre 1850 et 1860 : musulmans et Druzes se rassemblèrent au mont Liban pour massacrer, avec la complicité des autorités ottomanes locales, des milliers de chrétiens en signe de protestation contre la progression des droits économiques et politiques des maronites[15]. Ces événements sanglants entraînèrent l'inévitable intervention de la France, de la Grande-Bretagne et de la Russie pour doter, en 1861, le Liban chrétien d'un gouverneur de même obédience.

14. Onuma Yasuaki, « When was the Law of International Society Born ? An Inquiry of the History of International Law from an Intercivilizational Perspective », *Journal of the History of International Law*, vol. 2, 2000.

15. Henry Laurens, « Le Liban et l'Occident. Récit d'un parcours », *Vingtième Siècle*, vol. 32, 1991.

En 1908, l'arrivée au pouvoir des Jeunes-Turcs changea la donne politique en posant le problème national arabe. À la suite du démembrement de la partie européenne de l'Empire ottoman, à savoir la Macédoine, une opposition contre le sultan s'était constituée parmi les officiers turcs des Balkans. Ce mouvement militaire aspirait à l'établissement d'un régime politique plus libéral bien qu'il exprimât une tendance nationaliste turque. Favorable à la réunion de tous les peuples ottomans, il souhaitait imposer une idéologie nationaliste destinée aux populations non turques. Plus communément appelé « panarabisme », ce nationalisme allait devenir l'un des éléments essentiels de l'histoire politique et religieuse du Proche-Orient. Henry Laurens et Shmuel Trigano remarquent à ce propos que les facteurs religieux et politiques ne doivent pas être pris en compte de manière isolée[16].

Le nationalisme arabe acquit par la suite une place importante lorsque se déroula, en juin 1913, un premier Congrès arabe. Rassemblés à Paris, les délégués arabes musulmans et chrétiens revendiquaient l'autonomie des provinces arabes de l'Empire ottoman. Ce mouvement prônait l'existence d'une nation arabe (*ummah arabia*) et souhaitait la reconnaissance des droits arabes. En réponse au danger économique, politique et culturel que représentait à la même époque la pénétration des pays européens au Proche-Orient, les partisans du panarabisme voulaient prendre en charge leurs intérêts[17]. Ils en étaient arrivés à la conclusion que l'Occident tirait sa puissance de son nationalisme. Aussi fallait-il instaurer une nation arabe forte au Proche-Orient. Dirigé par les associations musulmanes et

16. Henry Laurens, *La question de Palestine*, tome 2, Paris, Fayard, 2002 ; et Trigano, *supra* note 12.

17. *Ibid.*

chrétiennes, le mouvement nationaliste arabe désirait l'unité de la Grande Syrie[18].

En Palestine, c'est à la suite de la Conférence de la paix, qui se déroula à Paris en janvier 1919, que les nationalistes arabes adoptèrent une position profondément antisioniste. L'immigration juive n'avait auparavant soulevé que peu de réactions politiques. À la fin du 19e siècle, seuls quelques opposants au sionisme s'étaient manifestés. La réaction la plus marquante fut certainement la pétition des notables arabes de Jérusalem adressée en 1891 aux autorités d'Istanbul pour se plaindre de l'achat des terres par les Juifs. Pourtant, un grand nombre d'agriculteurs arabes avaient accepté de les vendre puisqu'ils n'étaient plus en mesure de les conserver en raison du système juridique prévu dans le Code foncier ottoman du 21 avril 1858 (12 Ramadan 1274)[19]. La possession de terres en *masha'a* était contraignante, si bien que les paysans n'obtenaient l'inscription des droits d'usufruit qu'en échange du paiement d'un prix de rédemption (*bedal el-tabu'*)[20]. Les agriculteurs qui refusaient de s'acquitter du *tabu'* perdaient par voie de conséquence leurs droits sur la terre qui était alors mise aux enchères. Cette réforme eut des effets importants : si auparavant la terre était louée à bail à l'État en échange de services rendus au sultan, les réformes autorisaient désormais chacun à devenir propriétaire

18. Nadine Picaudou, *supra* note 7.

19. Scott Atran, « Le masha'a et la question foncière en Palestine 1858-1948 », *Annales ESC*, vol. 42, nº 6, novembre-décembre 1987.

20. Atran explique que le système du *masha'a*, qui existait en Palestine jusque dans les années 1930, était un régime agraire communautaire de redistribution périodique de la terre entre les paysans. Considéré par la puissance mandataire britannique comme inadapté à la production intensive, il fut progressivement délaissé au profit des implantations sionistes.

moyennant une majoration de l'impôt[21]. Dans l'impossibilité de s'acquitter d'impôts supplémentaires, les petits propriétaires étaient alors obligés de vendre leurs droits de propriété aux plus aisés, qui les revendaient ensuite aux sionistes par goût du profit.

Au sein de l'arène politique palestinienne, il existait de fortes oppositions entre les dirigeants. Ces désaccords entre les grandes familles palestiniennes – notamment les Husseini et les Nashashibi – étaient déjà présents à l'époque ottomane de la seconde moitié du 19e siècle. Modéré dans ses convictions, Raghib al-Nashashibi, le maire de Jérusalem, travaillait avec les sionistes et les Britanniques; il était défavorable à la politique intransigeante et antisioniste menée par le clan al-Husseini. En 1921, l'essor politique du mufti de Jérusalem, Hadj Amin al-Husseini, avait constitué un virage dans l'histoire du nationalisme palestinien dont il fut également l'un des fondateurs. Viscéralement hostile aux sionistes et aux Britanniques, Hadj Amin al-Husseini avait développé un nationalisme qui se distinguait du monde arabe en prenant « ses distances vis-à-vis de ses voisins arabes les plus proches[22] ». Sous la férule du mufti Hadj Amin, les jeunes Arabes de Palestine servaient de fer de lance aux violentes manifestations : ces jeunes combattaient fermement les Britanniques et les sionistes. Avec fougue, ils clamaient : « Être extrémiste dans ses pensées et dans ses actes, la modération est une faiblesse[23]. »

Les dissensions entre les nationalistes arabes de la Palestine s'aggravèrent au fil des années. Alors que les Nashashibi créèrent en 1934 le Parti de la défense nationale, la famille Husseini forma quant à elle, en 1935, le Parti arabe palestinien. Pour les

21. *Ibid.*

22. Botiveau, *supra* note 6, p. 10.

23. Laurens, *supra* note 16, p. 97.

radicaux du Parti arabe, la priorité politique concernait la question de la terre. Les voix s'élevaient alors pour dénoncer la passivité des élites arabes de Palestine, voire leur complaisance dans la vente des terres aux sionistes. En 1931, un journal local avait d'ailleurs publié le texte suivant :

> Nous vendons nos terres aux Juifs sans aucun remords. Les courtiers sont affairés jour et nuit à leur odieux commerce sans ressentir la moindre honte. [...] Si l'on considère la quantité de terres arabes transférées tous les jours entre des mains juives, on réalise que l'on sera obligé de quitter ce pays. Pour où ? Partirons-nous pour l'Égypte, le Hedjaz ou la Syrie ? Comment y vivrons-nous puisque nous aurions vendu les terres de nos pères et de nos ancêtres à nos ennemis ? Personne ne pourrait témoigner de la pitié si nous devions quitter le pays parce que nous l'aurions perdu de nos propres mains[24].

En réponse à ces protestations, le recours à la violence fut encouragé par Hadj Amin : des groupes d'activistes commencèrent à se constituer.

Au cours des années 1940, plusieurs États arabes du Proche-Orient, comme la Transjordanie, la Syrie et le Liban, accédaient progressivement à l'indépendance, contribuant à changer toute la situation politique de la région. C'est dans ce nouveau contexte international que se déroula à Alexandrie, à la fin de l'été 1944, une conférence rassemblant les délégations syrienne, irakienne, transjordanienne, libanaise et égyptienne. Une déclaration avait également été formulée pour la Palestine arabe, dont l'avenir allait dorénavant attirer l'attention des membres de la Ligue des États arabes. Les statuts de la Ligue, élaborés sous la forme d'un pacte, furent signés le 22 mars 1945 au Caire.

24. Nadine Picaudou, *Les Palestiniens. Un siècle d'histoire*, Paris, Complexe, 2003, p. 86.

Les États arabes du Proche-Orient connurent également d'importants changements politiques en raison des coups d'État militaires (en 1952 en Égypte, en 1958 et 1963 en Irak puis en Syrie) qui portaient au pouvoir des officiers de la petite bourgeoisie urbaine. Si les nouveaux dirigeants arabes avaient une vision nationaliste semblable à celle qui existait auparavant, le rôle, la signification et l'implantation sociale de cette idéologie avaient glissé vers un fort dénigrement de l'Occident : à leurs yeux, l'Occident ne pouvait être qu'impérialiste ! D'abord européen, l'impérialisme était également américain : d'ailleurs, cet impérialisme n'avait-il pas contribué, dans l'esprit des parangons du panarabisme, à établir « une enclave occidentale et capitaliste au cœur du monde arabe, Israël, créé de façon inique et arbitraire – l'ONU en 1947 n'étant qu'un club occidental – sur la base moraliste des persécutions nazies antisémites[25] » ?

L'idéologie panarabe avait ainsi germé au cœur de la petite bourgeoisie et de la classe populaire nouvellement urbanisée. Nadine Picaudou souligne que les progrès de l'alphabétisation et l'essor de la radio, durant les années 1960, contribuèrent à favoriser sa diffusion dans les milieux populaires. Véhiculé par le panarabisme, le message anti-impérialiste se renforça lors de la décolonisation qui s'amorçait alors. Le nationalisme arabe avait également été utilisé par la bourgeoisie arabe pour asseoir sa récente accession au pouvoir, dans la mesure où elle ne pouvait bénéficier de la légitimité clanique traditionnelle. De sorte que le nationalisme allait faire intégralement partie du socle idéologique des jeunes États arabes et constituer l'une des clefs de voûte de la légitimation des nouvelles élites dirigeantes ; élites qui appartenaient au parti Baas en Syrie et en Irak, à l'Union socialiste arabe en Égypte (comme le président Gamal

25. Frédéric Encel, *Géopolitique de Jérusalem*, Paris, Flammarion, 2008, p. 117.

Abdel Nasser) ou encore au Mouvement des nationalistes arabes, né à l'Université américaine de Beyrouth à l'aube des années 1950. Soulignons qu'après la naissance d'Israël en 1948, deux nationalismes arabes s'affrontaient : celui du président égyptien Nasser et celui du roi Ibn Séoud en Arabie. Tandis que Nasser prônait un panarabisme séculier et emprisonnait les membres des Frères musulmans, une organisation intégriste fondée en Égypte en 1928, l'Arabie, de son côté, islamisait la société en vantant les bienfaits du wahhabisme.

Deux bouleversements importants marquèrent également le monde arabe des années 1950-1960 : l'émancipation de la Tunisie et du Maroc ainsi que la guerre d'Algérie[26]. Dans ce contexte international de fin annoncée des anciens empires européens, Nasser était devenu la figure emblématique du nationalisme arabe. Le 23 juillet 1952, l'arrivée au pouvoir des officiers libres avait d'ailleurs fait espérer au premier ministre israélien, David Ben Gourion, le commencement d'une ère propice aux relations israélo-égyptiennes : le régime égyptien semblait avoir des points communs avec Israël. Ben Gourion considérait Nasser et le général Naguib comme de véritables nationalistes, capables de comprendre que le conflit avec le jeune État hébreu desservait les intérêts égyptiens. Dans un discours prononcé à la Knesset le 18 août 1952, Ben Gourion fit alors l'éloge de la révolution des officiers libres :

> Il n'existe aucun motif de querelle entre l'Égypte et Israël. Une vaste étendue de désert sépare les deux pays et ne laisse pas place à des conflits frontaliers. Il n'a jamais existé, et il n'existe pas de raison de conflit politique, économique ou territorial entre les deux voisins. [...] L'État d'Israël appelle de ses vœux une Égypte libre, indépendante et progressiste[27].

---

26. Théo Klein et Antoine Sfeir, *Israël survivra-t-il ?*, Paris, L'Archipel, 2008, p. 53.

27. Avi Shlaïm, *Le mur de fer. Israël et le monde arabe*, Paris, Buchet/Chastel, 2007, p. 106.

Mais ce discours n'obtint pas le succès escompté : Nasser nationalisa le canal de Suez en 1956 et une guerre fut déclenchée par l'État d'Israël, aidé de la Grande-Bretagne et de la France[28]. Si la proximité entre Israël et l'Ouest fut alors consacrée, cette offensive révéla également que les États-Unis étaient peu enclins à s'engager aveuglément auprès d'Israël : en pleine guerre froide, ils préférèrent s'allier avec leur principal ennemi de l'époque, l'URSS, pour éviter un affrontement avec cette dernière qui accordait son soutien à l'Égypte. Les Américains ne soutinrent pas officiellement la France et la Grande-Bretagne, mais le secrétaire d'État aux Affaires étrangères, John Foster Dulles, apporta officieusement son soutien à Israël. Une communication de Dulles au ministère des Affaires étrangères énonçait : « Même sans lien formel, auquel nous parviendrons quand le moment arrivera, Israël doit se fier au fait que les États-Unis ne l'abandonneront pas[29]. »

En fin de compte, le caractère national arabe acquit une puissance symbolique, aujourd'hui encore ancrée dans l'imaginaire des peuples orientaux. La finalité de l'appel à la nation arabe, mythe unificateur et laïque de la « ummah islamique », précise Picaudou, consistait finalement à rassembler la majorité des couches populaires autour du pouvoir nouvellement détenu par la bourgeoisie. Dès lors, lorsqu'en mai 1948, l'État d'Israël fut

28. La nationalisation et la fermeture du canal de Suez à la flotte israélienne succédèrent à une période de tension, perceptible dans les déclarations de Nasser dès 1955 : « Il n'y aura pas de paix sur la frontière israélienne parce que nous crions vengeance, et la vengeance est la mort d'Israël. » Mitchell G. Bard, *Mythes et réalités des conflits du Proche-Orient*, Raphaël, 2003 ; et Georges Scelle, « La nationalisation du canal de Suez et le droit international », *Annuaire français de droit international*, vol. 2, 1956.

29. Sfeir, *supra* note 1, p. 45 ; et Camille Mansour, *Israël et les États-Unis ou les fondements d'une doctrine stratégique*, Paris, Armand Colin, 1995, p. 40.

établi sur le modèle occidental, il fut tout naturellement considéré comme un intrus en terre levantine. Sa naissance généra une « unité arabe artificielle », fondée sur « le rejet d'un corps étranger à la région » et non sur une adhésion à un projet de construction unitaire[30]. L'existence même d'Israël fut donc envisagée comme une atteinte à la personnalité arabe et au *Dar-al-Islam* (Maison-Islam ou maison de la soumission).

Du panarabisme au panislamisme, ce glissement de paradigme s'opéra concrètement au cours des années 1960[31]. C'est dans ce contexte que fut fondée l'Organisation de libération de la Palestine, qui comptait dans ses rangs autant de nationalistes laïcs que de fervents islamistes placés sous l'autorité d'Ahmed Choukeiry. En 1968, l'association religieuse caritative, *Al Majmaa*, fut créée dans les territoires palestiniens : cette association servit d'ailleurs de socle à l'établissement du Hamas, mouvement de résistance islamique fondé en 1987[32]. Pour sa part, l'Organisation de la Conférence islamique fut formée en 1969, constituant un vecteur important « d'infiltration islamiste saou-

30. Sfeir et Chesnot, *supra* note 10, p. 16.

31. Rappelons avec Sfeir et Chesnot que l'islamisme, ou fondamentalisme musulman, est une idéologie politique et religieuse visant à instaurer un État régi par la charia (loi religieuse) et à réunifier la *ummah*. L'islamisme n'est pas un phénomène récent : il émergea avec l'islam puisque le Prophète ne distinguait pas la loi religieuse de la loi séculière. La charia était finalement destinée à régir tous les domaines de la vie. Des quatre écoles juridiques reconnues par les sunnites, seule celle d'Ibn Hanbal, fondée au 9e siècle, s'opposa à l'adoption du raisonnement. Cette fermeture à l'interprétation constitua, à partir du 11e siècle, le commencement de l'immobilisme de la pensée sunnite. Dans la continuité de ce courant se trouvent les théologiens Ibn Taymiyya (14e siècle), Muhammad ibn Abd al-Wahhab (père fondateur du wahhabisme, 18e siècle) et Hassan al-Banna, fondateur des Frères musulmans. Aujourd'hui, de nombreux islamistes affirment leur attachement à l'école d'Ibn Hanbal.

32. Gérard-François Dumont, « Le changement de paradigme au Moyen-Orient », *Géostratégiques*, no 15, février 2007.

dienne[33] ». Il s'agit de la seule organisation intergouvernementale à caractère religieux. Vers la fin des années 1970, ce fut au tour de l'organisation du Jihad islamique d'être fondée dans les territoires palestiniens. Parallèlement, le Hezbollah, une organisation fondamentaliste chiite soutenue par l'Iran, voyait le jour au Liban à l'aube des années 1980[34].

Dans la critique qu'ils adressent aux sionistes, les nationalistes et les islamistes font référence à l'appellation juive de la Palestine sous le nom d'*Eretz Israël* (Terre d'Israël), contribuant à en faire une entité géographique indissociable du peuple juif. Les chartes de l'Organisation de libération de la Palestine de 1964 et 1968 sont ainsi vouées à nier tout lien historique unissant les Juifs à la Judée. L'article 20 de la charte de l'OLP (17 juillet 1968) dispose alors que : « Les prétentions fondées sur les liens historiques et spirituels des Juifs sur la Palestine sont incompatibles avec les faits historiques et avec une juste conception des éléments qui concourent à constituer un État. »

Si cette réécriture de l'histoire gomme le caractère hébraïque d'Israël, sa déjudaïsation entraîne forcément la délégitimation du christianisme : que faisaient Jésus et toute la sainte Famille au Temple de Jérusalem si le peuple juif n'existait pas ?

Les nationalistes palestiniens ont pu envisager comme solution à leur problème la destruction de l'État hébreu. Après avoir signé les accords d'Oslo en 1993, Yasser Arafat déclara, le 30 janvier 1996, lors d'une session privée à laquelle assistaient des diplomates européens et arabes : « Notre but est d'éliminer

33. Sfeir et Chesnot, *supra* note 10, p. 120. L'OCI a également vocation à assurer la sauvegarde des Lieux saints de l'islam, l'entraide islamique entre ses 56 pays membres ainsi qu'à soutenir la lutte du peuple palestinien. Depuis le 28 juin 2011, elle a pris le nom d'Organisation de la coopération islamique.

34. *Ibid.*

l'État d'Israël et d'établir un État qui soit entièrement palestinien[35]. » Ces objectifs sont d'ailleurs clairement mentionnés dans la charte du Hamas de 1988, rappelle Trigano[36]. Les nationalistes du monde arabe reprochent également au préambule du mandat britannique de 1922 de conférer une légitimité juridique à la déclaration Balfour de 1917, texte qui fait directement référence aux « liens historiques du peuple juif avec la Palestine ».

Si les courants nationalistes panarabes et panislamistes s'accordent dans leur combat contre Israël, leurs nombreuses luttes de pouvoir ont bien souvent empêché l'unité et la stabilité politique du monde arabe. Rappelons, par exemple, qu'élu à Gaza en 2006, le Hamas s'est d'abord opposé au projet de Mahmoud Abbas visant la reconnaissance d'un État palestinien à l'ONU. Symptomatique du monde arabe, cette absence de solidarité était loin de caractériser le mouvement sioniste qui se développa également à partir de la seconde moitié du 19e siècle.

35. Déclaration de Yasser Arafat, *Middle East Digest*, 7 mars 1996 ; et Emmanuel Navon, « Une anthologie du plan par étapes palestinien de l'OLP », *Controverses*, nº 17, 2011.

36. Shmuel Trigano, « Le refus palestinien d'un État juif », *Controverses*, nº 7, février 2008. L'article 11 de la charte du Hamas dispose que : « Le Mouvement de la résistance islamique considère que la terre de la Palestine est une terre islamique confiée aux générations musulmanes jusqu'au jour du jugement dernier. » Et l'article 15 : « Le jour où les ennemis usurpent une terre qui appartient aux musulmans, le combat devient une obligation religieuse individuelle qui incombe à chaque musulman. Face à l'usurpation de la Palestine par les Juifs, il faut brandir l'étendard du jihad et cela nécessite la diffusion de la conscience islamique parmi les masses locales, arabes et islamiques. Il faut propager l'esprit du jihad dans la nation, l'engagement face aux ennemis et l'adhésion aux rangs des combattants du jihad. »

Le sionisme

La Judée conserva une présence juive malgré l'effondrement de son royaume avant l'ère chrétienne. Progressivement, la communauté originelle s'agrandit en raison du retour de nombreux Juifs qui fuyaient les massacres européens : en 1492, l'expulsion des Juifs d'Espagne eut pour conséquence l'essor de l'école de Safed, centre d'étude de la kabbale en Galilée. Au cours du 19e siècle, nombreux étaient les Juifs de l'est de l'Europe et de Russie à s'installer en Palestine pour échapper aux nombreux pogroms : le sionisme était en marche. En 1899, Youssouf al-Khalidi, l'ancien maire de Jérusalem, écrivit d'ailleurs au grand rabbin de France de l'époque :

> Qui peut contester les droits des Juifs sur la Palestine ? Mon Dieu, historiquement, c'est bien votre pays ! Et quel spectacle merveilleux ça serait si les Juifs [...] étaient de nouveau reconstitués en une nation indépendante respectée, heureuse, pouvant rendre à la pauvre humanité des services dans le domaine moral comme autrefois ! Malheureusement, les destinées des nations ne sont point gouvernées seulement par ces conceptions abstraites, si pures, si nobles qu'elles puissent être. Il faut compter avec la réalité, avec les faits acquis et avec la force, oui, avec la force brutale des circonstances. Or la réalité est que la Palestine fait partie intégrale [*sic*] de l'Empire ottoman et, ce qui est plus grave, elle est habitée par d'autres que des Israélites[37].

Le sionisme est un courant d'idées prônant la reconstitution de la nation juive au sein d'un corps politique. C'est en 1886, sous la plume du journaliste autrichien Nathan Birnbaum, que le terme « sionisme » fut utilisé pour la première fois. Fondateur du premier journal sioniste, Birnbaum milita pour l'installation des Juifs en Palestine. D'autres avant lui, comme Jean-Henri

37. Dominique Perrin, *Palestine. Une terre, deux peuples*, Paris, Presses Universitaires du Septentrion, 2000, p. 118.

Dunant et Napoléon Bonaparte, avaient soutenu cette idée[38]. Avant l'échec du siège de Saint-Jean-d'Acre, Bonaparte aurait envisagé, dans une proclamation à la nation juive en avril 1799, la reconstruction du temple de Salomon et la création d'un État juif, encourageant les Juifs à souhaiter « la restauration de leurs droits civils, de leur place parmi les peuples du monde[39] ». Bien avant Theodor Herzl, qu'il est d'usage de considérer comme le père du sionisme politique, Napoléon aurait finalement imaginé la naissance d'un État juif en Palestine. Mais, contrairement à Herzl, il n'avait pas théorisé au sein d'un célèbre essai les voies politiques pour y parvenir[40].

Le sionisme est un mouvement politique à la croisée de trois phénomènes : la volonté ancestrale des Juifs de retourner à Sion (d'où le terme sionisme) ; les nombreux pogroms de la seconde moitié du 19e siècle qui empêchaient les Juifs des pays d'Europe de l'Est et de Russie de s'intégrer à leurs nations d'accueil ou d'obtenir une égalité juridique ; enfin, l'aspiration à l'indépendance chère aux intellectuels juifs[41].

---

38. Titulaire du premier prix Nobel en 1901, Dunant, fondateur de la Croix-Rouge, proposa en 1866 de créer une société internationale pour l'Orient sous l'autorité nominale du sultan. Cette société devait construire un port à Jaffa, implanter en Palestine des industries, développer l'agriculture et permettre l'immigration de Juifs originaires du Maroc, de Pologne et de Moldavie. Les premiers principes pratiques du sionisme avaient ainsi été écrits par Dunant dans *Société internationale universelle pour la rénovation de l'Orient*. Jacques Soustelle, *La longue marche d'Israël*, Paris, J'ai lu, 1968, p. 23.

39. François Pietri, *Napoléon et les Israélites*, Paris, Berger-Levrault, 1965. Pour certains, un doute demeure néanmoins sur l'authenticité de ce fait. À titre anecdotique, rappelons que deux ans plus tôt, lors de son triomphe à Venise, Napoléon avait aboli les lois antijuives de la Sérénissime et libéré les Juifs du ghetto. Créé en 1516, le ghetto de Venise avait été le premier ghetto de l'histoire européenne.

40. Theodor Herzl, *L'État des Juifs*, Paris, La Découverte, 1990.

41. Ilan Greilsammer, *Le sionisme*, Paris, Presses Universitaires de France, 2005, p. 6.

À travers l'Europe, de nombreux intellectuels juifs développèrent différentes théories sur le retour de leurs coreligionnaires en Palestine : en 1862, le rabbin de Posnanie, Zvi Kalisher, souhaitait, dans *La Recherche de Sion,* la création de villages juifs en Palestine et fonda la première société agricole ; la même année, le militant marxiste Moïse Hess affirmait, dans *Rome et Jérusalem*, que les Juifs devaient réaliser leurs aspirations nationales au même titre que d'autres peuples (par exemple, les Italiens) ; médecin à Odessa, Leo Pinsker écrivait en 1882 dans *Auto-émancipation ! Avertissement d'un Juif russe à ses frères* que les Juifs devaient à nouveau former « une nation, un peuple ayant un territoire à lui[42] ». Autre importante figure du sionisme de cette époque, Ber Borochov centra sa réflexion autour des liens unissant marxisme et nationalisme juif : l'immigration en Palestine devait, selon lui, permettre la naissance d'une classe paysanne et ouvrière indépendante. Comme Pinsker, Borochov envisageait la conquête du pays par la force du travail.

Dix années plus tard, le sionisme fut qualifié de politique. Il émergea avec la publication du livre de Theodor Herzl, *Der Judenstaat* : la vision prophétique du retour à Sion lui apparut en France en 1894 lors de la dégradation du capitaine Dreyfus[43]. Seule l'émigration vers un ailleurs pouvait, selon Herzl, sauver son peuple de cet antijudaïsme européen. Cet ailleurs aurait pu

42. En 1881, une vague de pogroms déferla sur la Russie. Les autorités russes laissèrent faire ces atrocités avant de donner à l'antisémitisme un soutien juridique : la législation concernant les Juifs comprenait de nombreuses mesures discriminatoires telles que l'interdiction de demeurer hors de certaines zones et le *numerus clausus* imposé dans les universités ou les lycées. Le nombre de Juifs admis à l'université était alors contingenté. Soustelle, *supra* note 38, p. 24.

43. Précisons avec Greilsammer que cet essai n'aurait pas été écrit en réaction directe à l'affaire Dreyfus. Les convictions sionistes d'Herzl étaient nées avec la montée de l'antijudaïsme dans les pays germaniques. Sous l'influence de Karl Lueger, les antisémites étaient particulièrement virulents à Vienne.

être l'Ouganda ou une partie de l'Argentine, dont le vaste territoire aurait permis une implantation sioniste, mais également et surtout la Palestine en vertu du lien historique unissant les Juifs à ce territoire. Cet ailleurs était avant tout une idée, écrivit-il, car « personne n'est assez fort, ou assez riche pour transplanter un peuple d'un endroit à un autre. Seule une idée peut y parvenir. L'idée de l'État a cette force. Tout au long de leur [...] histoire, les Juifs n'ont cessé d'entretenir ce rêve royal : l'an prochain à Jérusalem. C'est là notre vieux proverbe ».

Le projet d'Herzl consistait à échanger la Palestine contre le renflouement des dettes de l'Empire ottoman. Mais comment obtenir du sultan Abdul Hamid II, si surchargé qu'il fût de dettes, le renoncement à l'un de ses territoires, même le plus pauvre ? À l'aube du 20e siècle, un jeu de négociations diplomatiques allait s'engager entre Herzl et la classe dirigeante ottomane. Herzl n'obtint finalement pas gain de cause : son échec l'amena à fonder un congrès sioniste réunissant des délégués juifs issus de tous les courants politiques – du socialisme au traditionalisme religieux – et parlant allemand, russe, yiddish, français et anglais. Le 27 août 1897, le premier Congrès sioniste se déroula à Bâle. À l'issue de cette réunion, Herzl écrivit, avec un demi-siècle d'avance :

> Si je devais résumer ce qui s'est passé au Congrès de Bâle, je le ferais ainsi : à Bâle j'ai fondé l'État juif. En disant cela aujourd'hui, je soulèverais un éclat de rire universel. Mais dans vingt ans peut-être, dans cinquante ans certainement, tout le monde le verra[44].

Il faut préciser que les convictions politiques de Herzl ne convenaient pas à tous les milieux juifs ni à tous les intellectuels sionistes de son époque. Les courants juifs les plus orthodoxes n'admettaient pas que la pensée de Theodor Herzl pût devancer « la volonté divine » du retour des Juifs au « pays de l'Alliance ».

---

44. Soustelle, *supra* note 38, p. 35.

Quant à l'écrivain russe Ahad Haam, il n'adhéra pas non plus aux idées d'Herzl, car, selon lui, la résurrection nationale juive devait nécessairement impliquer une renaissance spirituelle, que ne prenait pas réellement en compte Herzl, partisan d'un État laïque. Haam s'insurgea contre l'immigration vers la Palestine : « Telle n'est pas la voie ! » affirmait-il. L'important résidait dans la rénovation de la langue hébraïque et de la culture[45].

De plus, tous les sionistes ne partageaient pas la même approche politique de ce retour en Palestine. À côté d'un sionisme de gauche constitué de diverses philosophies politiques, il existait également un sionisme de droite avec à sa tête le charismatique Vladimir Jabotinsky. Né à Odessa, passionné de littérature et de poésie, Jabotinsky parlait le russe, l'allemand, l'italien, l'espagnol, le français et l'anglais ; il avait également étudié le droit romain, la philosophie et la sociologie. En 1925, Jabotinsky créa l'Union mondiale des sionistes révisionnistes, qui avait également pour objectif de bâtir un État sur le sol de la Palestine mandataire[46]. Dès sa création, cette organisation se rallia à

45. *Ibid.* Herzl écrivait, dans *L'État des Juifs* : « Si la foi maintient notre unité, la science nous libère. C'est pourquoi nous ne permettrons pas aux velléités théocratiques de nos chefs religieux d'émerger. [...] Ils n'ont pas à s'immiscer dans les affaires de l'État qui les distingue, car cette ingérence provoquerait des difficultés extérieures et intérieures. »

46. Pour Jabotinsky et Weizmann, le triomphe du sionisme supposait la chute de l'Empire ottoman. Les Juifs devaient, par conséquent, apporter leur soutien aux Alliés pendant la guerre. La création de l'Union des sionistes révisionnistes en 1925, rappelle Soustelle, trouvait son origine dans le Livre blanc de 1922. Si Weizmann avait contesté cette publication britannique, puisqu'elle revenait sur les promesses anglaises faites aux sionistes, il considérait aussi que son rejet catégorique remettait en cause les aspects positifs du mandat britannique sur la Palestine. La position de Weizmann avait dès lors conduit Jabotinsky à démissionner de l'Exécutif sioniste, institution dirigeante en Palestine, et à fonder sa propre organisation. Jabotinsky s'opposait bien plus fermement que Weizmann à la politique britannique. Soustelle, *supra* note 38, p. 102-103.

l'Organisation sioniste mondiale, malgré de vives divergences idéologiques et politiques : une alliance stratégique et une certaine solidarité allaient rapidement caractériser l'organisation du mouvement sioniste[47]. Guidés par l'idée prophétique de Theodor Herzl, les sionistes avaient préféré privilégier l'intérêt et le but de leur mission afin de résoudre le « problème international » de la diaspora juive. Pour y parvenir, ils étaient organisés autour de différentes sociétés destinées à concrétiser leur projet national. Ainsi que l'explique Golda Meir, ancienne première ministre de l'État hébreu, le problème juif commun aux pays européens :

> [...] ne pourrait être résolu tant que les Juifs n'auraient pas de nouveau une terre à eux. De toute évidence, cette terre ne pouvait être que Sion, le pays d'où les Juifs étaient exilés depuis deux mille ans, mais qui était resté le centre spirituel de notre peuple à travers les siècles, et qui au temps de mon enfance à Pinsk, et jusqu'à la fin de la Première Guerre mondiale, n'était qu'une province désolée et négligée de l'Empire ottoman, connue sous le nom de Palestine[48].

Dès la fin du 19e siècle, la terre constitua un enjeu politique de grande importance pour les dirigeants sionistes. De nombreux immigrants commencèrent à travailler le sol de la Palestine, illustrant ainsi l'idée de la conquête de la terre par le travail agricole. Pour ces pionniers, ce labeur constituait un impératif social et moral liant, au sein d'une seule philosophie, socialisme et sionisme. Aux résonances universelles, le message socialiste attira les Juifs d'Europe de l'Est, dont le jeune David Grün, qui considérait la classe ouvrière comme le fer de lance de la renaissance juive. À cette époque, le jeune Grün ignorait encore qu'il

47. Shmuel Noah Eisenstadt, « Le passage d'une société de pionniers à un État organisé », *Revue française de science politique*, vol. 4, 1954.

48. Golda Meir, *Ma vie*, Paris, Robert Laffont, 1975, p. 24.

deviendrait, un jour, David Ben Gourion et qu'il proclamerait la naissance de l'État d'Israël au printemps 1948.

La pratique collectiviste du travail donna naissance au kibboutz[49]. Prônant des valeurs profondément communautaires, les membres toujours plus nombreux des kibboutzim mettaient tout en commun. Administrateurs de la Palestine jusqu'à la fin de la Première Guerre mondiale, les Ottomans n'acceptaient que modérément l'accroissement et le dynamisme de cette population des collectivités. De leur côté, les paysans arabes subissaient la corruption des dirigeants ottomans, qui s'enrichissaient à leurs dépens en les contraignant à des impôts conséquents. En 1858, la réforme juridique ottomane du statut des terres avait été, on s'en souvient, à l'origine des ventes de terres. Ces changements sociaux se firent lentement et n'affectèrent pas tous les paysans. Les sionistes avaient cependant largement profité de ces ventes pour se constituer un patrimoine territorial : délégué de l'Organisation sioniste en Palestine, Arthur Ruppin avait mis en place, en 1907, une politique d'acquisition foncière qui consistait à étendre le domaine territorial sioniste hors des zones d'implantation traditionnelles et à louer les terres acquises par le Fonds national juif aux collectivités naissantes. Il fonda

49. Signifiant « assemblée ou collectivité » en hébreu, le kibboutz est une communauté rurale collectiviste développée en 1909 par les sionistes, influencés par la pensée socialiste et marxiste. Avec le mouvement travailliste, il joua un rôle fondamental dans l'accomplissement de la mission du foyer juif. Indissociable de la « renaissance juive », le kibboutz est le symbole de l'esprit pionnier. On doit par ailleurs au penseur Berl Katznelson l'idée de fonder les organismes sionistes comme la banque des travailleurs, la mutuelle ouvrière et la Histadrout, le syndicat des travailleurs. Rappelons aussi que le salaire des membres de la Histadrout répondait à un critère précis : la rémunération ne variait qu'en fonction de l'ancienneté et du nombre de personnes à charge dans les familles. Ainsi, le concierge des bureaux de la Histadrout, père de neuf enfants, percevait un salaire plus important que Golda Meir, éminent membre de l'organisme, qui n'avait que deux enfants à charge. *Ibid.*, p. 135 et 153.

la Société du développement foncier palestinien en coopération avec le Fonds National Juif et forma deux compagnies spécialisées dans le remembrement et le redécoupage des terres. À cette époque, les Arabes de Palestine n'opposaient pas de véritable résistance aux sionistes, quoique l'arrivée de ces immigrants juifs les inquiétât quelque peu[50]. En acceptant de vendre leurs terres bien souvent arides, ils percevaient des revenus[51]. Pour le leader sioniste, Haïm Weizmann, il était nécessaire de procéder avec diplomatie et de s'assurer que les Arabes ne fussent pas spoliés à la manière ottomane. À ce titre, il avait déclaré, au début du 20e siècle :

> Nous avons le devoir de dissiper leurs craintes, de leur montrer clairement que le pays a de la place pour eux comme pour nous. Nous devons leur expliquer que nous voulons travailler avec eux et que l'établissement d'un grand *Ychouv* [foyer juif] en Palestine leur sera profitable[52].

Et malgré les abus de certains sionistes, notamment dénoncés par Haam puis par des commissions d'enquête britanniques, une entente entre Arabes et Juifs de Palestine existait[53]. Cette entente se cristallisa au sein de l'accord Fayçal-Weizmann le 3 janvier 1919.

50. Après un voyage en Palestine en 1912, Haam fit part de plusieurs contestations arabes relatives à la vente de terres aux sionistes. Soustelle, *supra* note 38, p. 67.

51. *Ibid.*

52. Jacques Derogy, Hesi Carmel, *Le siècle d'Israël. Les secrets d'une épopée*, Paris, Fayard, 1994, p. 154.

53. Comme le rapportèrent différentes commissions d'enquête, dont la Commission Haycraft en 1921, certains propriétaires juifs privilégiaient l'embauche d'une main-d'œuvre essentiellement juive au détriment des Arabes, employés de longue date dans les fermes. Atran, *supra* note 19.

Si, depuis la création de l'État d'Israël, la question du sionisme semble dépassée, celle du devenir du peuple juif et de sa judéité reste profondément actuelle. Comme toute analyse historique, celle de la naissance d'Israël est particulièrement complexe, puisque de multiples facteurs d'ordre religieux, culturel, politique et géopolitique entrent en scène et s'entremêlent. L'établissement d'Israël reste toujours un sujet d'étude privilégié. Dans les années 1980, un courant de « nouveaux historiens », fondé par Benny Morris, Ilan Pappé, Tom Segev, Avi Shlaïm et Simha Flapan, vit d'ailleurs le jour. Appartenant à la « nouvelle gauche » des années 1970, ces historiens s'inscrivent dans le mouvement post-sioniste, qui a fait l'objet de fortes critiques par les pères fondateurs d'Israël, car il remettait en question l'historiographie[54] : la politique, les actions des sionistes durant l'époque mandataire et la naissance d'Israël ont été abondamment critiquées par ces derniers. Pour eux, il s'agissait entre autres de revoir le rôle des Britanniques durant leur mandat, les causes de l'exode des Arabes de Palestine en 1948-1949 ou encore les relations entre la Transjordanie et les

54. En réponse à la montée de la « nouvelle gauche », les fondateurs de l'État d'Israël firent le récit de leur action politique. Golda Meir écrivit ainsi à propos de l'exode des Arabes de 1948 : « Autre élément qui surprendra peut-être certains "critiques constructifs" d'Israël, notamment ceux qui appartiennent à la Nouvelle Gauche, comme on dit. En même temps que tous les édifices, toutes les colonies bâties par nous au cours de ces années de fièvre, nous avons aussi travaillé pour les Arabes ; car lorsque nous parlions de citoyens d'Israël, c'était à *tous* les citoyens que nous pensions. Chaque fois qu'il m'arrivait d'avoir des discussions avec les gens de Kiryat Shmonah et d'endroits analogues, il se trouvait toujours quelqu'un dans la foule pour crier que les Arabes étaient les mieux servis. Ce n'était pas vrai, bien entendu ; mais il est également faux de prétendre que nous feignions d'ignorer totalement les Arabes. »

sionistes[55]. Des désaccords sur leurs conclusions ont finalement émergé au sein même de leur groupe[56].

Il est intéressant de souligner qu'une partie du post-sionisme puise ses origines chez les intellectuels juifs allemands du 19e et du 20e siècle, dont Martin Buber a été l'une des figures de proue[57]. Ces intellectuels refusaient pour la plupart l'idée d'un quelconque nationalisme juif : leur assimilation à la patrie allemande difficilement acquise, ils ont souvent préféré défendre la cause nationale allemande puis européenne. L'Union des rabbins allemands combattait d'ailleurs le sionisme avec virulence.

---

55. Pappé affirme ainsi que l'objectif de la Grande-Bretagne était d'empêcher la naissance d'un État palestinien bien plus que d'éviter l'établissement de l'État d'Israël. Ilan Pappé, *Britain and the Arab-Israeli Conflict, 1947-1951*, Londres, Macmillan, 1988. Avi Shlaïm, pour sa part, explique que tous les dirigeants arabes ne souhaitaient pas « étouffer Israël dans l'œuf ». Le roi Abdallah de Jordanie se serait ainsi entendu avec les Juifs pour opérer un partage de la Palestine arabe aux dépens des Palestiniens à l'aube de l'établissement d'Israël. Avi Shlaïm, *Collusion across the Jordan. King Abdullah, the Zionist Movement, and the Partition of Palestine*, Oxford, Clarendon Press, 1988.
56. Benny Morris, « Politics by Other Means », *The New Republic*, 17 mars 2004. Morris critique l'approche historique de Pappé. Selon lui, Pappé « appréhende l'histoire à travers le prisme de la politique contemporaine et écrit délibérément l'histoire à des fins politiques. Mon point de vue était que bien que les historiens, en tant que citoyens, avaient des opinions politiques, leur devoir d'universitaire était d'essayer de découvrir la vérité au sujet d'un événement ou d'un processus historique, de faire la lumière sur le passé aussi objectivement et précisément que possible. Quand il retrace l'histoire, l'historien doit ignorer la politique actuelle et résister à ses penchants politiques pour pénétrer le passé ».
57. Martin Buber quitta l'Allemagne en 1938 et s'établit à Jérusalem où il devint professeur à l'Université hébraïque. Avec l'aide de ses collègues, dont le président de l'Université hébraïque de l'époque, Yehuda Magnes, il modela le système universitaire israélien. Opposé à l'établissement d'un État-nation juif, il était plutôt partisan de la fondation d'un État binational. Pour lui, la renaissance de la culture juive passait avant l'idée nationale. Hannah Arendt, *Écrits juifs*, Paris, Fayard, 2011.

De nombreux Juifs, notamment les leaders les plus influents de la communauté, ceux qu'on appelait les *Kaiserjuden* (Juifs de l'empereur), rivalisaient de patriotisme allemand avec les Prussiens et préféraient s'intéresser à certaines réalisations en Palestine au titre du rayonnement germanique plutôt qu'à celui de la renaissance hébraïque[58]. Certains se convertirent au christianisme ou développèrent, en réaction à leur origine juive, un complexe appelé « la haine de soi juive[59] ». Aujourd'hui, si tous les Israéliens ne sont pas croyants, ni même juifs, la religion demeure au centre de la nation. Constituée de chrétiens, de musulmans et de juifs venus du monde entier, cette société multiethnique tend au multiculturalisme. Dans ce cadre, la cohésion de la société israélienne est un défi quotidien[60].

Né à la même époque que le nationalisme arabe, le sionisme se distingue de celui-ci dans la manière de mener son projet politique à terme. Malgré certaines divergences idéologiques, les sionistes ont préféré transcender leurs désaccords afin d'établir leur État. La volonté de réaliser un rêve national millénaire explique leur cohésion sociale. Pour leur part, les Arabes des jeunes États indépendants et ceux guidés par le mufti Hadj Amin al-Husseini en Palestine ont structuré leur idéologie na-

58. Soustelle, *supra* note 38, p. 60.

59. Amos Elon, *Requiem allemand. Une histoire des Juifs allemands 1743-1933*, Paris, Denoël, 2010, p. 233.

60. Sfeir et Klein, *supra* note 26. Mentionnons, à la suite du juriste Benjamin Archibald, que des divisions politiques, juridiques et religieuses existent depuis la création d'Israel. La particularité de ce pays est d'être à la fois un État juif et un État semblable aux démocraties occidentales. Le système judiciaire israélien n'échappe évidemment pas à cette particularité : il existe aussi bien des tribunaux rabbiniques que des tribunaux laïques. Benjamin Archibald, « We Live to Survive Our Paradoxes : In Defense of Israel as a Jewish & Democratic State », *New England Journal of International and Comparative Law*, vol. 10, 2004.

tionale en réaction au sionisme puis à l'État hébreu. Oubliant leur propre intérêt politique, les Arabes de Palestine n'ont pas privilégié la mise en œuvre d'un projet unifié, fondé sur l'établissement d'un État et se sont, de surcroît, dispersés dans des luttes claniques. Lieu symbolique de l'affrontement nationaliste entre Arabes et Juifs, la ville de Jérusalem constituait et constitue aujourd'hui encore un désaccord des plus passionnels.

Jérusalem, symbole des affrontements nationalistes

Anéantie en 587 avant l'ère chrétienne par Nabuchodonosor II, roi de Babylone, puis par l'empereur romain Titus en l'an 70, Jérusalem, Ville sainte pour les trois religions monothéistes, connaît un destin hors du commun : « Jérusalem [...], dont le nom éveille tant de mystères et effraie l'imagination. Il semble que tout doive être extraordinaire dans cette ville extraordinaire », écrivait François René de Chateaubriand dans *Itinéraire de Paris à Jérusalem*. Construite au carrefour des chemins qui lient les grandes puissances au Croissant fertile, la Mésopotamie et l'Égypte, la ville de Shalem fut conquise par les Hébreux au temps de Josué[61]. Toutefois, les Hébreux ne l'occupèrent pas immédiatement. En l'an 1000 avant l'ère chrétienne, le roi David, qui la rebaptisa Jérusalem, en fit la capitale de son royaume. Son successeur, le roi Salomon, y édifia un temple voué au culte d'un Dieu unique.

Au cours des règnes dynastiques des Omeyyades (661-750), des Abbassides (750-1260) et des Ottomans (1516-1918), la Palestine devint une contrée abandonnée à l'aridité du désert, car Jérusalem ne présentait qu'un intérêt secondaire pour l'Islam[62] : à la suite de la cinquième croisade menée par les chré-

61. André Chouraqui, *Jérusalem. Une ville sanctuaire*, Paris, Rocher, 1996, p. 22.

62. Encel, *supra* note 25, p. 39-40.

tiens en 1220, les frères Al-Muazzam et Al-Kamil, descendants de Saladin, décidèrent d'ailleurs de la céder à l'empereur Frédéric II par le traité de Jaffa en 1229[63].

Au 16e siècle, lors du règne ottoman, Soliman le Magnifique y érigea des murailles, mais la Palestine et Jérusalem furent rapidement abandonnées par les nouveaux occupants. Entré à la postérité sous le nom de Lawrence d'Arabie, l'officier britannique Thomas Edward Lawrence écrivit dans ses mémoires au lendemain de la Première Guerre mondiale :

> Jérusalem est une ville horriblement sale, considérée comme sainte par toutes les religions sémites. Les chrétiens et les mahométans venaient en pèlerinage aux reliques de son passé ; quelques juifs voyaient en elle l'avenir politique de leur race. Ces puissances unies du passé et du futur étaient si fortes que la ville n'avait presque pas de présent. Ses habitants, à quelques rares exceptions près, étaient aussi dépourvus de caractère que des valets d'hôtel, et vivaient de l'afflux des visiteurs. L'idéal d'un nationalisme arabe leur était bien étranger [64].

Sur le plan administratif, Jérusalem n'était qu'une cité secondaire, « subissant les razzias des incontrôlables Bédouins aux confins d'un vaste Empire dont la synergie et les centres décisionnels se trouvaient bien plus au nord, à Istanbul et dans une large mesure en Europe balkanique[65] ». Ces événements témoignent du peu d'importance qu'avaient Jérusalem et, de manière plus générale, la Palestine dans le rêve national arabe de cette époque, comparativement à Bagdad, La Mecque, Médine et Damas, villes sacrées.

63. *Ibid.*, p. 47-48.

64. Thomas Edward Lawrence, *Les sept piliers de la sagesse*, tome 2, Paris, Payot, 1970, p. 39.

65. Encel, *supra* note 25, p. 48.

À la fin du mandat confié par la SDN à la Grande-Bretagne, l'Assemblée générale des Nations unies décida, le 29 novembre 1947, du partage de la Palestine en deux États : la célèbre résolution 181 était adoptée. La troisième partie de cette résolution prévoyait un statut spécial pour la ville de Jérusalem constituée en *corpus separatum* : ce statut particulier devait permettre la protection et la préservation des intérêts spirituels et religieux de la ville. Il prévoyait également « la coopération entre tous les habitants de la ville, aussi bien dans leur propre intérêt que pour contribuer de tout leur pouvoir, dans toute la Terre sainte, à l'évolution pacifique des relations entre les deux peuples[66] ». Le Conseil de tutelle, désigné pour en assurer l'administration internationale, devait également procéder à la nomination d'un gouverneur de Jérusalem, représentant les Nations unies et responsable devant elles.

Rappelons que l'idée de l'internationalisation d'un territoire s'inscrit dans une longue tradition juridique destinée à régler des conflits identitaires. Le traité de Berlin de 1878 (conflits dans les Balkans) et la convention de Genève relative à la Haute-Silésie de 1922 (conflit entre Allemands et Polonais), signés entre les puissances européennes, en attestent. Ils ont probablement été, quoique implicitement, à l'origine de la décision des Nations unies d'internationaliser Jérusalem en 1947[67]. Il est également intéressant de préciser que, bien avant l'adoption de la résolution 181, Theodor Herzl avait déjà proposé un recours à une législation internationale pour résoudre la question des Lieux saints. Il est par ailleurs possible de faire un parallèle

66. « La ville de Jérusalem sera constituée en *corpus separatum* sous un régime international spécial et sera administrée par les Nations unies. » Voir la partie consacrée à Jérusalem dans la résolution 181 de 1947.

67. Nathaniel Berman, « Legalizing Jerusalem or, of Law, Fantasy, and Faith », *Catholic University Law Review*, vol. 45-823, 1995-1996.

d'ordre religieux entre l'idéologie médiévale des croisades et la résolution 181 de l'Assemblée générale. À l'époque des croisades, explique Nathaniel Berman, les papes, détenteurs des valeurs universelles chrétiennes, avaient retiré aux administrateurs arabes locaux leur souveraineté sur Jérusalem afin de la transférer à leurs propres instances décisionnaires. L'Assemblée générale avait pour objectif d'internationaliser Jérusalem afin de garantir son contrôle universel par des nations chrétiennes représentées au sein du Conseil de tutelle, faisant ainsi écho, de manière lointaine, à la volonté de la papauté.

Le 15 mai 1948, le déclenchement contre Israël de la première guerre israélo-arabe, par l'Égypte, le Liban, la Jordanie, la Syrie et l'Irak, consacra le refus arabe d'appliquer la résolution 181. À l'hiver 1949, une partie de la ville fut conquise par les Israéliens, une autre par les Jordaniens et certains secteurs démilitarisés de la ville (le mont Scopus et la colline El-Mukkaber notamment) furent placés sous le contrôle des forces de l'ONU[68].

Entre 1949 et 1967, les Jordaniens se désintéressèrent de Jérusalem et tentèrent d'en réduire l'importance au profit de leur capitale, Amman. Plusieurs milliers d'Arabes partirent de leur plein gré pour la Jordanie : la population de la capitale jordanienne quintupla. À cette époque, les Israéliens reprochaient aux Jordaniens de détruire le quartier juif de la vieille ville de Jérusalem. Le royaume de Jordanie s'était en effet livré à des bombardements, au saccage d'un cimetière juif et à la destruction de synagogues, d'écoles et d'habitations[69]. Si ces

68. Guy Feuer, « Le Statut des zones de Jérusalem contrôlées par les Nations unies », *Annuaire français de droit international*, vol. 12, 1966.

69. L'UNESCO a décidé de sanctionner Israël à la suite de la réunification de la ville en ne lui fournissant plus aucune aide pour mener à bien les fouilles archéologiques et les travaux de restauration ou d'aménagement.

destructions, jamais sanctionnées par l'UNESCO, pouvaient s'expliquer par le combat, elles s'inscrivent indéniablement à l'encontre d'un argumentaire fondé sur l'intégrité du patrimoine culturel pourtant cher à cet organe des Nations unies.

Après la réunification de Jérusalem par les Israéliens en 1967 (à la suite de la guerre des Six Jours, durant laquelle ils conquirent la vieille ville), les Arabes manifestèrent à nouveau un vif intérêt pour Jérusalem[70]. Depuis cette réunification, l'obligation de respecter l'exercice des cultes, l'accès aux Lieux saints et les biens des établissements consacrés au culte – qui figurent dans la résolution 181 – furent respectés par Israël. La libre administration des Lieux saints fut de surcroît réservée aux représentants des différentes religions monothéistes.

C'est vrai, l'État hébreu n'a pas respecté le statut de *corpus separatum* prévu par les Nations unies. La réunification de la ville par la force lui a été reprochée : Israël avait en effet réalisé une annexion de fait qu'il justifia par les conflits militaires de 1948 et de 1967. L'Assemblée générale et le Conseil de sécurité dénoncèrent cette situation issue d'un coup de force. Le 21 mai 1968, le CS considéra, dans la résolution 252, « que toutes les mesures et dispositions législatives et administratives prises par Israël [...] qui tendent à modifier le statut juridique de Jérusalem sont non valides et ne peuvent modifier ce statut ». Il demanda par conséquent à cet État de « s'abstenir

---

Raymond Goy, « La question de Jérusalem à l'UNESCO », *Annuaire français de droit international*, vol. 22, 1976 ; et Raphaël Draï, « Jérusalem et le droit international. Quel droit international ? », *Controverses*, nº 17, juin 2011.

70. Daniel Pipes, « Les revendications des musulmans sur Jérusalem », *Middle East Quarterly*, sept. 2001.

immédiatement de toute nouvelle action qui tende à modifier le statut de Jérusalem[71] ».

En dépit des résolutions du CS et de l'AG, Israël adopta, le 30 juillet 1980, une loi fondamentale dont l'article 1er dispose que « Jérusalem entière et réunifiée est sa capitale ». Évidemment, cette législation fut mal accueillie par le CS, qui la jugea contraire au droit international. Dans sa résolution 478 d'août 1980, il affirma la nullité de cette mesure, exigeant d'Israël le respect de toutes les résolutions précédentes relatives à la question de Palestine. Il pria également les États de ne pas reconnaître la loi fondamentale israélienne et leur demanda de retirer leurs missions diplomatiques installées à Jérusalem. Les États-Unis, pour leur part, s'abstinrent de voter l'adoption de cette résolution.

Quinze ans plus tard, en 1995, le Congrès des États-Unis vota le *Jerusalem Embassy Act* afin de transférer l'ambassade américaine de Tel-Aviv à Jérusalem. Pour des raisons essentiellement religieuses, cette loi reconnaissait Jérusalem comme capitale de l'État hébreu. En 2003, le Congrès réaffirma sa position dans le *Foreign Relations Authorization Act, section 214.* Position qu'il confirma encore en 2013 par l'adoption de la loi H.R. 2846, prévue pour transférer l'ambassade américaine à Jérusalem, envoyant ainsi un message d'engagement et de détermination aux Israéliens. Pour le Capitole, l'esprit du *Jerusalem Embassy Act* devait être respecté : « pour des raisons historiques, bibliques et morales, nous nous engageons à l'unité de Jérusalem comme capitale indivisible d'Israël sans aucune dérogation ni aucune réserve », déclara le politicien Doug Lamborn. Toutefois, les administrations américaines des présidents Clinton, Bush et Obama ont jusqu'à présent utilisé la renonciation présiden-

71. L'AG adopta la résolution 2253 (4 juillet 1967) et la résolution 2254 (14 juillet 1967). Le CS, pour sa part, adopta la résolution 252 (21 mai 1968) et la résolution 267 (3 juillet 1969) pour condamner la politique israélienne d'annexion.

tielle afin de retarder le déplacement de l'ambassade américaine à Jérusalem.

Du côté palestinien, en réponse à la réunification israélienne de la ville, Yasser Arafat, alors chef de l'OLP, adopta en 1968 une nouvelle constitution pour son organisation. L'article 1er de cette nouvelle charte disposait que : « La Palestine est le foyer du peuple arabe palestinien ; c'est une partie indivisible du foyer arabe, et le peuple palestinien est une part intégrante de la nation arabe. »

Jérusalem-Est devait devenir la capitale du futur État palestinien. La nécessité d'une véritable indépendance face aux pays arabes et le besoin de prestige dans la fondation de cet État semblaient motiver le choix de Jérusalem-Est pour capitale. En effet, les Palestiniens sont délaissés au Liban (plus de 400 000 réfugiés palestiniens étant maintenus apatrides, géographiquement et socialement limités à des emplois déterminés), méprisés des gouvernements syriens (dont la politique fut celle de la division permanente de la scène politique palestinienne), méprisés en Jordanie en raison de l'épisode Septembre noir orchestré par Arafat en 1970 (pour renverser la monarchie hachémite) et méprisés des gouvernements égyptiens, qui contrôlaient Gaza d'une main de fer jusqu'en 1967 avant de céder ce territoire définitivement en 1978 à Israël (marquant ainsi leur trahison envers la cause palestinienne). Ainsi, quelle cité autre que Jérusalem, s'interroge Frédéric Encel, pourrait incarner le prestige nécessaire à l'épanouissement des Palestiniens vis-à-vis de leurs « frères arabes[72] » ? Le choix de cette ville pour capitale a

72. Instrumentalisée par la quasi-totalité des « frères arabes » depuis la guerre de 1948, la cause palestinienne a été discréditée à la suite des défaites militaires arabes. Pour Frédéric Encel, les Arabes de Palestine n'ont pas réussi à se défaire de l'emprise des dirigeants arabes, dont l'intérêt « était d'en utiliser la cause en guise d'oriflamme de la fraternité arabe ». Encel, *supra* note 25, p. 88 à 90. Soustelle rappelle que le député jordanien Abdallah Nawas a d'ailleurs déclaré, le 6 juin 1952 : « Nous devons conti-

d'ailleurs été réaffirmé par Mahmoud Abbas lors de son discours à l'Assemblée des Nations unies en 2011.

Sans cesse évoquée dans les résolutions des Nations unies depuis 1948, la question de Jérusalem constitue l'un des points les plus discutés et disputés de ce conflit. En octobre 2016, une résolution de l'UNESCO, portée par des États comme le Qatar, le Liban, l'Égypte, l'Algérie et le Maroc, a d'ailleurs été adoptée pour protéger, à Jérusalem, « le patrimoine culturel palestinien » et gommer, ce faisant, le lien plurimillénaire unissant la cité de Salomon au peuple juif.

Aussi, comment éviter de se livrer à une lecture symbolique des revendications territoriales juive et musulmane sur cette ville ? Ismaël contre Israël, le conflit israélo-arabe ne tiendrait-il qu'à une seule lettre fratricide dont les origines se trouveraient cachées dans la Genèse ? Ce conflit serait alors une guerre de succession théologique, doublée d'un désir de vengeance millénaire, émanant de l'enfant adultérin Ismaël sur son frère légitime Isaac, père d'Israël. Bâtie au pied du mont Moriah, lieu éminemment symbolique, la ville de Jérusalem cristalliserait cet antagonisme originel et irréductible implicitement véhiculé dans les idéologies nationalistes arabes et le sionisme.

nuer à prolonger le problème des réfugiés comme une question vitale… La guerre en Palestine ne continue que grâce aux réfugiés. Leur existence laisse la question ouverte. »

CHAPITRE 2

AUX ORIGINES DE L'INTERNATIONALISATION DE LA PALESTINE

« Chaque jour nous constatons encore que dans le jeu ambigu et souvent criminel de la politique, auquel les peuples confient toujours avec crédulité leurs enfants et leur avenir, ce ne sont pas des hommes aux idées larges et morales, aux convictions inébranlables qui l'emportent, mais ces joueurs professionnels que nous appelons diplomates ; ces artistes aux mains prestes, aux mots vides et aux nerfs glacés », écrivait Stefan Zweig dans *Fouché*, remarquable biographie.

Les habitants de la Palestine n'ont pas échappé à ce jeu diplomatique singulièrement ambigu évoqué par cet écrivain autrichien. Après sa domination ottomane, la Palestine fut placée sous le mandat de la Grande-Bretagne de 1920 à 1948. Mis en place par la SDN, le système des mandats marqua le commencement d'une nouvelle forme de colonialisme. Les événements sanglants qui envenimèrent la Palestine peu avant la Seconde Guerre mondiale contribuèrent cependant au retrait des Britanniques et à la fin de leur mandat.

À l'aube du mandat britannique en Palestine

Une illusion mythique persiste quant au sort de la Palestine : ce territoire aurait été cédé aux Arabes et aux Juifs par la

Grande-Bretagne. Il aurait donc été promis à deux reprises. Erroné, ce présupposé communément admis a conditionné, quand ce n'est pas dénaturé, de nombreuses analyses politiques et historiques sur cette question.

En 1915, les Anglais prirent connaissance du faible intérêt porté par le chérif de La Mecque, Hussein ben Ali, pour la Palestine. Lors de négociations menées avec lui sur l'organisation de la révolte arabe contre les Ottomans durant la guerre, les Britanniques décidèrent de ne pas inclure la Palestine dans les territoires à attribuer aux Arabes, puisqu'il « n'était aucun endroit notable situé plus au sud que Damas qui fut d'une importance vitale pour les Arabes », aux dires d'Henry McMahon, haut-commissaire anglais[73].

L'essentiel se jouait véritablement entre Damas, centre du nationalisme panarabe, Bagdad et surtout La Mecque, ville sainte gardienne des sanctuaires. Une longue correspondance s'engagea à ce sujet entre McMahon et le chérif Hussein, dont le document le plus fameux est certainement la « lettre McMahon » d'octobre 1915, dans laquelle le haut-commissaire britannique tentait de donner satisfaction aux aspirations territoriales d'Hussein tout en s'efforçant de ne pas porter atteinte aux engagements futurs et secrets de la Grande-Bretagne à l'égard de la France (accords Sykes-Picot du 16 mai 1916, destinés à un partage territorial de la région). Dans la lettre adressée au chérif Hussein, McMahon écrivait :

> Les deux districts de Mersin et d'Alexandrette et les parties de la Syrie s'étendant à l'ouest des districts de Damas, Homs, Hama et Alep ne peuvent pas être dits comme étant purement arabes, et doivent être exclus des limites demandées.

73. Pipes, *supra* note 70 ; et Esther Benfredj, « Jérusalem et l'Islam », *Controverses*, n° 17, juin 2011.

> Sous réserve de cette modification, et sans causer du tort à nos traités existants avec des chefs arabes, nous acceptons ces limites. En ce qui concerne les régions à l'intérieur de ces frontières, là où la Grande-Bretagne est libre d'agir sans porter tort aux intérêts de son alliée la France, j'ai le pouvoir, au nom du gouvernement de la Grande-Bretagne, de vous donner les assurances suivantes et faire la réponse suivante à votre lettre :
>
> 1. Dans le cadre des modifications indiquées ci-dessus, la Grande-Bretagne est prête à reconnaître et à soutenir l'indépendance des Arabes dans toutes les régions à l'intérieur des limites demandées par le Chérif de La Mecque.
> 2. La Grande-Bretagne garantira les Lieux saints contre toute agression extérieure et reconnaîtra leur inviolabilité.
> 3. Quand la situation l'impliquera, la Grande-Bretagne donnera aux Arabes ses conseils et les assistera dans l'établissement de ce qui peut apparaître comme les formes les plus appropriées de gouvernement dans ces territoires variés.
> 4. D'un autre côté, il est compris que les Arabes ont décidé de rechercher l'avis et la direction de la Grande-Bretagne seule, et que les conseillers européens et les fonctionnaires qui peuvent être nécessaires pour la formation d'une bonne forme d'administration seront britanniques[74].

Ce texte fut à l'origine de nombreuses interprétations, même s'il semblait clair pour les Britanniques que la Palestine restait hors du cadre de l'accord passé avec le chérif Hussein. N'étant pas considérée comme « purement arabe », elle ne tombait pas sous l'autorité du chérif Hussein. Parce que cet élément semblait évident pour les Anglais, il ne fut pas explicitement écrit. De sorte qu'à l'issue de cette correspondance, les Britanniques ne lui concédèrent pas la Palestine. Précisons, avec Jacques Soustelle, que l'officier anglais Thomas Edward Lawrence expliqua, dans une lettre adressée au *Times* en septembre 1919, que la

74. Henry Laurens, *La question de Palestine*, tome 1, Paris, Fayard, 2002, p. 299-300.

Palestine n'était aucunement concernée par l'accord passé en 1915 avec le chérif Hussein. Et McMahon de déclarer :

> Je considère comme de mon devoir d'affirmer de la façon la plus claire et la plus catégorique que je n'ai jamais eu l'intention, en donnant cette assurance au roi Hussein, d'inclure la Palestine dans la zone où l'indépendance arabe était promise. J'avais aussi toutes raisons de croire à cette époque que le roi Hussein était parfaitement informé du fait que la Palestine n'était pas comprise dans nos engagements[75].

William Ormsby-Gore, membre de l'état-major du haut-commissaire, apporta également des précisions similaires tout comme Sir Ronald Storrs, alors Secrétaire oriental auprès de McMahon.

Il est aussi intéressant de souligner que les paragraphes 3 et 4 de ce texte étaient significatifs de l'avènement d'une nouvelle forme de colonialisme. Cet « impérialisme moral[76] » et paternaliste s'incarnait autour d'une bureaucratie constituée de juristes et de fonctionnaires dont la mission consistait à protéger les intérêts des populations locales, mais également – et surtout – ceux de la nation garante de ces peuples.

À la suite de cet engagement territorial passé avec le chérif Hussein en 1915, le gouvernement britannique signa des accords secrets avec la France en mai 1916. Dans ces accords, Paris et Londres se partagèrent le Proche et Moyen-Orient en décidant des frontières de l'Arabie britannique et de la Syrie française. Tandis que les Français s'attribuèrent la Syrie et le Liban, les Britanniques allaient décider de l'avenir de la Palestine, de l'Irak

75. Voir le *Times* du 23 juillet 1937. Soustelle, *supra* note 38, p. 91-92 ; et Pierre van Paassen, *The Forgotten Ally*, New York, Dial Press, 1943, p. 116.

76. Yves Dezalay et Bryant Garth, « L'impérialisme moral. Les juristes et l'impérialisme américain », *Actes de la recherche en sciences sociales*, 1-2, n° 171-172, Seuil, 2008.

et de l'Égypte. Évidemment, ce découpage territorial ne prenait guère en considération les promesses faites aux Arabes en 1915, il était plutôt étranger au devenir des populations de la région.

De cette entente franco-britannique, une contradiction surgit alors : celle-ci ne réside pas dans l'attribution des territoires promis par les Anglais au chérif Hussein et, par la suite, aux Juifs dans la déclaration Balfour de 1917. Le double jeu politique de Londres se situe en réalité entre ce qui avait été promis, d'une part, aux Arabes et, d'autre part, aux Français. En 1916, la Grande-Bretagne s'était effectivement engagée, pour la seconde fois, sur la destinée de la Syrie. En acceptant les revendications françaises sur Damas, les Britanniques rompaient secrètement la promesse initialement faite dans la lettre McMahon. De ces constatations, il ressort que la zone territoriale doublement promise n'était pas la Palestine, comme il est courant de le penser, mais la Syrie. C'est pourquoi, le 2 novembre 1917, le ministre britannique des Affaires étrangères, Lord Balfour, pouvait finalement garantir aux sionistes, dans sa célèbre déclaration, l'existence d'un foyer juif en Palestine. Toutefois, malgré cette promesse, les Anglais mandatés par la suite dans la région allaient entretenir avec le foyer juif des rapports ambivalents, notamment en raison de la Révolution russe de 1917[77].

Il faut également préciser que pour vaincre les puissances allemandes et ottomanes durant cette guerre, les Britanniques étaient prêts à offrir beaucoup pour obtenir le concours arabe et juif. Ils eurent alors recours à diverses manœuvres politiques

77. Auparavant méprisés par les Ottomans en raison de leurs origines polonaise ou russe, les Juifs l'étaient également par les militaires britanniques, qui les considéraient comme les principaux instigateurs de la révolution bolchevique de 1917 ; ils ignoraient que les dirigeants juifs et non juifs de cette révolution s'insurgeaient avec virulence contre le sionisme. Jacob Tsur, *Prière du matin. L'aube de l'État d'Israël*, Paris, Plon, 1967, p. 47.

puisque les forces allemandes étaient sur le point d'accorder leur soutien au projet national sioniste[78]. Pour les Britanniques, il fallait impérativement les devancer afin de gagner la cause juive. C'est dans ce contexte tumultueux que fut proclamée en novembre 1917 la déclaration Balfour. Pour certains, cette déclaration aurait été adoptée par le *British War Cabinet* après que les Britanniques eurent obtenu des sionistes la garantie de leur absence de volonté d'établir un État. Pourtant, à la lecture du texte de Lord Balfour, on peut se demander s'il ne constituait pas au contraire l'acte fondateur d'un État à venir.

Il n'en demeure pas moins que la complémentarité des engagements britanniques vis-à-vis des Arabes et des Juifs aboutit à une entente territoriale entre les deux peuples, qui se cristallisa lors de la signature de l'accord Fayçal-Weizmann. Les entretiens entre le dirigeant sioniste Haïm Weizmann et le fils du chérif Hussein, le jeune Fayçal, conduisirent au constat que les prétentions juives et arabes de Palestine se répondaient parfaitement. Signé le 3 janvier 1919 à l'occasion de la Conférence de la paix, l'accord Fayçal-Weizmann prenait en considération :

> La parenté de race et les liens anciens entre les Arabes et le peuple juif, comprenant que le plus sûr moyen de travailler à la réalisation de leurs aspirations nationales réciproques est d'établir la plus étroite collaboration possible dans le développement de l'État arabe et de la Palestine. [...] L'organisation sioniste emploiera, enfin, tous ses efforts à aider l'État arabe à obtenir les moyens indispensables en vue du développement de ses ressources naturelles et de ses possibilités économiques.

À l'issue de cette réunion, la volonté réciproque d'aboutir à la naissance d'États souverains était bel et bien présente. Pour le père de Fayçal, le chérif Hussein, cette entente dépendait cepen-

78. Soustelle, *supra* note 38, p. 77.

dant de la condition de son accession au pouvoir en Syrie. Promise par les Britanniques en 1915, cette dernière condition ne fut jamais honorée. Appartenait-il alors à Weizmann de tenter de la faire respecter ? En aurait-il eu les moyens ? Le cours de l'histoire aurait-il été différent ?

Néanmoins, une grande majorité des Arabes de Palestine ne partageaient pas les prétentions territoriales ni les objectifs politiques de Fayçal – encore moins ceux de Weizmann. Les protestations ne tardèrent pas à se faire entendre : des notables arabes rédigèrent une lettre destinée aux membres de la Conférence de la paix dans laquelle ils exprimaient leur opposition quant à la création d'un État juif en Palestine[79]. Née en juillet 1919 lors de la tenue du Congrès général syrien de Damas, l'opposition arabe était liée à la revendication de l'appartenance territoriale de la Palestine à la Syrie : elle était destinée à contrecarrer l'accord Fayçal-Weizmann. Durant ce Congrès furent ainsi adoptées plusieurs résolutions, dont la suivante :

> Nous rejetons les prétentions des sionistes visant à établir un foyer national dans cette partie de la Syrie du Sud connue sous le nom de Palestine, et nous nous opposons à toute immigration juive dans quelque partie que ce soit du pays. Nous ne reconnaissons aucun titre aux Juifs sur la Palestine, et nous considérons leurs revendications comme une grave menace pour notre peuple, du point de vue national, politique et économique. Nos compatriotes juifs continueront à partager toutes les responsabilités et à jouir de tous les droits communs[80].

La peur viscérale d'un « choc de civilisation » aurait donc servi de fondement au refus arabe de voir naître un État juif. L'intrusion d'une entité politique étrangère à la civilisation

79. Perrin, *supra* note 37, p.143 ; et Carré, *supra* note 7, p. 33.

80. Jean-Pierre Alem, *Juifs et Arabes. 3000 ans d'histoire*, Paris, Grasset, 1968, p. 112-113 ; et Perrin, *ibid.*, p. 143.

islamique constituait, selon ces notables, une menace en terre d'Islam. Dès lors, les revendications sionistes étaient considérées comme un obstacle à la civilisation islamique et à la réalisation du *Dar-al-Islam*, c'est-à-dire à l'extension de la Maison-Islam ou maison de la soumission. En effet, le droit islamique s'articule autour de l'*ummah*, la communauté des croyants, censée transmettre un message divin à l'humanité par la voie du *fath*, les conquêtes territoriales, et du *jihad*, le combat au service de la cause religieuse[81]. De manière consciente ou inconsciente, ce Congrès fut à l'origine des revendications arabes futures et certainement au commencement de la confusion sur le sort de la Palestine. Reprises dans les années 1920 par le mufti Hadj Amin, ces prétentions territoriales allaient se durcir au cours des années suivantes. En outre, on se souvient que le droit des minorités en terre d'Islam était régi par les règles de la *dhimma*, qui accordaient aux sujets non musulmans la protection de leur culte et de leurs biens en contrepartie du paiement d'un impôt, la *jizia*. Or, les accords passés entre Fayçal et Weizmann attribuaient aux sionistes une place différente dans la société. Après avoir occupé le statut de *dhimmis*, ils devenaient des décideurs indispensables à l'essor économique puis politique de la région et pouvaient de ce fait se révéler comme une force potentiellement dominatrice et colonisatrice.

Le refus des Arabes, qui se manifesta à Damas, entraîna le revirement politique de Fayçal. Préférant se ranger du côté de la majorité arabe, il reprit la parole qu'il avait formellement donnée à Weizmann en janvier 1919 et adopta les résolutions du Congrès syrien. Dès l'été 1919, Fayçal revendiqua alors la Palestine comme faisant partie intégrante du royaume arabe, consacrant ainsi le rejet des populations arabes d'une séparation

81. Yadh Ben Achour, « La civilisation islamique et le droit international », *Revue Générale de Droit International Public*, tome 110, avril 2006.

territoriale de la Palestine et de la Syrie. Il écrivit à ce sujet, en mai 1920, au général Allenby, ancien commandant du corps expéditionnaire britannique au Proche-Orient durant la guerre :

> En ce qui concerne mon accord sur la création d'un foyer national juif en Palestine, je crois qu'il y a une certaine incompréhension. Tout ce que j'ai admis est la sauvegarde des droits des Juifs dans ce pays dans la même mesure que les droits des habitants indigènes arabes sont sauvegardés et leur permettre de disposer des mêmes droits et privilèges. Les Arabes de la Palestine, à la fois chrétiens et musulmans, ont de façon répétée utilisé eux-mêmes toutes les possibilités de protester contre tout accord et engagement qui feraient de leur mère-patrie un foyer national pour les Juifs. Je suis prêt à me rendre en Europe pour défendre le cas de mon pays si seulement je reçois une déclaration positive destinée à mon peuple inquiet, affirmant que la conférence ne permettra pas la séparation de la Palestine et de la Syrie[82].

Le changement politique de Fayçal encouragea inévitablement l'activité des nationalistes arabes. Mais ce fut le résultat de la commission d'enquête King-Crane, en août 1919, qui exacerba le nationalisme arabe. Selon cette commission, instituée à la demande du président américain Woodrow Wilson, l'immigration juive constituait une violation importante du nouveau principe de droit international reconnaissant le droit des peuples à disposer d'eux-mêmes. En outre, les conclusions de King et Crane préconisaient finalement la limitation de l'immigration juive en Palestine tout en optant pour l'abandon d'un quelconque État juif[83]. C'est dans ce contexte que le mandat britannique sur la Palestine était sur le point de naître sous l'autorité de la SDN.

82. Perrin, *supra* note 37, p. 144.

83. Philippe Daumas, « La Commission King-Crane, une occasion perdue », *Revue d'études palestiniennes*, août 1995.

L'institutionnalisation de la Palestine sous le mandat britannique

Au cours de la deuxième moitié du 19e siècle, le droit international reflétait la mission d'occidentalisation du monde. En 1885, Jules Ferry pouvait ainsi poser en France les droits et les responsabilités des « races supérieures vis-à-vis des races inférieures » pour légitimer sa politique coloniale. Quant à l'écrivain anglais Rudyard Kipling, il se plaisait à évoquer, dans un célèbre poème, *Le fardeau de l'homme blanc*, la mission civilisatrice qui incombait aux nations policées[84]. Peu nombreux furent ceux qui, à l'époque, critiquèrent ce mécanisme universaliste fondé sur le modèle occidental. L'importance de la place occupée par les empires européens avait aussi conditionné la pratique, l'utilisation et le vocabulaire du droit international. La mission civilisatrice de l'Europe sous-tendait les principes de ce droit[85]. Les valeurs de l'Europe, prétendument universelles, devaient s'étendre à toutes les colonies.

84. Rappelons ici l'analyse quelque peu excessive d'Edward Saïd, précurseur des études postcoloniales : les auteurs du 19e siècle, tels Kipling, Charles Dickens ou Honoré de Balzac, et ceux du 20e siècle, comme Albert Camus, auraient abondamment contribué à légitimer la domination de « l'homme blanc » sur le reste du monde. Dans l'optique de Saïd, la participation de la culture à l'impérialisme permet de mieux comprendre la relation du monde occidental des deux derniers siècles avec le monde des « non-civilisés ». Il explique également que l'orientalisme fait référence au regard porté par l'Occidental sur le monde oriental : cet « Orient créé par l'Occident » est imprégné d'un impérialisme culturel destiné à asseoir les entreprises coloniales menées par les Occidentaux. Cette thèse a largement contribué à faire des orientalistes les parangons de l'impérialisme occidental. Edward W. Saïd, *Culture et impérialisme*, Paris, Fayard, 2000 et *L'Orientalisme. L'Orient créé par l'Occident*, Paris, Seuil, 2005.
85. Martti Koskenniemi, « International Law in Europe : Between Tradition and Renewal », *European Journal of International Law*, vol. 16, nº 1, 2005.

Lors de la Conférence de la paix en 1919, Woodrow Wilson refusa l'annexion des anciennes colonies allemandes d'Afrique et du Pacifique par les puissances française et britannique. Il souhaitait plutôt en confier l'administration à la future Société des Nations, se distanciant ainsi du colonialisme unilatéral des États européens[86]. Le premier ministre britannique Lloyd George proposa alors la création de « mandats » de la Société des Nations, tout en incluant les provinces de l'Empire ottoman à son projet[87] : Wilson entérina cette proposition.

Un humanisme teinté de colonialisme

Publiée par le général Jan Smuts de nationalité sud-africaine, la première esquisse du système des mandats se trouvait dans le projet de Société des Nations. Il s'agissait de prévoir une aide internationale pour des peuples d'Europe orientale et des communautés libérées des Ottomans[88]. Au lendemain d'un conflit

86. Martti Koskenniemi, *The Gentle Civilizer of Nations. The Rise and Fall of International Law 1870-1960*, Cambridge, Cambridge University Press, 2002.

87. Henry Laurens, « Comment l'Empire ottoman fut dépecé », *Le Monde diplomatique*, avril 2003 ; et Margaret Macmillan, *Paris 1919. Six Months That Changed the World*, Toronto, Random House, 2003.

88. Pierre Gerbet, *Société des Nations et Organisation des Nations unies*, Paris, Richelieu, 1973, p. 60. L'article 22 du Pacte disposait que : « 1. Les principes suivants s'appliquent aux colonies et territoires qui, à la suite de la guerre, ont cessé d'être sous la souveraineté des États qui les gouvernaient précédemment et qui sont habités par des peuples non encore capables de se diriger eux-mêmes dans les conditions particulièrement difficiles du monde moderne. Le bien-être et le développement de ces peuples forment une mission sacrée de civilisation, et il convient d'incorporer dans le présent pacte des garanties pour l'accomplissement de cette mission. 2. La meilleure méthode de réaliser pratiquement ce principe est de confier la tutelle de ces peuples aux nations développées qui, en raison de leurs ressources, de leur expérience ou de leur position géographique, sont le mieux à même d'assumer cette responsabilité et qui

dévastateur qui avait conduit à la disparition de quatre empires, l'objectif de la SDN consistait à imposer des valeurs pacifiques en Europe : la résolution des conflits par la négociation et la prévention de la guerre selon le principe de la sécurité collective. L'idée kantienne d'une « paix perpétuelle entre les nations » était plus que présente dans l'air du temps. Initiateur de cette organisation, Wilson n'y adhéra pas, malgré l'idéal humaniste prôné dans son célèbre discours des *Quatorze Points* en janvier 1918.

Après de longues négociations relatives au sort des colonies allemandes, l'article 22 du pacte de la Société des Nations, « acte de naissance d'un système qui constitue une innovation à la fois dans les domaines du droit international et de la politique coloniale », voyait le jour[89]. Derrière l'humanisme affiché de la SDN et le nouvel ordre mondial façonné par les États-Unis se cachaient, selon Carl Schmitt, de faux idéaux universalistes et, surtout, la réintroduction de la morale dans le droit international[90]. La gestion des territoires et des peuples allait de surcroît révéler les visées impérialistes des puissances victorieuses au service de leurs seuls intérêts.

La doctrine de la « mission sacrée de civilisation » était née et, grâce au droit international, elle consacrait l'impérialisme européen[91]. Caractéristique de l'ambition des puissances victorieuses, le système des mandats consistait à diffuser des valeurs occidentales morales, politiques et juridiques à des populations jugées inaptes à affronter les défis du monde moderne. Cette

consentent à l'accepter : elles exerceraient cette tutelle en qualité de mandataires et au nom de la Société. »

89. *Ibid.*

90. Voir la note 5.

91. Koskenniemi, *supra* note 86.

politique éducative ne relevait pas directement de la SDN, mais incombait à quelques États mandataires, membres de cette organisation, comme la France, la Grande-Bretagne ou la Belgique[92]. Elle devait être conduite avec le concours de fonctionnaires internationaux, spécialisés dans l'administration coloniale[93]. Le droit devenait, en définitive, un instrument indispensable pour imposer ce nouveau colonialisme. Par l'intermédiaire de la SDN, les États mandataires se voyaient attribuer les pouvoirs et les devoirs d'une instance supérieure, à l'image de la papauté aux temps médiévaux, décidant ainsi en toute souveraineté et légitimité du destin et des affaires intérieures comme extérieures des peuples non européens. Ainsi que l'expliquent Guillaume Sacriste et Antoine Vauchez, les liens entre le droit international et les diplomaties nationales allaient permettre l'émergence d'un ordre international structuré. La position des juristes évolua également, car ceux-ci n'étaient plus exclusivement soumis aux gouvernements nationaux : ils devaient désormais œuvrer pour un nouvel ordre politique multilatéral, contrairement à ce qui prévalait avant la création de la SDN[94].

Trois classes de mandats étaient prévues par l'article 22 du pacte de la Société des Nations selon « le degré de développement du peuple, la situation géographique du territoire, ses conditions économiques et toutes autres circonstances analogues ». Administrés par la France et la Grande-Bretagne, les mandats de classe A concernaient essentiellement les territoires

92. Christian J. Tams, « League of Nations », *Max Planck Encyclopedia of Public International Law*, Oxford, 2007.

93. Isabelle Duplessis, « Le droit international a-t-il une saveur coloniale ? L'héritage des institutions internationales multilatérales », *Revue juridique Thémis*, 2008.

94. Guillaume Sacriste et Antoine Vauchez, « The Force of International Law: Lawyer's Diplomacy on the International Scene in the 1920's », *Law & Social Inquiry*, vol. 32, n° 1, hiver 2007.

occupés par les Ottomans, c'est-à-dire la Palestine, la Syrie, le Liban et l'Irak. La tâche du mandataire consistait à développer les capacités de gouvernement autonome et à consolider le socle économique et social du pays pour assurer son existence en tant qu'État indépendant. Ces zones territoriales étaient jugées suffisamment développées pour s'émanciper rapidement et devenir un jour des États souverains[95]. Les mandats de classe B étaient relatifs aux colonies allemandes d'Afrique centrale[96]. Enfin, les mandats de type C, nés de l'insistance britannique, concernaient le Sud-Ouest africain et les îles du Pacifique. Cette dernière catégorie de mandats se distinguait des autres en raison « de l'absence de prescriptions relatives à l'égalité économique et, aussi, par une autorisation explicite de fusion administrative avec le mandataire[97] ».

En 1936, les objectifs de la puissance mandataire française au Levant furent clairement expliqués par Pierre Viénot, ancien sous-secrétaire d'État français chargé des protectorats du Maghreb et des mandats au Proche-Orient :

> Le pouvoir est exercé par la puissance mandataire en vue de l'accession du pays sous mandat à l'indépendance. La puissance mandataire commande, gouverne, mais c'est pour éduquer. Son rôle est celui d'un

95. L'article 22 al. 4 du Pacte disposait ainsi : « Certaines communautés, qui appartenaient autrefois à l'Empire ottoman, ont atteint un degré de développement tel que leur existence comme nations indépendantes peut être reconnue provisoirement, à la condition que les conseils et l'aide d'un mandataire guident leur administration jusqu'au moment où elles seront capables de se conduire seules. Les vœux de ces communautés doivent être pris d'abord en considération pour le choix du mandataire. »

96. Francis B, Sayre, « Legal Problems Arising from the United Nations Trusteeship System », *American Journal of International Law*, vol. 42, 1948.

97. Gerbet, Ghebali, Mouton, *supra* note 88.

> tuteur; son autorité est provisoire, transitoire. Un but, un sens, un avenir lui sont assignés. Son pouvoir est en quelque sorte relatif à son terme; c'est ce terme, c'est-à-dire l'émancipation que le mandataire a charge de préparer, qui le justifie[98].

Justifiant son mandat au Liban par la nécessité de protéger les populations maronites chrétiennes, la France se servait de sa mission civilisatrice pour légitimer sa présence. Selon Antoine Sfeir, elle était parvenue « à installer les rudiments d'une vraie démocratie avec l'aide des élites sorties essentiellement des établissements religieux du Proche-Orient, dont la majorité était catholique et francophone[99] ». Par le truchement de ses institutions locales et internationales, l'administration mandataire distillait ses valeurs. Ce recours à la morale et à la religion était caractéristique du colonialisme à la française et permettait de camoufler les véritables prétentions de Paris, qui souhaitait notamment contrôler la région irakienne de Mossoul, où se trouvaient d'importantes réserves pétrolières. Depuis la fin du premier conflit mondial, la question du pétrole occupait effectivement une place prépondérante dans les négociations diplomatiques[100]. Au Liban et en Syrie, la présence française nécessita la signature de deux traités distincts puisque l'origine du mandat français sur le Levant n'était pas identique[101].

---

98. Pierre Viénot, « Le mandat français sur le Levant », *Politique étrangère*, nº 2, 1939.

99. Sfeir et Chesnot, *supra* note 10, p. 14.

100. Laurens, *supra* note 87.

101. Comme le précise Viénot, la naissance du mandat français en Syrie trouve son origine dans la révolte des populations arabes contre la Turquie pendant la Première Guerre mondiale. L'origine du mandat français au Liban est plus ancienne : c'est la protection française des minorités chrétiennes au Levant. Deux traités distincts ont donc été conclus en raison de ces divergences historiques.

Londres orienta différemment sa stratégie mandataire. Les Britanniques signèrent avec l'Irak un traité mettant un terme à leur mandat. Sa souveraineté aussitôt acquise, l'Irak fut admis en 1932 au sein de la SDN. Quatre ans plus tard, les Anglais négocièrent avec l'Égypte, sous l'œil attentif des Syriens, un possible retrait de leurs troupes militaires. Quant à la Palestine, le préambule du texte mandataire donnait force de loi à la déclaration Balfour en reconnaissant « le lien historique du peuple juif avec la Palestine ainsi que son droit de reconstituer son foyer national dans ce pays ». L'égalité de traitement entre tous ses habitants et la prohibition de toute discrimination religieuse devaient être assurées par la puissance mandataire. Des institutions politiques et administratives pour les sionistes étaient également prévues (article 4 du mandat britannique sur la Palestine de 1922) ; l'autorité britannique devait enfin « faciliter l'immigration juive et encourager l'établissement en nombre de Juifs dans les campagnes, y compris sur les terres appartenant à l'État et sur les terres inutilisées » (article 6 du mandat britannique sur la Palestine de 1922).

Pour Ronen Shamir, la particularité du mandat britannique sur la Palestine résidait dans l'instauration d'un « *dual colonialism* » : si les Palestiniens arabes et juifs étaient soumis à la tutelle britannique, les Arabes se trouvaient, de surcroît, soumis au colonialisme sioniste[102], dont les pratiques européennes leur étaient étrangères. Lawrence d'Arabie nota d'ailleurs à ce sujet :

> Les Juifs sont de diverses sortes. Les uns, hébraïsants du type traditionaliste, ont instauré une façon de vivre adaptée au pays, les autres, pour la plupart de culture allemande, avaient introduit des manières étrangères, des cultures étrangères, des maisons à l'européenne (bâties

102. Ronen Shamir, *The Colonies of Law. Colonialism, Zionism and Law in Early Mandate Palestine*, Cambridge, Cambridge University Press, 2000.

> avec des fonds de charité) dans cette terre de Palestine qui semblait trop petite et trop pauvre pour récompenser leurs efforts. En tous cas le pays les supportait[103].

Peut-on néanmoins assimiler le sionisme à un véritable mouvement impérialiste ? Les mots de Fayçal, fils du chérif Hussein, sont édifiants sur cette question. Peu avant son revirement politique, il écrivit, dans une lettre adressée à Félix Frankfurter, membre de la délégation sioniste à la Conférence de Paris en 1919 :

> Nous autres Arabes, particulièrement ceux qui ont reçu une éducation, considérons le mouvement sioniste avec la plus grande sympathie… Nous souhaiterons la bienvenue aux Juifs très chaleureusement quand ils rentreront chez eux… Le mouvement juif est national et non impérialiste[104].

En 1920, lorsque David Ben Gourion fonda la Histadrout, syndicat des travailleurs sionistes, il souhaitait que les travailleurs arabes y adhérassent, signe d'une volonté de cohabitation ou de solidarité entre les deux peuples[105]. Tandis que les Anglais et les Français s'emparaient, sous couvert d'une organisation internationale à vocation universelle, de territoires sur lesquels ils n'avaient aucun lien historique, les sionistes prônaient la renaissance de la nation juive sur le sol de l'ancien royaume d'Israël et revendiquaient le droit historique du retour sur une terre ancestrale.

Le partage territorial du Proche-Orient

Ébauchés à l'aube du 16ᵉ siècle par les puissances du Vieux Continent, les projets coloniaux, d'abord unilatéraux, changèrent peu

103. Lawrence, *supra* note 64, p. 38.

104. Soustelle, *supra* note 38, p. 94.

105. Steir et Klein, *supra* note 26, p. 35.

à peu de nature et de légitimité, s'institutionnalisant dès 1919 au sein d'organisations internationales.

Depuis les accords Sykes-Picot de 1916, les choix des gouvernements anglais et français plongèrent le Proche-Orient dans un désastre social, conduisant, au cours des décennies, à une situation quasiment inextricable. Si, en plus de leurs intérêts économiques, les Français cherchaient à véhiculer les valeurs de la IIIe République propres à l'État-nation ou à la citoyenneté, les Anglais s'intéressaient principalement aux ressources naturelles et économiques des peuples sous leur tutelle. Animées par de telles prétentions, les puissances mandataires européennes étaient à l'origine d'un nouveau partage territorial de la région et de nouvelles frontières virent le jour sans tenir compte des aspirations des populations locales[106]. Ce partage post-ottoman ne pouvait être qu'une « idée de la diplomatie occidentale indifférente aux légitimités locales sinon oublieuse de ses "humanités" classiques[107] ».

Exclusivement économique, l'ajustement de la ligne Sykes-Picot entre la France et la Grande-Bretagne modifiait en outre le tracé de la frontière palestinienne de plusieurs kilomètres au nord. La Transjordanie, pour sa part, devait relier la Palestine à l'Irak afin de créer une zone garantissant le passage de lignes aériennes vers l'Inde et l'installation d'un oléoduc pour expé-

106. « On ne peut attendre des États qu'ils agissent selon les seuls principes humanistes, mais il faut souligner combien les choix motivés par la seule exploitation et marqués par le dénigrement des individus ont mené au désastre économique et social qui pèse aujourd'hui encore sur les relations internationales. Les guerres se sont succédé et partout les promesses de l'indépendance ont été déçues, alors que le colonisateur d'hier se referme depuis sur son territoire, excluant toujours l'Autre. » Sfeir, *supra* note 1, p. 16.

107. Louis-Jean Duclos, « Territorialités palestiniennes », *Revue de l'Occident musulman et de la Méditerranée*, nº 48-49, 1988.

dier le pétrole irakien vers la Méditerranée. Les Français devaient disposer d'un quart des parts (ultérieurement 23,75 %) au sein du consortium chargé d'exploiter ce pétrole[108].

Désormais, les peuples du Proche-Orient étaient tributaires de frontières déterminées et reconnues par la communauté internationale. Jusqu'à ce jour, ils avaient toujours évolué à l'intérieur de limites territoriales plus ou moins mouvantes appartenant à un Empire, qu'il soit romain, perse, byzantin, arabe ou encore ottoman. Le monde arabe s'apprêtait à connaître un changement historique. À l'exception de l'Égypte, aucune de ses nouvelles entités territoriales n'avait possédé de frontières au sens moderne. Pour façonner ces nouveaux États, les Français chassèrent Fayçal de Damas, qui revendiquait en 1920, à la suite de son père, la souveraineté de la Syrie. Pour calmer son mécontentement, il fut installé, en 1921, sur le trône de l'Irak, un royaume placé sous l'administration britannique et aux frontières fraîchement tracées. Quant à Abdallah, autre fils du chérif Hussein, il devint parallèlement émir de Transjordanie, nouveau territoire aux frontières dessinées par les autorités britanniques sur une partie montagneuse de la Palestine alors peuplée d'environ 200 000 hommes arabes ou musulmans.

À ce sujet, l'article 25 du mandat britannique de 1922 permettait aux Anglais de « retarder ou de suspendre » l'application des mesures prévues par le texte mandataire dans les territoires situés à l'est du Jourdain (comme le territoire transjordanien) s'ils les considéraient comme « inapplicables ». La raison de cette disposition fut dévoilée le 16 septembre 1922 lorsque, s'appuyant sur cet article 25, les Britanniques présentèrent à la SDN un mémorandum déclarant inapplicables au territoire transjordanien toutes les dispositions concernant le foyer national juif

108. Laurens, *supra* note 87.

en Palestine, ainsi que le préambule du mandat britannique relatif à la déclaration Balfour et à la reconnaissance des droits historiques du peuple juif. L'État palestinien était-il né[109] ?

De toutes les provinces arabes ayant appartenu à la Sublime Porte, l'Irak fut la première à acquérir son indépendance. En juin 1930, un traité anglo-irakien remplaça le mandat britannique par un statut d'alliance politique et militaire permettant à Fayçal d'acquérir les responsabilités qui revenaient auparavant à la Grande-Bretagne. Deux ans plus tard, le mandat prit fin. En échange, le jeune État devait s'engager vis-à-vis de la SDN à garantir la liberté de conscience, l'activité religieuse des missions et le respect des conventions internationales et, enfin,

109. La Transjordanie, artificiellement créée, devait isoler le foyer sioniste de celui des Arabes. Ses frontières, souligne Robert Montagne, avaient été découpées avec l'intelligence des ingénieurs des pétroles. Le 1er octobre 1948, l'émir Abdallah de Transjordanie organisa un congrès à Amman pour obtenir le rattachement de la zone arabe de la Palestine à son émirat. Le 1er décembre 1948, il devait prendre la tête d'une Jordanie unie à la zone arabe de Palestine lors du Congrès de Jéricho. Ces congrès avaient vocation à légitimer l'union de la Transjordanie et de la Palestine arabe sous la souveraineté hachémite. Cependant, les partisans du mufti Hadj Amin étaient opposés à son projet. Ils contestaient sa décision, qui n'était, selon eux, pas représentative du souhait de la majorité. Montagne, *supra* note 13 et Vincent Legrand, « La question de l'inconstitutionnalité de la décision jordanienne de désengagement de Cisjordanie du 31 juillet 1988. Éclairages politiques et judiciaires », *Égypte/Monde arabe*, nº 2, 3e série, 2005. À la suite de la signature des accords d'armistice avec Israël en 1949, l'émir Abdallah se proclama officiellement roi du royaume hachémite de Jordanie. Il avait toujours le souhait de réunir sous sa souveraineté ces deux territoires sous le nom de « Royaume hachémite palestinien ». Pour l'en empêcher, les troupes du mufti l'assassinèrent à Jérusalem en 1951. La Cisjordanie fut ensuite annexée par la Jordanie jusqu'en juillet 1988. Cisjordaniens et Jordaniens avaient alors des rapports tendus : les Cisjordaniens n'étant pas acceptés par les Jordaniens. Pour certains analystes, comme Shmuel Trigano, l'émirat de Transjordanie, devenu royaume de Jordanie, forme finalement l'État palestinien.

promettre d'agir équitablement à l'égard des populations minoritaires, notamment les Kurdes et les Assyro-Chaldéens chrétiens. Sans conteste, l'émancipation de l'Irak était d'une importance capitale.

En dépit de ce découpage territorial, il est intéressant de souligner que l'ancien sous-secrétaire d'État français, Pierre Viénot, chargé des protectorats du Maghreb et des mandats au Proche-Orient, estima à l'époque, avec une mauvaise foi néanmoins avérée, que l'engagement anglais quant à la constitution d'un grand Empire arabe promis au chérif Hussein durant la guerre avait été honoré[110]. Pourtant en dépossédant les élites locales de leur destin et de leur territoire, les puissances mandataires avaient fait naître des États sans nation. De sorte que les nationalistes arabes refusèrent de reconnaître la légitimité de ce découpage territorial à l'européenne. Le nationalisme arabe, qui prônait avec force la constitution d'un État arabe unitaire, contribua largement à discréditer ces États nouvellement créés aux yeux des populations arabes. Cependant, ce partage territorial fut maintenu par les classes dirigeantes, qui réussirent, malgré de vives oppositions, à imposer avec conviction leur tutelle civilisatrice.

En Palestine, les élites dirigeantes arabes et juives n'évoluèrent pas de la même façon. Si les sionistes mirent en place des institutions organisées, les Arabes faisaient face à deux problèmes qui sont toujours actuels : l'inorganisation et les rivalités claniques. Les guerres de clans entre Arabes de Palestine constituent d'ailleurs l'une des raisons de l'échec de l'État palestinien.

110. Viénot déclara à ce sujet : « L'Angleterre, pendant la guerre de 1914, avait fait au Chérif Hussein, par l'intermédiaire de son haut commandement militaire en Égypte, la promesse formelle de la constitution d'un grand Empire arabe. Elle y est restée fidèle, de même que les populations auxquelles elle avait été faite l'ont toujours retenue. » Viénot, *supra* note 98.

Nadine Picaudou explique que l'« oligarchie urbaine, tout à la fois terrienne et mercantile, déchirée par de vieilles rivalités de clans, monopolisait traditionnellement l'ensemble des fonctions administratives et religieuses[111] ». Embourbées dans de telles luttes féodales, les élites arabes ne se préoccupaient pas de leur devenir.

La responsabilité britannique dans l'exacerbation du conflit

Tout au long de leur mandat sur la Palestine, les Britanniques eurent recours à des commissions d'enquête pour asseoir leur légitimité. Les rapports de ces commissions furent publiés dans des comptes rendus, dont certains sont plus connus sous l'appellation de Livre blanc.

Le choix des mots : commissions d'enquête et Livre blanc

Deux univers se confrontaient sans cesse depuis qu'avait été institué le système des mandats par la SDN : les civilisés d'un côté et les non civilisés de l'autre. L'appartenance à cette dernière catégorie se matérialisait notamment dans une prétendue incapacité des différentes populations non européennes à s'administrer au plan économique. Il revenait alors aux puissances civilisées de les guider pour permettre leur émancipation. Alors qu'au 19e siècle, la justification coloniale passait par un droit moral et par la légitimité d'une supériorité culturelle du berceau occidental sur le reste du monde, le droit international du 20e siècle s'articulait en outre autour de données plus scientifiques et sociologiques contenues dans des rapports annuels. Ces textes étaient rédigés par les fonctionnaires de l'administration coloniale des puissances mandataires.

111. Nadine Picaudou, « Genèse des élites politiques palestiniennes, 1948-1982 », *Revue française de science politique*, vol. 34, nº 2, 1984.

Entre 1922 et 1939, de nombreux rapports rédigés par les fonctionnaires britanniques firent état au Conseil de la SDN des problèmes rencontrés par les populations juive et arabe de Palestine. En 1930, l'expert britannique Sir John Simpson fut ainsi chargé d'établir un compte rendu sur la question des terres et notamment sur les « Arabes sans terres », dont la misère expliquait pour certains les horreurs des émeutes qui s'étaient produites à Jérusalem, à Haïfa, à Hébron et à Safed en 1929[112]. Ces émeutes avaient été orchestrées par l'intransigeant mufti Hadj Amin. Le document de Sir Simpson prenait soin d'expliquer que les Juifs payaient près de 70 % des impôts destinés à l'administration mandataire et qu'ils pourvoyaient également aux dépenses nécessaires pour les écoles et les hôpitaux de la région. Une grande partie de ces recettes servait également à la population arabe[113]. En dépit de ces constatations chiffrées, les rapports, rédigés entre autres sous l'égide de Sir Simpson et de la commission Shaw, préconisaient, sous la pression arabe, des mesures restrictives à l'égard des Juifs : le moteur économique de la Palestine mandataire[114]. La prospérité des années

112. Sir John Hope Simpson, *Palestine : Report on Immigration, Land Settlement and Development*, 1er octobre 1930.

113. « Malgré la crise économique, 80 % de l'activité dans le domaine de l'industrie, du commerce, des transports, des travaux publics découlait de la présence et du travail des sionistes. Un nombre considérable d'ouvriers arabes étaient employés par les 2 688 entreprises juives recensées en 1930. » Soustelle, *supra* note 38, p. 105.

114. La commission de Sir Walter Shaw fut instituée en 1929 par l'administration britannique pour expliquer les troubles provoqués à Jérusalem par le mufti lors de la fête juive du Yom Kippour. Soustelle ajoute que cette vague de violence s'était étendue à Hébron, à Haïfa et à Safed : 133 Juifs avaient été assassinés, 300 gravement blessés. La commission en conclut que l'explosion de violence était la résultante de l'essor du foyer juif et qu'il fallait réduire l'immigration et les acquisitions des terres par les sionistes.

1930-1935, émanant de l'arrivée massive de sionistes et de leurs capitaux, attira une importante immigration arabe. Pourtant, en dépit de la forte immigration arabe, des nationalistes fanatiques souhaitaient la fin de l'immigration juive tout comme le retrait des Anglais[115]. Ces revendication furent adoptées par Lord Passfield, ministre des Colonies de l'époque, et publiées dans un Livre blanc en 1930.

Cette publication était caractéristique de l'ambiguïté de la politique britannique à l'égard du foyer juif de Palestine et déclencha une vague de protestations au sein du mouvement sioniste. Dans une lettre adressée à Lord Passfield, Haïm Weizmann reprochait au gouvernement de Ramsay MacDonald d'interdire l'émancipation juive et, de ce fait, de ne pas tenir l'engagement de Lord Balfour. Le Livre blanc allait en effet à l'encontre de l'égalité de traitement entre les habitants de Palestine censée être garantie par la puissance mandataire britannique. Il était également contraire à l'article 6 du texte mandataire de 1922, selon lequel on devait faciliter ou du moins permettre l'immigration juive. Le Livre blanc ne convenait pas non plus à Vladimir Jabotinsky, qui le considérait à l'opposé du préambule du mandat britannique. Cette constatation le conduisit finalement à prendre, lors du 17e Congrès sioniste de Bâle en 1931, une résolution exigeant l'application immédiate de l'article 6 du mandat britannique.

En février 1931, en réponse à la lettre écrite par Weizmann à Lord Passfield, Ramsay MacDonald, sous prétexte d'expliquer la politique définie dans le Livre blanc, la critiqua : un nouveau haut-commissaire à Jérusalem, Arthur Wauchope, fut alors dé-

115. Jean Gottmann, « Le problème palestinien et le projet de partage du pays », *Annales de Géographie,* vol. 47, nº 265, 1938.

signé pour remplacer à ce poste Sir Mark Aitchison Young[116]. En dépit de l'arrivée de Wauchope, l'action politique britannique se concrétisait toujours par un important soutien à la cause des Arabes au détriment de celle des sionistes. La partialité du gouvernement anglais permit ainsi au mufti Hadj Amin de contrôler d'une main de fer la situation en 1936.

L'année 1936 fut marquée par la création d'un Haut Comité arabe, dont la direction fut confiée au mufti Hadj Amin, et par une révolte arabe de grande ampleur. Institué par l'administration britannique, le HCA lança un appel à la grève générale. Dans le clan arabe, les notables les plus modérés, dont faisaient partie les Nashashibi, avaient perdu toute influence. Au sein de la politique palestinienne arabe existaient, on s'en souvient, de nombreux désaccords, et le refus d'une conciliation avec les sionistes faisait partie des divergences entre les chefs arabes. Les oppositions politiques s'accentuèrent aussi au cours de cette révolte. Les luttes claniques empêchaient l'adoption de décisions appropriées concernant l'avenir des Arabes de Palestine, condamnant par la même occasion l'unité de leur espace politique.

Dirigée par Hadj Amin, la grande grève de 1936 ne devait prendre fin qu'après l'obtention de ses revendications : l'arrêt de l'immigration juive, la cessation des ventes de terres aux sionistes et la formation d'un gouvernement national responsable devant un conseil représentatif. Malgré la peur que le mufti inspirait à ses coreligionnaires en raison de son intransigeance, tous n'acceptèrent pas de se soumettre à son autorité quasi divine ; certains préférèrent faire allégeance à de jeunes États arabes – alors sur le point d'obtenir leur indépendance – en nouant avec eux des liens fondés sur la solidarité. Pour sa

116. Soustelle, *supra* note 38, p. 106.

part, l'émir Abdallah de Transjordanie se proposa pour jouer le rôle de médiateur et devenir le porte-parole des Arabes de Palestine : pour y parvenir, il multiplia les rencontres avec le HCA, au sein duquel il appuyait ouvertement le clan familial des Nashashibi, opposé à la politique du mufti. La volonté d'intervention de l'émir Abdallah s'expliqua-t-elle par le fait que la Transjordanie fut tracée par les Britanniques sur une partie de la Palestine ? Se considérait-il comme garant des Arabes de Palestine ?

Face à cette révolte sans précédent, l'administration britannique réagit faiblement. La mollesse, voire la complaisance de la puissance mandataire encouragea dès lors le mufti Hadj Amin à continuer ces émeutes : il en tira la conclusion parfaitement logique qu'il convenait de les intensifier en aidant leurs instigateurs à s'armer davantage auprès des pays voisins, comme l'Irak. Parallèlement, le HCA abusait de ses fonctions sans aucune restriction de la part des Britanniques, alors qu'il était devenu évident « que les fonds dont il disposait étaient utilisés à des fins illégales et criminelles[117] ». Et en 1938, avant de s'enfuir au Liban, Hadj Amin fit assassiner les notables dont les conceptions politiques divergeaient des siennes[118].

117. Les fonds contrôlés par le mufti, à titre d'administrateur des fondations pieuses musulmanes, lui permettaient d'acheter des cargaisons d'armements. John Marlowe, *Rebellion in Palestine*, Londres, Cresset Press, 1946, p. 171.

118. Soustelle précise que furent assassinés par les troupes du mufti Hadj Amin, en 1938, Fakhri Bey, du clan des Nashashibi, le maire d'Hébron et le maire de Bethléem, ainsi que Lewis Andrews, commissaire britannique à Nazareth. Ce fut à la suite de l'assassinat du commissaire Andrews que les autorités britanniques déclarèrent le HCA hors-la-loi. Poursuivi par les Anglais, Hadj Amin quitta la Palestine pour le Liban, où il continua ses activités terroristes sous protection française. Parallèlement, Weizmann écrivit à Ormsby-Gore, ministre des Colonies de l'époque : « [...] le mandat est sapé par l'administration elle-même, qui se montre inefficace, dénuée d'imagination, obstructive et inamicale, tandis qu'elle

Débordée par les événements sur le terrain, la puissance mandataire britannique eut recours, en novembre 1936, comme à son habitude à une commission royale pour tenter de tempérer la situation. Cependant, ce fut son appel lancé à l'émir Abdallah de Transjordanie et aux gouvernements d'Irak et d'Arabie séoudienne pour faire cesser ce mouvement contestataire qui mit un terme à la première phase de révolte en octobre 1936[119]. Cet appel historique des autorités britanniques marqua, le 10 octobre 1936, l'entrée des pays arabes frontaliers dans ces affrontements : l'arabisation du conflit à l'échelle internationale venait de commencer[120].

Du plan Peel au Livre blanc de 1939

Pour la première fois, en juillet 1937, les travaux de la commission royale de Lord Peel aboutirent clairement à un partage en deux États de la Palestine mandataire. Ces deux États devaient être liés par traités à la Grande-Bretagne. Le général Pierre Rondot, spécialiste du Proche-Orient, expliqua, en 1937 :

> La Commission a séjourné plus de deux mois en Palestine : elle a entendu soixante et onze témoins, tant fonctionnaires britanniques que personnalités juives et arabes [...]. Le Rapport de la Commission Peel, qui se présente sous la forme d'un volume de plus de quatre cents pages, constitue un document d'une importance considérable. Il a le double mérite, peu fréquent dans les publications de cette nature, d'étudier la situation locale d'un point de vue original, en s'attachant à déterminer les réalités politiques en dehors de tout formalisme, et de proposer sans ambiguïté, pour remédier aux difficultés qu'il constate, des mesures précises et cohérentes[121].

---

plie devant le mufti et le mouvement nationaliste, qui sont entretenus par l'argent italien et considèrent Mussolini et Hitler comme des héros »

119. Pierre Rondot, « Report of the Palestine Royal Commission », *Politique étrangère*, vol. 2, n° 4, 1937.

120. Picaudou, *supra* note 7.

121. Rondot, *supra* note 119.

Trois zones géographiques – une enclave britannique et deux États souverains liés à la Grande-Bretagne – étaient prévues par la commission Peel :

1. Les deux tiers du territoire englobant le Néguev devaient constituer un État arabe. Celui-ci devait d'ailleurs être rattaché à la Transjordanie.
2. Un quart du territoire devait appartenir aux Juifs et comprendre la côte de Judée jusqu'au sud de Jaffa et la Galilée.
3. Enfin, une enclave britannique était maintenue à Jérusalem, à Nazareth, au lac de Tibériade et à Bethléem. Un corridor jusqu'à la mer vers Jaffa y était prévu[122].

Les avantages qu'offrait le plan Peel aux Juifs étaient faibles. Toutefois, il leur permettait d'établir un État national et d'échapper ainsi à la domination arabe. L'État proposé aux sionistes paraissait « difficilement viable en raison de ses frontières, de l'extrême maigreur de sa bande dite littorale et de son petit supplément méridional séparé du reste par un corridor britannique et une ville arabe[123] ». En outre, son territoire comprenait une population arabe égale à près de 50 %. Considéré comme un « moindre mal » par Weizmann et Ben Gourion, ce partage fut approuvé par ces derniers. Il faut préciser que Ben Gourion, informé des rencontres parallèles portant sur l'éventuelle constitution d'un État binational (entre Yehuda Magnes, fondateur de l'American Jewish Committee, Hadj Amin et Nouri Saïd, ministre irakien des Affaires étrangères) et farouchement opposé à la création d'un tel État, préféra s'exprimer pour le projet Peel :

> Cet État juif qu'on nous propose sera une étape décisive dans la voie de la réalisation des buts sionistes. Il créera la véritable force juive qui

122. *Ibid.*

123. Gottmann, *supra* note 115.

> nous mènera à notre objectif historique. Ces frontières qu'on nous impose, nous les briserons, et pas forcément par la guerre[124].

Les avantages offerts aux Arabes étaient plus importants que ceux concédés aux Juifs, car, en plus de leur indépendance, ils pouvaient coopérer avec leurs voisins transjordaniens et irakiens à la cause de l'unité arabe. Ils recevaient, de surcroît, une subvention de l'État juif ainsi qu'un important don de la trésorerie anglaise. Le clan des Nashashibi et leurs alliés acceptèrent alors la partition, même s'ils en contestaient certaines modalités. Malgré son étendue, l'État proposé aux Arabes était principalement composé « de déserts, domaine de la vie nomade » et d'une population « incapable de mettre en valeur ces territoires sans l'aide de l'étranger[125] ». Sous la tutelle du mufti Hadj Amin, le HCA s'opposa pour sa part radicalement à la partition proposée par Lord Peel. Le mufti s'exprima en ces termes : « Les Juifs doivent se soumettre à la domination arabe comme par le passé, et l'avenir décidera s'ils peuvent ou non rester dans le pays[126]. » Le HCA publia différentes déclarations allant en ce sens : « Le Haut Comité arabe prie le noble peuple arabe convaincu de ses droits de ne pas se laisser prendre par les paroles mais de s'attacher fortement à son but national [...], assuré de triompher à la fin dans ses droits[127]. »

S'appropriant ainsi les arguments des membres du Congrès de Damas de 1919, le mufti réaffirmait le statut de *dhimmis* des Juifs. Face à l'extrémisme de sa politique et en réponse aux multiples désaccords, le clan Nashashibi se retira du HCA tout en refusant finalement le plan de partage. Les Nashashibi

124. Derogy et Carmel, *supra* note 52, p. 292.

125. Gottmann, *supra* note 115.

126. Derogy et Carmel, *supra* note 52, p. 292.

127. Henry Laurens, *Le retour des exilés. La lutte pour la Palestine de 1869 à 1997*, Paris, Robert Laffont, 1998, p. 491.

pensaient-ils agir dans l'intérêt des Arabes de Palestine ? La peur du mufti guida-t-elle leur choix ? Précisons que de nombreux Arabes, comme les Nashashibi, coopérèrent avec les Juifs à l'époque mandataire et, par la suite, avec les Israéliens. Cette collaboration permit d'ailleurs aux sionistes d'obtenir des renseignements, des armes et des terres pour fonder leur État. Diverses raisons les avaient poussés à œuvrer avec les Juifs, dont la peur ou la haine du mufti et de son clan, les avantages économiques, le bon voisinage ou les simples amitiés individuelles : la contribution arabe avait été importante, voire décisive pour établir l'État d'Israël[128].

Si l'idée du rattachement de la partie arabe de la Palestine à la Transjordanie pouvait satisfaire le rêve de « l'unité arabe » de certains, elle contrait dans le même temps l'avancée politique du mufti. Tel n'était évidemment pas son souhait !

Les émeutes arabes reprirent au cours de l'année 1938. Le gouvernement anglais constitua alors une nouvelle commission, présidée par Sir John Woodhead. Cette commission conclut qu'aucun plan pratique ne pouvait être envisagé pour partager le pays en deux et qu'il était préférable de réduire l'immigration juive dans la région[129]. Le plan Peel fut aussitôt abandonné. Les négociations qui s'ensuivirent aboutirent finalement, le 7 février 1939, à la Conférence de Saint-James à Londres. Les délégations juive et arabe palestiniennes, les représentants de l'Égypte, de l'Irak, de la Transjordanie, du Yémen et de l'Arabie saoudite y furent conviés. Anglais

128. Hillel Cohen, *Army of Shadows. Palestinian Collaboration with Zionism, 1917-1948*, Los Angeles, University of California Press, 2008 ; et Daniel Pipes, « Les Palestiniens qui ont aidé à la création d'Israël », *Jerusalem Post*, 26 mars 2009.

129. Pierre Rondot, « Report of the Palestine Partition », *Politique étrangère*, vol. 3, nº 6, 1938.

et Arabes parvinrent en partie à s'accorder sur un programme de limitation de l'immigration juive et des ventes des terres ainsi que sur l'organisation autonome d'une minorité juive au sein d'une fédération arabe. En réponse, Weizmann adressa au ministre britannique des Colonies, Malcolm McDonald, une lettre dans laquelle il écrivit :

> [...] la délégation juive, ayant soigneusement étudié les propositions du gouvernement de Sa Majesté, regrette de ne pouvoir les accepter comme base d'un accord et a décidé par conséquent de se dissoudre[130].

Aporie de l'histoire, la Palestine était devenue, comme l'Allemagne nazie, un pays où le droit d'acquérir un domaine foncier était refusé aux Juifs. Mais les délégations arabes d'Égypte, de Palestine et de Transjordanie n'étaient pas pleinement satisfaites de cet accord passé avec les Britanniques. Elles souhaitaient ardemment la fin du mandat, la création d'un État à domination arabe, l'arrêt immédiat de toute immigration juive, la dissolution du foyer juif et la répudiation de la déclaration Balfour. La Conférence de Saint-James terminée, le gouvernement britannique annonça qu'en l'absence de toute entente, des dispositions légales allaient être prises. C'est ainsi qu'en mai 1939, un nouveau Livre blanc énonça :

a. l'établissement d'un État indépendant judéo-arabe au terme de dix années : celui-ci devait se constituer sur la base de la répartition démographique actuelle – soit une population aux deux tiers arabe et un tiers juive – à condition que la paix intérieure fût rétablie ;
b. la limitation de l'immigration juive à 75 000 âmes pour les cinq années à venir et subordonnée au consentement arabe ;

130. Derogy et Carmel, *supra* note 52, p. 304.

c. la permission du haut-commissaire britannique d'interdire et de réglementer la vente des terres aux sionistes.

Approuvées par le premier ministre transjordanien et par Fakhri Nashashibi, chef du clan palestinien modéré, les dispositions de ce Livre blanc furent rejetées par Hadj Amin, qui trouvait refuge au Liban depuis 1938. L'intransigeance viscérale et l'entêtement du mufti se manifestaient à nouveau, empêchant du même coup la concrétisation d'un État palestinien souverain. Le mufti déclara à ce propos :

> L'insistance britannique à vouloir accorder au foyer juif une position spéciale n'aura d'autre résultat que de prolonger l'ère des calamités qui se sont abattues sur la Palestine. Avec l'aide de Dieu, la Palestine sera un État indépendant à l'intérieur d'une fédération arabe et demeurera à jamais arabe[131].

Pourtant, l'acceptation de ces dispositions aurait vraisemblablement empêché la création ultérieure d'un État juif. Bien sûr, tous les membres du gouvernement britannique ne partageaient pas les dispositions du Livre blanc, qui annulaient toutes les promesses anglaises faites depuis la déclaration Balfour. Winston Churchill les considérait comme incompatibles avec la mission attribuée au mandat notamment aux articles 4 et 6 du texte mandataire, censés garantir l'égalité de traitement des communautés juive et arabe ainsi que la création d'un État juif.

L'Agence juive pour Israël protesta auprès de la SDN. Le déclenchement de la Seconde Guerre mondiale bouleversa la situation politique internationale : le Conseil de la SDN devait se réunir en urgence à Genève. Ce nouveau conflit contribua à délaisser l'idée d'un partage de la Palestine mandataire. Au même moment, David Ben Gourion définissait la position

131. *Ibid.*

juive: « Nous combattrons Hitler comme s'il n'y avait pas de Livre blanc, et le Livre blanc comme s'il n'y avait pas de Hitler[132]. »

Pendant la guerre, une nouvelle organisation internationale fut pensée. Il s'agissait de l'Organisation des Nations unies, destinée « à maintenir la paix et la sécurité internationales », expression consacrée dans la charte des Nations unies signée à San Francisco le 26 juin 1945. À l'inverse de la SDN, l'ONU était résolue à se montrer plus efficace. Pour y parvenir, elle devait être véritablement universelle, ce qui impliquait nécessairement l'intégration des deux grandes puissances du moment : l'URSS et les États-Unis. L'article 2 de la Charte proclamait « l'égalité souveraine de tous ses Membres », remettant ainsi à l'honneur un principe énoncé deux siècles auparavant par Emer de Vattel dans un ouvrage intitulé *Le Droit des gens* :

> Les Nations [...] sont naturellement égales, et tiennent de la Nature les mêmes obligations et les mêmes droits. La puissance ou la faiblesse ne produisent à cet égard aucune différence. Un nain est aussi bien un homme qu'un Géant. Une petite République n'est pas moins un État souverain que le plus puissant Royaume[133].

À l'aube de la guerre froide, cette nouvelle organisation allait se voir confier le sort de la Palestine en raison de l'incapacité britannique à gérer un conflit qui embrasait plus violemment encore la région.

---

132. Meir, *supra* note 48, p. 172.

133. Emer de Vattel, *Le Droit des gens, ou Principes de la loi naturelle, appliqués à la conduite et aux affaires des Nations et des Souverains*, Carnegie Classics of International Law Series, nº 4, Washington, Carnegie Institution of Washington, 1758.

CHAPITRE 3

L'IMPLICATION DES NATIONS UNIES ET DES GRANDES PUISSANCES DANS LE CONFLIT

Israël ne peut pas se permettre d'être un État comme les autres. Une de ses spécificités est précisément d'être défini par une sorte de mission, de déontologie messianique. [...] Étant doté d'une réelle puissance militaire, l'État hébreu ne doit-il pas devenir le protecteur naturel des minorités ? C'est là que réside son devenir.

Antoine Sfeir et Théo Klein, ***Israël survivra-t-il ?***, 2008

La situation géopolitique du Proche-Orient changea radicalement au terme de ce second conflit mondial. Des pays comme la Syrie, le Liban et l'Irak acquirent leur indépendance et s'organisèrent progressivement au sein de la Ligue des États arabes. Dans le même temps, la mise en place des Nations unies se fit en prenant en considération l'échec de la SDN, dont on chercha tant bien que mal à tirer les leçons. Si la SDN n'avait pas réussi à élaborer un mécanisme efficace de sanctions internationales pour proscrire toute forme de guerre, l'ONU allait tenter d'y remédier. La nécessité d'une organisation permanente dévouée au maintien de la paix et de la sécurité internationales était primordiale pour ses États fondateurs.

Une question importante se posait également : qu'adviendrait-il des territoires placés sous mandat de la SDN ? Deviendraient-ils automatiquement des territoires sous tutelle dans le cadre des Nations unies ? En 1947, le mandat des Anglais en Palestine était sur le point de s'achever. La fin de leur mandat ne signifiait pas pour autant celle de la domination politique des grandes puissances dans la région. Attirés au Proche et Moyen-Orient pour des raisons stratégiques et économiques, les États-Unis et l'URSS cherchaient à imposer, après la France et la Grande-Bretagne, leur suprématie sur Israël et les États arabes. Des alliances idéologiques et stratégiques se cristallisèrent pendant la guerre froide. Peut-être aurait-il fallu, pour le bonheur des États, comme le pensait Platon (*La République*), « que les philosophes fussent rois ou que les rois fussent philosophes ».

Un État est né !

En juin 1945, lors de la Conférence de San Francisco, la question coloniale fut longuement débattue par les délégations des cinquante pays participants. Les Nations unies décidèrent finalement de placer les anciens mandats de la SDN sous l'autorité d'un système de tutelle, un régime juridique censé renforcer la sécurité internationale et garantir le progrès politique, économique et social des peuples. L'article 22 du pacte de la SDN était supplanté par un nouveau système international.

Neuf tutelles furent approuvées en novembre 1946 par l'Assemblée générale, qui avait tenu sa première session quelques mois auparavant à Londres. Un Conseil de tutelle était prévu au cœur de l'organisation. Cet organe devait fonctionner sous l'autorité de l'Assemblée générale, garante de sa bonne application. Au même moment, les États prenaient également conscience de l'atrocité de la barbarie nazie. La complicité avérée entre Adolf Hitler et le mufti Hadj Amin contribua à déconsidérer la cause des Arabes de Palestine[134].

134. En novembre 1937, le docteur Saïd Iman, envoyé du mufti Hadj Amin, contacta le ministère de la Propagande à Berlin pour lui faire part des propositions du mufti. En échange d'un soutien idéologique et matériel, le mouvement nationaliste arabe était prêt à aider le Reich dans diffé-

Propulsés au rang de grandes puissances, les États-Unis et l'URSS profitèrent de leur nouvelle place au sein de la scène internationale pour pénétrer la région du Proche-Orient : ces superpuissances avaient remarqué « l'importance des ressources énergétiques pour gagner une guerre mais aussi, plus généralement, pour la stabilité de l'économie[135] ». C'est dans ce contexte que le président américain, Franklin Roosevelt, et le roi d'Arabie saoudite, Ibn Séoud, planifièrent la fin de la domination européenne au Proche-Orient, lors d'une rencontre à bord du croiseur américain *Quincy* en février 1945. Aux répercussions décisives dans la région, cette rencontre fut officialisée avec le pacte de Quincy, qui permettait aux Américains de s'approvisionner avantageusement en pétrole en échange de leur protection et de leur soutien au régime d'Ibn Séoud contre l'Égypte, la Jordanie et l'Iran[136]. Roosevelt s'engagea

---

rents domaines : la propagation du commerce allemand dans le monde arabe et musulman, la diffusion des idées nationales-socialistes dans le monde arabo-musulman, la lutte contre le communisme, le boycottage des marchandises juives, la lutte par tous les moyens contre la formation d'un État juif en Palestine et la propagande culturelle allemande dans tous les pays arabes. Entre 1937 et 1939, les ambassades du Reich, présentes dans les pays arabes, entretenaient de nombreux contacts avec les nationalistes arabes. La question palestinienne fit l'objet de multiples discussions, notamment entre Irakiens et Allemands. Pendant la guerre, le mufti rencontra d'ailleurs Adolf Hitler à plusieurs reprises, rappelle Soustelle.

135. Sfeir, *supra* note 1, p. 30.

136. Sfeir rappelle que les rapports économiques entre les États-Unis et l'Arabie sont anciens : les Américains avaient apporté d'importants capitaux au roi Ibn Séoud depuis la création de son royaume en 1932. Le pacte de Quincy permit aux compagnies pétrolières américaines de s'installer en Arabie saoudite contre le versement d'une prime, réservée à Ibn Séoud, pour une durée de 60 ans. Ce pacte comprenait également un partenariat commercial et financier qui, en plus des accords pétroliers, permettait aux Saoudiens d'acheter aux Américains d'importantes quantités d'armements. L'une des conséquences, souligne Antoine Sfeir, est qu'il a permis à l'Arabie saoudite de mener une politique obscurantiste en diffusant le

également auprès du roi d'Arabie à ne pas soutenir le projet national sioniste. Sur ce dernier point, le sort en décida autrement : Roosevelt fut emporté par la maladie le 12 avril 1945. Son successeur à la Maison-Blanche, Harry Truman, fut parmi les premiers chefs d'État à reconnaître l'existence de l'État hébreu.

Pendant ce temps, en Palestine, la situation était explosive. Le 31 juillet 1946, quelques jours après l'attentat orchestré par des groupes nationalistes sionistes à l'hôtel King David (qui abritait alors le quartier général de l'armée britannique), le ministre des Colonies, Herbert Morrison, proposa un nouveau plan de partage de la Palestine en quatre zones. Selon Morrison, il s'agissait de créer un État dont les quatre provinces seraient autonomes : une province juive, une province arabe, le district de Jérusalem sous administration internationale et le district du Néguev sous une administration centrale. Ce plan fut aussi bien repoussé par les Arabes que par les Juifs et, le 14 février 1947, la Grande-Bretagne se tourna alors vers la jeune Organisation des Nations unies pour résoudre cet épineux problème en l'internationalisant.

Du 28 avril au 15 mai 1947, sur la demande du gouvernement britannique, l'Assemblée générale se réunit en session extraordinaire. Elle créa, en mai 1947, la Commission spéciale des Nations unies pour la Palestine (UNSCOP) afin que les membres de cet organe subsidiaire de l'Assemblée générale pussent se rendre directement sur le terrain[137]. Le 3 septembre

wahhabisme, doctrine fondée sur une lecture littérale du *Coran*. L'Arabie, explique-t-il encore, est depuis des décennies au cœur du financement du terrorisme islamiste. Pourtant, ce pacte a été renouvelé en 2005 lors de la visite, aux États-Unis, du roi Abdallah d'Arabie.

137. L'AG adopta les résolutions A/307 (13 mai 1947) et A/RES/106 (15 mai 1947) pour constituer l'UNSCOP, commission composée de 11 pays membres.

de cette même année, un rapport rédigé par l'UNSCOP exposait aux Nations unies les prétentions territoriales et politiques des sionistes et des Arabes[138]. En guise de solution, la majorité des membres de la Commission proposa un nouveau partage en deux États – arabe et juif – et la fin du mandat britannique. Quant à la ville de Jérusalem, celle-ci devait tomber sous l'administration des Nations unies. Par ailleurs, une convention économique devait lier les deux peuples. Il revenait finalement à l'Assemblée générale de décider du sort de la Palestine.

Le 29 novembre 1947, réunis dans la banlieue de New York, les représentants des 56 pays membres de l'AG décidèrent, lors d'un vote célèbre, du partage de la Palestine en deux États : la résolution 181 était adoptée. Les États-Unis, l'URSS, les pays d'Europe et la majorité des États d'Amérique latine et du Commonwealth votèrent pour ce partage. Dans le nouveau contexte mondial bipolaire, la convergence entre l'URSS et les États-Unis apparaissait exceptionnelle, même si leurs motivations profondes divergeaient : si les Américains étaient poussés par le lobby juif dans le Nouveau Monde (décuplé depuis la Shoah), il s'agissait pour les Soviétiques de s'introduire dans la région du Proche-Orient pour développer leur influence sur le foyer sioniste, dont les kibboutzim démontraient une tendance socialiste. Pour le camp communiste, il fallait par conséquent amoindrir, sinon détruire l'emprise de la Grande-Bretagne en la chassant si possible de la Palestine[139]. De leur côté, les Britanniques s'abstinrent de voter pour ne pas perdre leurs alliés

138. *Official Records of the Second Session of the General Assembly, UNSCOP, Report to the General Assembly*, 3 septembre 1947.

139. Ellen Jenny Ravndal, « Exit Britain : British Withdrawal From the Palestine Mandate in the Early Cold War, 1947-1948 », *Diplomacy & Statecraft*, septembre 2010 ; et Ilan Pappé, *La guerre de 1948 en Palestine. Aux origines du conflit israélo-arabe*, Paris, La Fabrique, 2000.

arabes[140]. Ils déclarèrent en outre aux Nations unies qu'ils n'exécuteraient pas le plan de partage dans la mesure où celui-ci avait été refusé par les pays arabes[141]. Enfin, ils firent part de la décision d'évacuer leurs troupes militaires au plus tard le 1er août 1948 au soir, car la fin de leur administration civile était prévue pour le 15 mai 1948.

Ce nouveau plan de partage prévoyait la fin du mandat, le retrait progressif des forces armées britanniques et la délimitation de frontières entre les deux États et Jérusalem[142]. La Palestine devait désormais être divisée en huit zones territoriales, dont trois étaient destinées à devenir des divisions juives et trois autres, des divisions arabes. La septième, la ville de Jaffa, devait devenir une enclave arabe à l'intérieur du territoire juif. Quant à la ville de Jérusalem, huitième division, elle tombait sous l'administration du Conseil de tutelle des Nations unies.

---

140. Précisons avec Ravndal qu'au début de la guerre froide, il était fondamental pour les Anglais de préserver leurs relations économiques avec les dirigeants arabes. Ces liens revêtaient pour eux une importance capitale puisqu'ils avaient passé différentes ententes économiques avec ces États : la position britannique dans le reste du Proche-Orient en dépendait. C'est pourquoi, dès le mois de septembre 1947, des motivations économiques et stratégiques les poussèrent à faire part aux Nations unies de leur intention d'abandonner leur mandat en Palestine. Comble du cynisme, le soutien britannique à la cause arabe passait également par la construction de camps de réfugiés juifs à Chypre afin de les empêcher, y compris ceux qui avaient survécu à l'Holocauste, d'immigrer en Palestine. Rappelons aussi la célèbre affaire du navire *Exodus* à bord duquel près de 4 500 survivants des camps nazis quittèrent la France pour la Palestine en 1947. La marine royale britannique empêcha le navire d'accoster et renvoya ses passagers en Europe. Cet épisode entacha durablement le prestige de la Grande-Bretagne et joua un rôle considérable lors du vote du partage de la Palestine à l'Assemblée générale.

141. Mahmoud Azmi, « La question palestinienne devant l'assemblée des Nations unies », *Politique étrangère*, nº 5-6, 1948.

142. A/Res/181, 29 novembre 1947.

La résolution 181 prévoyait la naissance des États arabe et juif au plus tard le 1er octobre 1948 et instituait également une commission pour la Palestine, composée des représentants de cinq États membres de l'Assemblée générale pour coopérer avec les Britanniques avant leur départ. Si les sionistes acceptèrent cette résolution, bien que celle-ci ne fût pas en accord avec toutes leurs aspirations territoriales, les Arabes de Palestine, sous la férule du mufti, et les gouvernements voisins la rejetèrent violemment. Pour ces derniers, ce plan violait les dispositions de la charte des Nations unies, qui reconnaissait aux peuples le droit de décider de leur propre destin, selon les convictions de Wilson. Sinistre présage des événements qui allaient suivre, un représentant arabe fit également, le 29 novembre 1947, une déclaration sans équivoque devant l'Assemblée générale: « Toute ligne tracée par les Nations unies ne sera rien d'autre qu'une ligne de sang et de feu[143]. »

L'adoption de la résolution 181 donna immédiatement lieu à un nouveau déferlement de violence en Palestine, qui dura jusqu'en avril 1948. Les Américains, fortement « ébranlés par les réactions arabes et sceptiques quant au potentiel militaire des Juifs », cessèrent désormais de soutenir le plan de partition de la Palestine[144]. Ils proposèrent alors, au printemps 1948, une nouvelle convocation de l'Assemblée générale afin « d'examiner la possibilité d'instaurer un système de tutelle provisoire[145] ». L'Assemblée générale rejeta la proposition américaine de tutelle, préférant nommer un médiateur chargé de promouvoir un règlement pacifique du conflit[146].

143. Abba Eban, *Mon pays. L'épopée d'Israël moderne*, Paris, Buchet/Chastel, 1975, p. 47.

144. *Ibid.*, p. 12.

145. Azmi, *supra* note 141.

146. « The General Assembly [...] empowers a United Nations Mediator in Palestine, to be chosen by a committee of the General Assembly

Le 14 mai 1948, dernier jour du mandat britannique, David Ben Gourion s'appuya sans plus attendre sur la résolution 181 et proclama la naissance de l'État d'Israël[147]. Ce même jour, Warren Austin, le délégué américain à l'Assemblée générale, reçut l'ordre de cesser les discussions relatives au projet de tutelle en Palestine et de donner lecture de la déclaration de Truman :

> Le Gouvernement a été informé qu'un État juif a été proclamé en Palestine, et sa reconnaissance nous en a été demandée par le gouvernement provisoire de cet État lui-même. Les États-Unis reconnaissent ledit gouvernement provisoire comme l'autorité *de facto* du nouvel État d'Israël[148].

Côté palestinien, aucun État ne fut proclamé sur le fondement juridique de la résolution 181. Aidées des forces irrégulières palestiniennes et de l'armée de libération arabe, les armées régulières égyptienne, syrienne, libanaise, transjordanienne et irakienne préférèrent entrer en guerre contre les Israéliens, le 15 mai 1948. Pour quelle raison l'appel pacifique lancé par David Ben Gourion lors de la proclamation d'Indépendance d'Israël fut-il été ignoré ? La déclaration de Ben Gourion se terminait pourtant comme suit :

> Nous tendons la main de l'amitié, de la paix et du bon voisinage à tous les États qui nous entourent et à leurs peuples. Nous les invitons à

composed of representatives of China, France, the Union of Soviet Socialist Republics, the United Kingdom and the United States of America. » A/Res/186, 14 mai 1948.

147. Lors de la proclamation d'Indépendance d'Israël, Ben Gourion déclara : « Aux prises avec une brutale agression, nous invitons cependant les habitants arabes du pays à préserver les voies de la paix et à jouer leur rôle dans le développement de l'État, sur la base d'une citoyenneté égale et complète et d'une juste représentation dans tous les organismes et les institutions de l'État, qu'ils soient provisoires ou permanents. »

148. Eban, *supra* note 143, p. 15.

> coopérer avec la nation juive indépendante pour le bien commun de tous. L'État d'Israël est prêt à contribuer au progrès de l'ensemble du Moyen-Orient.

Le 29 mai 1948, devant le Conseil de sécurité, Andreï Gromyko, délégué soviétique, déclara :

> Ce n'est pas la première fois que les États arabes, qui ont organisé l'invasion de la Palestine, ignorent une décision du Conseil ou de l'Assemblée générale. La délégation de l'U.R.S.S. estime essentiel que le Conseil exprime plus clairement et plus fermement son opinion quant à l'attitude des États arabes envers les décisions du Conseil de sécurité[149].

Pour faire cesser les combats, le Conseil de sécurité adopta une résolution donnant « pour instructions au médiateur des Nations unies en Palestine de surveiller [...] l'application des dispositions » du Conseil de sécurité tout en lui envoyant « un nombre suffisant d'observateurs militaires » (résolution 50) : le premier groupe d'observateurs militaires des Nations unies venait d'être envoyé au Proche-Orient, en juin 1948.

Les gouvernements arabes refusèrent d'appliquer cette nouvelle résolution. Le CS se réunit alors à nouveau et adopta la résolution 54 en juillet 1948. Cette résolution informait de l'accord d'Israël pour prolonger la trêve et du refus des dirigeants arabes de suivre l'appel à la cessation des combats, lancé par le médiateur des Nations unies. Les hostilités reprirent plus fortement encore et Israël naquit ainsi au milieu de la guerre.

Comme à l'époque de la commission Peel, la plupart des Arabes de Palestine refusèrent la naissance de leur État et la consécration d'une véritable souveraineté dans la mesure où ils rejetaient l'idée d'un partage territorial avec les sionistes. Si l'indépendance de l'État hébreu n'avait pas été acceptée par les

---

149. *Ibid.*, p. 47.

gouvernements arabes proche-orientaux ni par de nombreux Arabes de Palestine, c'est parce qu'ils la considéraient d'une part comme un obstacle à la réalisation du *Dar-al-Islam* et, d'autre part, comme une intrusion de l'Occident dans leur zone territoriale. Le jeune État mettait effectivement en place un régime démocratique, calqué sur le modèle des démocraties libérales, qui différait grandement de ceux prônés dans les régimes arabes. David Ben Gourion, premier ministre d'Israël, déclara d'ailleurs, en 1949, à l'ambassadeur américain James Grover McDonald :

> Israël salue le soutien russe aux Nations unies, mais ne tolérera pas de domination russe. Non seulement Israël est occidental dans son orientation, mais notre peuple est démocrate et réalise qu'il ne peut devenir fort et rester libre qu'à travers la coopération avec les États-Unis. Seul l'Occident lui-même, en humiliant Israël et en l'abandonnant aux Nations unies et ailleurs, pourrait s'aliéner notre peuple[150].

En tout état de cause, la motivation profonde des dirigeants arabes ne semblait pas être la naissance d'un État palestinien, mais l'empêchement de la fondation et de l'existence d'Israël, État non musulman au cœur d'une région islamisée. Ce refus fut à l'origine de la première guerre israélo-arabe en 1948-1949 et marqua tant le commencement du conflit israélo-arabe que le point de départ du drame des réfugiés arabes de Palestine (voir note 72).

Israël aux Nations unies à l'heure de la première guerre israélo-arabe

Rapidement, le gouvernement provisoire de David Ben Gourion entreprit, à l'été 1948, de renforcer la position de l'État d'Israël au plan international, ce qui devait passer par son admission aux

150. Arnold Kramer, « Soviet Policy on Palestine 1947-1948 », *Journal of Palestine Studies*, vol. 2, n° 2, hiver 1973.

Nations unies. Cette intégration, explique Abba Eban, ministre et représentant israélien à l'ONU, devait avoir deux effets essentiels : la réfutation de l'illégitimité d'Israël ainsi qu'une incitation pour de nombreux gouvernements à le reconnaître et à coopérer avec lui.

Précisons que le comte Folke Bernadotte, président de la Croix-Rouge suédoise, avait été choisi pour endosser le rôle de médiateur des Nations unies[151]. Son plan consistait à faire du Néguev un territoire arabe, attribué de préférence à la Transjordanie. En échange, un morceau de la Galilée devait être concédé à Israël ; un régime spécial était prévu pour Haïfa. La ville de Jérusalem devait être pour sa part placée sous tutelle internationale[152]. Bernadotte souhaitait réduire le territoire attribué aux sionistes et unir la zone arabe de Palestine à la Transjordanie. Il écrivit d'ailleurs dans son journal :

> Les Arabes palestiniens n'ont pas à présent de volonté propre. Et ils n'ont à aucun moment manifesté un nationalisme spécifiquement palestinien. La demande d'un État arabe séparé en Palestine est donc relativement faible. Il semblerait que, dans les circonstances actuelles, la plupart des Arabes palestiniens ne demanderaient pas mieux que d'être intégrés à la Transjordanie[153].

Ce rattachement à la Transjordanie fut critiqué par de nombreux Arabes tout comme l'internationalisation de Jérusalem par les nationalistes juifs. Ces derniers prévinrent d'ailleurs qu'ils assassineraient tout observateur des Nations unies en visite à Jérusalem. Le 1er août 1948, Israël Eldad, dirigeant du Lehi, groupe sioniste armé, déclara à ce sujet, lors d'une assemblée à Jérusalem :

---

151. Azmi, *supra* note 141.

152. *Ibid.*

153. Bard, *supra* note 28.

> Les combattants pour la liberté d'Israël adressent une mise en garde aux observateurs des Nations unies (et) aux généraux de Bernadotte [...]. Nous emploierons contre les représentants d'un pouvoir étranger les mêmes méthodes que nous avons employées contre les Britanniques[154].

Cet avertissement ne tarda pas à se réaliser. Le 17 septembre 1948, le comte Folke Bernadotte et son adjoint, le colonel Sérot, furent assassinés à Jérusalem. Ces crimes révélaient le danger constitué par diverses organisations sionistes dissidentes. Plus de deux cents membres d'organisations secrètes furent arrêtés par la police israélienne. Le Conseil de sécurité adopta la résolution 59 en octobre 1948 afin qu'Israël assumât ses obligations et responsabilités relatives à ces assassinats[155]. La demande d'admission israélienne fut soumise aux Nations unies le 28 novembre 1948. En mars 1949, le Conseil de sécurité recommanda, dans la résolution 69, l'admission de cet État aux Nations unies puisqu'il le considérait comme « un État pacifique capable de remplir les obligations de la Charte et disposé à le faire ».

L'assassinat du comte conduisit également l'Assemblée générale à saisir la Cour internationale de justice afin de savoir si l'ONU avait qualité pour présenter, contre un gouvernement responsable (toujours non membre de l'organisation lors de l'assassinat), une réclamation internationale en vue d'obtenir

154. Eldad faisait certainement référence à l'attentat qui avait eu lieu au King David en 1946. Susan O'Person, *Mediation and Assassinations: Count Bernadotte's Mission to Palestine, 1948*, Londres, Ithaca Press, 1979.

155. Dans la résolution 59, le CS relève que « le Gouvernement provisoire d'Israël n'a, jusqu'à présent, soumis aucun rapport au Conseil de sécurité ou au Médiateur par intérim au sujet des progrès accomplis en ce qui concerne l'enquête sur les assassinats » et « invite ledit Gouvernement à rendre compte à bref délai, au Conseil de sécurité, des progrès accomplis par l'enquête et à indiquer les mesures prises en ce qui concerne la négligence dont se seraient rendus coupables des fonctionnaires ou tous autres facteurs ayant eu une influence sur le crime ».

réparation des dommages subis du fait de l'assassinat d'un agent de l'ONU dans l'exercice de ses fonctions. Le 11 avril 1949, la CIJ rendit un avis consultatif concernant la question de la réparation des dommages subis au service des Nations unies. Dans cet avis, la Cour estimait que l'ONU était en droit de demander réparation à Israël pour le préjudice causé par l'assassinat de son médiateur à Jérusalem. Cet avis révéla un nouveau principe de droit international selon lequel les organisations internationales sont des sujets de ce droit et disposent d'une personnalité internationale distincte de leurs États membres[156]. Israël fut alors condamné à verser des dommages et intérêts aux Nations unies et il se conforma à cet avis.

À cette même époque, la première guerre israélo-arabe battait son plein. Elle se poursuivit jusqu'à l'hiver 1949, période au cours de laquelle l'Égypte, vaincue, accepta d'entamer des négociations d'armistice. Ces négociations entre Israël, l'Égypte, le Liban, la Syrie et la Transjordanie débutèrent sur l'île de Rhodes avec l'aide du médiateur des Nations unies, Ralph Bunche, et furent conclues du 23 février au 20 juillet 1949 : le premier armistice fut signé entre l'Égypte et Israël le 23 février 1949 ; le second, entre Israël et le Liban en mars 1949 ; le troisième, entre Israël et la Transjordanie le 3 avril 1949 ; enfin, le dernier, entre la Syrie et Israël en juillet 1949[157].

156. Jean Combacau et Serge Sur, *Droit international public*, 8e éd., Paris, Montchrestien, 2008, p. 712.

157. Shlaïm ajoute qu'en ce qui concerne l'accord signé avec la Transjordanie, l'émir Abdallah utilisa officiellement pour la première fois le terme « royaume hachémite de Jordanie ». Créée par la résolution 194 de l'AG (11 décembre 1948), la Commission de conciliation pour la Palestine avait été parallèlement chargée de transformer ces accords en traité de paix. Elle invita, à Lausanne, les représentants des États signataires à une conférence qui se déroula d'avril à septembre 1949. Israël était pour des négociations bilatérales directes avec chacun des États arabes, mais la CCP n'en proposa aucune. Aucun traité de paix ne fut donc conclu.

Les accords d'armistice sauvèrent les Égyptiens d'une défaite militaire totale, mais ils ne laissèrent pas place à la paix. Yigal Allon explique à ce propos que si l'État d'Israël n'a pas réussi à signer un traité de paix, c'est parce qu'il ne « détenait plus de positions de marchandage pour une négociation future ». Il aurait été préférable pour Israël, poursuit-il, de remporter une victoire décisive sur l'Égypte dans le Sinaï et de ne pas céder à la demande américaine de cesser les combats. Plutôt que l'acceptation d'un armistice, la signature d'un véritable traité de paix avec l'Égypte aurait probablement changé l'avenir des relations israélo-égyptiennes. C'est la raison pour laquelle Allon déclara, en 1949 : « Nous avons gagné la guerre et perdu la paix [158] ! »

Perdue par cinq pays arabes (Égypte, Liban, Syrie, Irak et Transjordanie), notamment en raison d'un manque de coordination militaire[159], cette première guerre permit à Israël, avec l'aide des Nations unies, d'agrandir le territoire qui lui avait été alloué en annexant la zone occidentale de Jérusalem, le Néguev et la Galilée. La Cisjordanie (ou Judée-Samarie) fut annexée à la Transjordanie, qui ne lui permit jamais d'accéder à l'indépendance puisque l'émir Abdallah voulait créer un royaume hachémite palestinien. La bande de Gaza, pour sa part, fut placée sous tutelle égyptienne après que l'Égypte se fut opposée à la mise en place d'un « gouvernement palestinien », que le mufti Hadj Amin avait pourtant créé, le 1er octobre 1948, à Gaza[160]. Ainsi se manifesta la réticence des dirigeants arabes quant à la création d'un État palestinien.

158. Allon, *supra* note 10, p. 37.

159. Pour Abba Eban, le caractère subversif de la politique arabe empêcha la mise en place d'un commandement unique. Cette « tendance typiquement arabe à l'indiscipline et à la dispersion des énergies » devait jouer en faveur d'Israël.

160. Ovadia Soffer, « Le conflit arabo-israélien : la réalité et les mythes », *Politique étrangère*, vol. 49, nº 4, 1984.

Au cours des années 1948-1949, le Liban, la Transjordanie et l'Égypte empêchèrent également l'intégration d'environ 700 000 réfugiés de Palestine, volontairement exilés ou contraints à l'exil. Ces États, convaincus que la défaite israélienne conduirait à leur retour dans une Palestine libérée du joug sioniste, avaient encouragé l'exode de nombreux Arabes de Palestine, en les incitant à quitter leurs terres avant de mener l'offensive contre Israël[161]. Guidés par leurs seules visées, les gouvernements arabes avaient largement contribué à faire naître l'épineuse question des réfugiés en les instrumentalisant pour refuser l'existence même d'Israël. Le refus arabe d'intégrer

161. L'exode des Arabes a fait l'objet de nombreuses études aux conclusions variées. L'estimation du nombre d'Arabes qui quittèrent ou qui furent contraints de quitter Israël diffère également. Selon les dirigeants israéliens, dont Golda Meir, 600 000 Arabes auraient quitté le pays. Pour les historiens israéliens de la « nouvelle gauche », dont fait partie Benny Morris, 800 000 Arabes l'auraient quitté. Benny Morris, *The Birth of the Palestinian Refugee Problem, 1947-1949*, Cambridge, Cambridge University Press, 1987. Golda Meir relate, à ce sujet, un événement peu connu. En avril 1948, la Haganah, ancêtre de l'armée d'Israël, s'empara de la ville de Haïfa. Meir pria alors les Arabes de ne pas fuir dans les camions mis à leur disposition par les Britanniques. Cependant, ni les appels des sionistes ni les tracts distribués en arabe et en hébreu n'empêchèrent cet exode. La raison pour laquelle les Juifs ne souhaitaient pas un départ massif des Arabes était d'ordre économique : leur départ allait provoquer une véritable catastrophe économique. Les habitations abandonnées furent aussitôt utilisées pour accueillir de nouveaux immigrants. Plus de 10 millions de livres furent alloués à la construction de nouveaux logements destinés aux Arabes : beaucoup furent relogés ailleurs en raison des combats. L'historien Giniewski précisa, en 1955 : « Le Gouvernement britannique, qui a observé une attitude expectante parfois non dénuée de sympathie à la cause arabe, a solennellement attesté que les Juifs ont fait tous les efforts pour persuader les Arabes de Palestine de demeurer sur place. Nulle mesure légale, nulle pression n'a obligé les Arabes à quitter le territoire contrôlé par Israël. [...] Les Arabes de Palestine ont cédé à un mouvement de panique [et] ils ont été encouragés à s'expatrier en attendant la défaite de l'État juif nouveau-né. » Paul Giniewski, « La paix israélo-arabe est-elle possible ? », *Politique étrangère*, vol. 20, n° 3, 1955. Voir aussi la note 72.

ces nouveaux réfugiés allait par ailleurs leur servir d'alibi pour justifier leur politique contre l'État hébreu tout en détournant l'attention de leurs propres peuples des véritables problèmes de politique interne.

Le 11 décembre 1948, l'Assemblée générale vota la résolution 194, dont le paragraphe 11 précise qu'« il y a lieu de permettre aux réfugiés qui le désirent de rentrer dans leurs foyers le plus tôt possible et de vivre en paix avec leurs voisins ». Le gouvernement israélien accepta immédiatement d'en rapatrier 50 000 et d'en reprendre à sa charge 28 000 déjà secourus par l'Office de secours et de travaux des Nations unies pour les réfugiés de Palestine dans le Proche-Orient[162].

Le 11 mai 1949, l'AG décida de l'admission d'Israël en son sein. Le premier ministre israélien des Affaires étrangères, Moshe Sharett, rappela, dans son discours inaugural à la tribune de l'ONU, l'espoir qu'avaient représenté les Nations unies, véritable alliance antinazie pendant la guerre. En s'adressant aux dirigeants arabes, Sharett déclara, dans la continuité de David Ben Gourion, qu'Israël « n'avait pas d'ambition plus élevée ni de tâche plus primordiale que d'établir des relations de bon voisinage et de coopération amicale avec les nations de cette région[163] ». Si la mise en place de relations pacifiques avec le monde arabe et la sécurité figuraient parmi les objectifs d'Israël, l'hostilité avérée de l'Égypte et de la Syrie contribua à

162. D'autres gestes de conciliation peuvent être mentionnés. Jacques Soustelle cite le déblocage de comptes en banque appartenant à des réfugiés arabes pour un montant de 2 783 000 livres et la coopération avec la Commission de conciliation pour la Palestine visant à inventorier et évaluer les biens arabes abandonnés en 1948.

163. Gideon Rafael, « Quarante ans de politique étrangère israélienne », *Politique étrangère*, n° 2, 1988.

l'édification d'un mur psychologique, séparant durablement les dirigeants arabes et israéliens[164].

Le jeu stratégique des grandes puissances et des Nations unies pendant la guerre froide

En 1947, l'expression « guerre froide » était utilisée pour la première fois par Bernard Baruch. Cet affrontement idéologique qui scindait désormais le monde entre un bloc de l'Est et un bloc de l'Ouest pouvait se définir, selon Raymond Aron (*Paix et guerre entre les nations*), comme étant « une guerre limitée » ou « une paix belliqueuse ». Les États-Unis et l'URSS, les deux grands du moment, évitaient soigneusement l'affrontement direct en raison de l'essor des technologies nucléaires : si la paix était impossible, la guerre devenait tout autant improbable.

Les affrontements américano-soviétiques au Proche-Orient

Depuis l'établissement de l'État hébreu en 1948, les États-Unis ont souvent pris le parti des Israéliens. La sympathie accordée à la cause sioniste, puis à leur État est ancienne au sein de la population américaine, particulièrement sensible à la situation israélienne en raison de leurs affinités culturelles[165]. Les peuples

164. Au sujet de l'hostilité que les nations arabes manifestaient à l'égard d'Israël, le président Nasser aurait déclaré, au Caire, à un intermédiaire « dépêché par les Israéliens » à la suite de l'assassinat du roi Abdallah de Jordanie en 1951 : « Si Ben Gourion venait en Égypte pour avoir des conversations avec moi, il rentrerait chez vous en triomphateur. Si c'était moi qui allais le voir, à mon retour, je serais abattu. » Meir, *supra* note 48, p. 228. Déclaration prémonitoire à l'égard d'Anouar el-Sadate, son successeur, également assassiné, après avoir signé le premier traité de paix israélo-arabe en 1979.

165. En 1800, le président John Adams souhaitait la fondation d'une « nation indépendante pour les Juifs en Judée ». Avec Thomas Jefferson et Benja min Franklin, il proposait que le sceau des États-Unis représentât les Hébreux traversant la mer Rouge. Leur passage d'une rive à l'autre de la

américain et israélien partagent une histoire au cœur de laquelle des points communs ressortent. À l'origine de la naissance des États-Unis et d'Israël se trouvent des pionniers à la recherche d'une terre éloignée des persécutions européennes et décidés à y édifier un État. Aujourd'hui, les Américains voient dans les difficultés des Israéliens à sécuriser leur nation ce qui constitue leur passé[166]. Les réactions arabes, hostiles à l'établissement d'Israël, sont souvent perçues aux États-Unis comme des comportements agressifs à l'encontre de frères occidentaux. Cette identification historique a durablement marqué l'analyse américaine du conflit israélo-arabe, notamment l'approche de la droite chrétienne pour laquelle des raisons religieuses la rapprochent davantage d'Israël. Antoine Sfeir souligne que l'État hébreu reçoit un soutien considérable des *Christian Right* et principalement des fondamentalistes chrétiens surnommés les *Born Again*. Pour ces croyants, le retour des Juifs au «pays de l'Alliance» est la condition du retour du Christ. C'est entre autres pour cette raison qu'ils contribuent largement au financement d'organisations israéliennes. Rappelons à ce propos que lors du bombardement du réacteur irakien Osirak en 1981, Menahem Begin, premier ministre israélien, appela Jerry Falwell, chef de file

mer était censé symboliser la traversée de l'Atlantique faite par les immigrants européens, qui s'identifiaient alors aux Hébreux de l'Égypte des pharaons. Il est intéressant de préciser que l'étymologie du terme «hébreu» est: passer de l'autre côté de la rive. Les Européens qui traversèrent l'océan pour se rendre en Amérique devinrent par conséquent des Hébreux au sens étymologique du terme. Serait-ce la raison pour laquelle l'apprentissage de la langue hébraïque était fondamental à l'Université Harvard jusqu'en 1787? L'insigne de l'Université Yale, précise Perani, comporte aujourd'hui encore une expression en hébreu: *Urim V'Tumim* (Lumière et vérité). C'est dire à quel point l'identification des Américains aux Hébreux était importante. Prisca Perani, «Les chrétiens sionistes aux États-Unis», *Matériaux pour l'histoire de notre temps*, vol. 75, 2004.

166. Sfeir, *supra* note 1, p. 41.

du mouvement évangéliste, avant le président Ronald Reagan afin de lui faire comprendre les motivations israéliennes.

Pourtant, il serait caricatural d'affirmer que toute la population américaine appuie l'État d'Israël, bien que les présidents américains, poussés par un lobby juif fort et suivis par une opinion publique plutôt favorable à Israël, l'aient souvent soutenu[167]. Depuis 1948, la politique américaine n'a pas toujours été inconditionnelle[168]. Le contexte de la guerre froide compliquait les relations internationales en raison d'un jeu d'alliances qui consistait entre autres à savoir pour quelle grande puissance se positionnait chaque État.

Si les États-Unis furent les premiers à reconnaître l'État hébreu, celui-ci remporta la guerre d'indépendance de 1948-1949 grâce à l'aide décisive de Joseph Staline, qui lui envoya des cargaisons d'armements. La volonté de l'URSS d'étendre son influence sur Israël ne manqua pas d'alerter les Américains, qui s'engagèrent progressivement à le soutenir pour éviter de perdre un allié de l'Occident. Adressé le 16 mai 1949 par le secrétaire d'État américain à la Défense au Conseil national de sécurité, un mémorandum secret expliquait clairement l'utilité d'Israël en

167. Si les lobbys juifs, dont l'*American Israel Public Affairs Committee* est le plus représentatif, sont particulièrement développés aux États-Unis, il serait abusif de conclure à la soumission totale des dirigeants américains à ces groupes. Le chercheur Organski a ainsi observé dans une étude : la conviction que le lobby juif est fort a permis aux hommes politiques d'utiliser « l'influence juive » ou les « pressions politiques extérieures » pour justifier les politiques qu'ils considèrent comme avantageuses pour les États-Unis, « politiques qu'ils mèneraient de toute façon, quoi qu'en pense l'opinion juive ». Abramo Fimo Kenneth Organski, *The $36 Billion Bargain : Strategy and Politics in U.S. Assistance to Israel*, New York, Colombia University Press, 1990, p. 28 ; et Sfeir, *ibid.*, p. 41.

168. Sfeir, *ibid.*

cas de conflit avec Staline[169] : la possibilité de se servir d'Israël pour défendre cette région pétrolifère était envisagée. Dans la lutte que menaient alors les États-Unis contre la progression du communisme, ce mémorandum mettait également en avant un danger : celui que certains Juifs communistes immigrant en Israël pouvaient y trouver un terrain fertile pour l'application de leur idéologie marxiste[170]. Cependant, Truman connaissait l'attachement de Ben Gourion aux valeurs libérales et démocratiques occidentales.

Comme le souligne Antoine Sfeir, un soutien immédiat à l'État hébreu comportait un risque majeur, car il allait inévitablement conduire les États arabes à s'allier au camp soviétique. L'ancien secrétaire d'État américain, Henry Kissinger, décrivit la position américaine au Proche-Orient de cette époque comme la volonté de bloquer « l'expansion soviétique dans toutes les régions du monde, et par celle de la sécurité collective, qui favorisait la création d'organisations comme les Nations unies pour résister aux menaces militaires réelles ou en puissance[171] ». Les États du Proche-Orient, poursuivait-il, « ne partageaient pas les opinions stratégiques de l'Amérique. Moscou ne leur apparaissait pas comme une menace à leur indépendance, mais essentiellement comme un moyen de pression utile pour arracher des concessions à l'Ouest[172] ».

Au début des années 1950, l'URSS prit conscience de son impuissance à étendre son influence politique sur Israël. Elle changea de ce fait radicalement sa politique en se tournant

169. Mémorandum de 1949 sur les intérêts stratégiques américains en Israël. Mansour, *supra* note 58.

170. Sfeir, *supra* note 1, p. 45.

171. Henry Kissinger, *Diplomatie*, Paris, Fayard, 1999, p. 472.

172. *Ibid.*, p. 475.

vers les pays arabes, devenant le premier fournisseur d'armes de l'Égypte et de la Syrie. Rappelons, avec Christian Chesnot et Antoine Sfeir, que Nasser avait d'abord souhaité obtenir le soutien américain. Cependant, l'Égypte n'intéressait pas les États-Unis. Ils se rapprochèrent plutôt de l'Iran, dirigé par Mohammad Mossadegh – contre lequel ils allaient par la suite organiser un coup d'État pour l'empêcher de nationaliser le pétrole en 1953. Rejeté par les Américains, Nasser se rapprocha inéluctablement de l'URSS et intégra le bloc de l'Est. En 1955, la livraison illimitée de cargaisons d'armements soviétiques aux pays arabes cristallisa la convergence du bloc de l'Est et de l'arabisme. C'était le début de « l'active présence de la diplomatie et de l'aide soviétique dans une région où jusqu'alors les Occidentaux étaient seuls en face des nationalismes locaux[173] ».

De fortes tensions entre Israéliens et Égyptiens existaient notamment en raison du scandale de l'affaire Lavon. Le ministre israélien de la Défense, Pinhas Lavon, avait tenté de saboter l'accord passé en juillet 1954 entre la Grande-Bretagne et l'Égypte. Cet accord prévoyait le retrait des forces britanniques du canal de Suez, permettant ainsi une éventuelle attaque militaire égyptienne contre Israël. Pour arriver à ses fins, Lavon organisa des attentats à la bombe en Égypte ; attentats qui devaient être attribués à des nationalistes égyptiens afin de miner la confiance occidentale. L'Égypte démasqua cependant le complot et exécuta les auteurs. Lavon démissionna du gouvernement le 2 février 1955 et fut remplacé par David Ben Gourion. À cette même époque, des incidents graves entre Israël et Gaza – alors sous tutelle égyptienne – avaient lieu. Ben Gourion prit la décision d'organiser un raid dévastateur à Gaza le 28 février 1955. Baptisée « Flèche noire », cette opération mili-

173. Pierre Rondot, « Le monde arabe et la coexistence pacifique », *Revue Tiers Monde*, vol. 9, n° 35, 1968 ; et Shlaïm, *supra* note 27, p. 156-161.

taire détruisit le quartier général de l'armée égyptienne, causant de lourdes pertes humaines. L'attaque israélienne fut condamnée par le Conseil de sécurité en mars 1955. Depuis l'Accord d'armistice de 1949, il s'agissait du plus grave affrontement entre Israéliens et Égyptiens. Pour Nasser, ce raid marquait un virage politique, empêchant la possibilité d'un accord pacifique avec les Israéliens. Dès le printemps 1955, il instrumentalisa plus fortement encore les Gazaouis pour provoquer une véritable guérilla contre Israël. Initiés par les soldats égyptiens à toutes sortes de techniques de sabotage et d'assassinat, des commandos palestiniens voyaient le jour à Gaza pour terroriser la population israélienne. L'espoir qu'avait fait naître en Israël l'arrivée au pouvoir des officiers libres en Égypte s'envola.

C'est dans ce contexte que Nasser bloqua le détroit de Tiran et qu'il nationalisa le canal de Suez, déclenchant, le 29 octobre 1956, une intervention militaire d'Israël, de la France (alors principal fournisseur d'armes des Israéliens) et de la Grande-Bretagne. Le Conseil de sécurité rappela, le 31 octobre 1956, dans la résolution 119 que le manque d'unanimité de ses membres permanents aux 749e et 750e séances l'avait empêché « de s'acquitter de sa responsabilité principale dans le maintien de la paix et de la sécurité internationales ». Il décida de convoquer une session extraordinaire de l'Assemblée générale. En effet, la Grande-Bretagne et la France avaient conjointement utilisé leur *veto* et s'étaient alliées à Israël en signant entre les 21 et 24 octobre 1956 l'accord secret de Sèvres destiné à renverser Nasser et à récupérer le canal de Suez. Cette session extraordinaire de l'AG lui permit de se servir de la célèbre résolution Acheson adoptée, en novembre 1950, pour étendre ses compétences en matière de maintien de la paix en cas de désaccord entre les membres du CS. Par la suite l'AG constitua, sur la proposition de Lester Bowles Pearson, ministre canadien des Affaires extérieures, « un commandement des Nations unies pour une Force internationale d'urgence chargée d'assurer et de surveiller la cessation des hostilités ». Il s'agissait de la première force de maintien de la paix de l'ONU, plus connue sous le nom de Casques bleus.

Sous la pression de l'URSS et pour éviter un affrontement américano-soviétique, le président américain, Dwight Eisenhower, refusa de soutenir l'offensive menée à Suez contre l'Égypte. L'intervention d'Eisenhower pour faire cesser les combats permit à Nasser de prouver au monde arabe qu'il était en mesure de se libérer des puissances coloniales européennes. La Grande-Bretagne et la France se retirèrent alors progressivement de l'Égypte en décembre 1956, consacrant la perte de leur suprématie dans la région. La communauté juive égyptienne fut condamnée à quitter le pays. Shmuel Trigano rappelle justement à ce propos que l'expulsion et la spoliation de près d'un million de Juifs des pays arabes les amenèrent souvent à trouver refuge en Israël. Après la Seconde Guerre mondiale notamment, les communautés juives présentes depuis vingt siècles furent expulsées d'une grande partie du monde arabo-musulman et contraintes à l'exil lorsqu'elles ne furent pas exterminées. Cette tragédie humaine que l'on passe sous silence, explique-t-il, casse « jusqu'à la racine la prétention palestinienne à une souffrance unique et à son mythe du retour. Un échange de population a eu lieu. Les réfugiés juifs étaient plus nombreux, plus spoliés que les réfugiés palestiniens[174] ».

À cette époque, l'Arabie saoudite endossait la responsabilité de la réislamisation de la région et l'espace d'expression devint inéluctablement celui de la mosquée. Le fondamentalisme religieux était ainsi instrumentalisé pour enrayer le mouvement panarabe de Nasser, donnant naissance à diverses organisations

174. Trigano, *supra* note 12 et *supra* note 10.

islamistes au Proche-Orient. Paradoxe de la situation, les islamistes, qui prônaient avec virulence le rejet de l'Occident, se trouvaient financés par les grandes puissances occidentales[175]. La décolonisation en Afrique du Nord était également en marche et les jalons étaient posés pour la guerre des Six Jours, conséquence de la crise du canal de Suez.

La guerre des Six Jours

Le déclenchement de la guerre préventive du 6 juin 1967 constitua l'aboutissement d'une période de tensions. Entre 1965 et 1967, l'Égypte avait organisé des raids aériens contre Israël. Dans les communiqués égyptiens, notamment ceux du 26 mai 1967, on avait pu lire les déclarations guerrières de Nasser: « La bataille sera générale et notre but fondamental sera la destruction de l'État d'Israël[176]. » Après avoir imposé un nouveau blocus du détroit de Tiran considéré par Israël comme un *casus belli*, « cas de guerre », Nasser pria le secrétaire général des Nations unies, U Thant, de retirer du Sinaï les forces d'urgence internationales interposées entre Israël et l'Égypte depuis l'offensive de Suez. U Thant accepta de retirer les Casques bleus sans même porter l'affaire devant l'Assemblée générale, ainsi que s'y était engagé son prédécesseur. Le commandant des Casques bleus de l'époque, le général Rikhye, souligna d'ailleurs l'irrégularité de la demande égyptienne. Parallèlement, les troupes militaires de Nasser étaient rassemblées dans le Sinaï à la frontière israélienne, tandis que les troupes militaires syriennes étaient prêtes à entrer en guerre sur les hauteurs du Golan. Israël déclencha la guerre, devançant de peu ses adversaires[177]. À l'issue de cette

175. Sfeir et Chesnot, *supra* note 10, p. 215.

176. Eban, *supra* note 143, p. 223.

177. Meir Rosenne, « La véritable nature du conflit israélo-arabe », *Politique étrangère*, vol. 48, 1983; et Henry Kissinger, *La nouvelle puissance américaine*, Paris, Fayard, 2003, p. 242-243.

nouvelle offensive qui cristallisa notamment la débâcle des armées égyptienne et syrienne, les troupes israéliennes conquirent la Cisjordanie, Jérusalem-Est, la bande de Gaza, le plateau du Golan et le Sinaï.

Décisive, la guerre des Six Jours marqua un important virage dans la perception arabe, américaine et française de l'État d'Israël. Progressivement déconsidérés par la France en raison de la décolonisation, les Israéliens, « peuple d'élite, sûr de lui-même et dominateur », selon l'expression du général de Gaulle[178], obtinrent après cette victoire le soutien militaire du président américain Lyndon Johnson. L'État hébreu acquit alors le statut de puissance régionale et devint officiellement un allié incontournable pour les États-Unis, qui cherchaient cependant à trouver un compromis avec les dirigeants arabes. L'alliance israélo-américaine entacha davantage l'image d'Israël auprès des gouvernements arabes, qui le comparèrent alors à une puissance impérialiste. Lors d'un sommet tenu à Khartoum du 29 août au 1er septembre 1967, les dirigeants arabes manifestèrent d'ailleurs leur refus catégorique de faire la paix avec Israël, de négocier avec lui et de le reconnaître : « les trois Non ».

Entre Moscou et Tel-Aviv, les différends politiques s'accentuèrent plus fortement : ils concernaient la décision arbitraire de l'URSS de rompre ses relations avec Israël et de mettre un terme au soutien militaire, politique et économique qu'elle

178. Lors d'une conférence de presse en novembre 1967, le général de Gaulle déclara : « Certains même redoutaient que les Juifs, jusqu'alors dispersés, mais qui étaient restés ce qu'ils avaient été de tout temps, c'est à dire un peuple d'élite, sûr de lui-même et dominateur, n'en viennent, une fois qu'ils seraient rassemblés dans les sites de leur ancienne grandeur, à changer en ambition ardente et conquérante les souhaits très émouvants qu'ils formaient depuis 19 siècles ». Cette victoire ternit considérablement l'image d'Israël, rappelle Golda Meir, au point que le caricaturiste israélien, Dosh, publia un livre intitulé *Désolés d'être vainqueurs*.

accordait aux pays arabes dans leur combat contre Israël[179]. La présence des installations militaires soviétiques en Syrie, qui faisaient alors face aux forces israéliennes dans le Golan, contribua à rendre plus dangereuse encore la situation sur le terrain[180]. En revanche, entre Moscou et Washington, la guerre froide conduisit paradoxalement à des ententes à partir d'impératifs de sécurité communs. La détente, entente minimale entre les deux grands pendant les années 1960 et 1970, permit la mise en place d'une politique de coopération américano-soviétique destinée à une gestion commune des conflits lorsque ces derniers ne les impliquaient pas directement. Après la guerre de 1967, la rencontre de Glassboro entre le président Johnson et le président du Conseil des ministres de l'URSS, Alexis Kossyguine, en fut une tentative. En dépit de leurs différentes alliances stratégiques avec les gouvernements du Proche-Orient, l'URSS et les États-Unis décidèrent conjointement d'un règlement global du conflit israélo-arabe. Par la suite, en novembre 1967, le Conseil de sécurité adopta à l'unanimité la résolution 242 afin d'exiger le retrait d'Israël des territoires nouvellement occupés[181]. Car c'est précisément au lendemain de cette guerre que

179. Gideon, *supra* note 163.

180. *Ibid.*

181. Dans cette résolution, le CS fixait parmi les principes d'une paix juste et durable « le retrait des forces armées israéliennes des territoires occupés lors du récent conflit » ; « la cessation de toutes assertions de belligérance ou de tous états de belligérance et respect et reconnaissance de la souveraineté ». Il priait les parties d'avoir recours à des négociations afin d'instaurer notamment « une paix juste et durable » dans la région. Si la version française de cette résolution fait référence à « *des* territoires occupés », la version anglaise, quant à elle, ne parle que « *de* territoires occupés », subtilité sémantique qui engendra une interprétation restrictive des Israéliens. Par ailleurs, il convient de souligner qu'il n'existait pas, à l'époque, de frontières clairement définies par le droit international. En effet, à la suite de la signature des différents accords d'armistice

la question des territoires conquis par Israël allait se poser et s'intensifier au cours des décennies[182].

---

en 1949, une ligne de démarcation (fondée sur les lignes de cessez-le-feu) fut tracée en attendant la conclusion d'un traité de paix. Ces accords spécifiaient précisément que ces lignes n'avaient ni valeur politique ni valeur juridique : c'est pour cette raison que la résolution 242 priait les parties de négocier des frontières sûres et reconnues par la communauté internationale. Plusieurs ambassadeurs aux Nations unies, dont celui de la Jordanie, avaient d'ailleurs admis que ces lignes n'étaient pas des frontières internationales. Lors de la 1345ᵉ réunion du CS (31 mai 1967), c'est-à-dire peu avant la guerre des Six Jours, l'ambassadeur jordanien déclara : « Il existe un accord d'armistice. Cet accord n'a fixé aucune frontière, uniquement une ligne de démarcation. Cet accord n'a émis aucun jugement sur des droits politiques, militaires ou autres. Je ne reconnais donc aucun territoire, aucune frontière. Je ne reconnais qu'une situation gelée par un accord d'armistice. » Pour sa part, le président Lyndon Johnson affirma, le 19 juin 1967 : « Depuis 20 ans, les nations de la région n'ont eu que des lignes d'armistice fragiles et souvent violées. Ce dont elles ont besoin aujourd'hui, c'est de frontières reconnues et de nouveaux accords qui permettent de leur apporter la sécurité face au terrorisme, à la destruction et à la guerre. » Après la conclusion des traités de paix entre Israël et l'Égypte en 1979 et entre Israël et la Jordanie en 1994, des frontières reconnues par le droit international ont été établies. En revanche, en ce qui concerne les frontières israélo-palestiniennes, l'inexistence d'une délimitation territoriale clairement reconnue par le droit international constitue aujourd'hui encore un important désaccord. Alan Baker, « L'illusion des "Frontières de 1967"… qui n'ont jamais existé », *Controverses*, nº 17, juin 2011.

182. Le roi Hussein de Jordanie proposa, cinq ans plus tard, un plan pour agrandir son territoire et régler la question des territoires occupés, comme celle des réfugiés palestiniens : le 15 mars 1972, il eut le projet de créer une fédération appelée Royaume uni arabe. Cette fédération devait regrouper la Jordanie et la Cisjordanie. Chaque région devait disposer d'un gouvernement et d'un système judiciaire distincts. Amman devait servir de capitale à la région jordanienne, et Jérusalem, à la région palestinienne. Ce projet fut toutefois repoussé par l'Égypte, par l'OLP et par Israël. Le président Sadate rompit d'ailleurs ses liens avec le roi Hussein en signe de protestation, le soupçonnant de vouloir trouver un accord distinct avec Israël sur la Cisjordanie. Le roi Hussein lui prêtait les mêmes intentions avec Israël à propos du Sinaï. De son côté, Israël

Le 23 novembre 1967, U Thant nomma le diplomate suédois Gunnar Jarring représentant spécial des Nations unies pour la paix au Moyen-Orient. Jarring n'était pas un médiateur des Nations unies comme avait pu l'être le comte Bernadotte. En tant que représentant spécial, il relevait directement du secrétariat de l'ONU et non du Conseil de sécurité ou de l'Assemblée générale. Il était investi d'une mission qui consistait à « établir et [à] maintenir des rapports entre les États intéressés en vue de favoriser un accord[183] ». Et il préconisa la signature d'un accord de paix entre l'Égypte et Israël basé sur l'application de la résolution 242, qui spécifiait le retrait d'Israël sur l'ancienne ligne de démarcation. Golda Meir rappelle que depuis 1967, un consensus s'était instauré entre les grandes puissances aux termes duquel cette résolution constituait « la base unique et obligatoire de tout règlement de paix au Moyen-Orient ».

En décembre 1969, les États-Unis et l'URSS adoptèrent, dans le cadre de la mission Jarring, le plan de paix pour le Proche-Orient, plus connu sous le nom de plan Rogers (du nom du nouveau secrétaire d'État américain). Ce plan proposait d'instaurer un dialogue entre l'Égypte, la Jordanie et Israël pour parvenir à « une paix juste et durable » comme le précisait

voulait parvenir à un accord distinct avec l'un et l'autre, mais souhaitait conserver Jérusalem et négocier les territoires en échange de la paix (comme ce sera le cas en 1979 lors de la signature du traité de paix israélo-égyptien). Si le projet du roi Hussein avait été négocié de concert, l'histoire aurait sans doute été différente. C'est pourquoi Yasser Arafat, dirigeant de l'OLP, confia à son biographe que dans l'hypothèse où Israël aurait accepté de se retirer des territoires en 1972, le roi Hussein aurait immédiatement conclu la paix avec Israël et « c'en aurait été fini de l'OLP. Complètement fini. Je me dis parfois que nous avons eu de la chance d'avoir les Israéliens pour ennemis. Ils nous ont sauvés tant de fois ». Shlaïm, *supra* note 27, p. 329-330.

183. Philippe Manin, « Les efforts de l'Organisation des Nations unies et des grandes puissances en vue d'un règlement de la crise au Moyen-Orient », *Annuaire français de droit international*, vol. 15, 1969.

la résolution 242. Le plan Rogers envisageait le repli d'Israël sur la ligne de démarcation antérieure à la guerre de 1967 et proposait un nouveau cessez-le-feu, puisqu'il avait été rompu par le déclenchement de la guerre d'usure provoquée par l'Égypte à la suite du conflit. Benny Morris souligne que ce plan appelait l'Égypte à « accepter un engagement spécifique et contraignant pour la paix ». Pour autant, il ne s'agissait pas d'un traité de paix[184]. Rogers avait également planifié le retrait israélien de la quasi-totalité de la Cisjordanie[185]. Le plan Rogers fut toutefois repoussé par Nasser, qui refusait de négocier avec Israël, et par Golda Meir, première ministre d'Israël, pour qui l'évacuation des territoires devait être consécutive à la signature d'un traité de paix[186]. Le cessez-le-feu fut finalement accepté en août 1970.

L'automne 1970 fut marqué par la mort de Nasser et par le tragique épisode Septembre noir en Jordanie, événements qui contribuèrent à réactiver la proposition Jarring[187]. De sorte qu'en décembre 1970, Israël accepta d'entreprendre des négociations avec Anouar el-Sadate, nouveau président égyptien. Le 8 février 1971, Jarring adressa à Meir et à Sadate des notes exposant des propositions destinées à aboutir à une solution. Si l'Égypte devait s'engager à conclure un accord de paix avec Israël, les Israéliens, pour leur part, devaient accepter la ligne de

184. Benny Morris, *Victimes. Histoire revisitée du conflit arabo-sioniste*, Paris, Complexe, 2003, p. 387.

185. *Ibid.*

186. Ironie de l'histoire, Golda Meir allait avoir l'occasion, en 1971, de signer un accord intérimaire avec Sadate pour instaurer une paix israélo-égyptienne. Mais elle déclina sa proposition.

187. En Jordanie, les Palestiniens constituaient « un État dans l'État », selon l'expression de Sfeir et Chesnot, menaçant, de ce fait, le pouvoir royal. Orchestrés par les fedayins de l'OLP – membres d'un commando palestinien ne reconnaissant pas la légitimité d'Israel –, de nombreux débordements eurent lieu à Amman. En septembre 1970, la répression du roi hachémite fut sanglante, provoquant la mort de 20 000 Palestiniens en dix jours et dans le silence de la communauté internationale.

démarcation antérieure à la guerre de 1967[188]. Le 15 février 1971, Sadate accepta la proposition de Jarring: Américains et Israéliens furent fortement impressionnés par la décision égyptienne. Le gouvernement Meir resta néanmoins sur la défensive et refusa, le 26 février 1971, après de longues discussions, de valider la proposition Jarring. Le gouvernement israélien était satisfait que l'Égypte fût disposée à signer un accord de paix, mais la proposition Jarring relative au retrait des territoires conquis lui posait un véritable cas de conscience dans la mesure où le contrôle du Sinaï lui permettait d'assurer une plus grande sécurité dans la région. Il déclara finalement: « Israël ne se retirera pas sur les lignes antérieures au 5 juin 1967[189]. »

À la fin du mois de février 1971, peu avant l'échec de la mission Jarring, une initiative fut également prise par Sadate. Dans un discours prononcé devant l'Assemblée nationale égyptienne le 4 février 1971, il proposa la réouverture du canal de Suez en échange d'un retrait partiel des troupes israéliennes sur la rive est du canal de Suez[190]. Pour y parvenir, il proposa la signature d'un accord intérimaire sous la médiation des États-Unis avant la signature d'un accord global. Si l'entourage politique de Meir, dont faisaient partie Yitzhak Rabin et Abba Eban, souhaitait répondre favorablement au président égyptien, Meir préféra décliner cette proposition de crainte de se voir à nouveau obligée de se retirer sur la ligne de démarcation précédant la guerre de juin 1967. Surtout, elle restait fermement attachée à l'idée qu'un traité de paix devait être la condition indispen-

188. Shlaïm, *supra* note 27, p. 316.

189. Shlaïm souligne encore que les détracteurs du gouvernement Meir affirmèrent que cette déclaration sans équivoque « avait sonné le glas de la mission Jarring et laissé passer une occasion de conclure la paix avec l'Égypte ».

190. *Ibid.*

sable, sinon décisive du retrait israélien. Pour les États-Unis, la position israélienne était le principal obstacle à la signature de l'accord intérimaire israélo-égyptien et à l'application de la résolution 242. Pour inciter Meir à plus de souplesse diplomatique, ils décidèrent alors de cesser les livraisons d'avions *Phantom* en Israël. En profond désaccord, Meir fit rapidement savoir au président Nixon que le refus américain de livrer les *Phantom* écartait toute considération relative à une réouverture du canal de Suez. La diplomatie israélienne d'usure avait commencé et devait se terminer lors de la guerre déclenchée par l'Égypte et la Syrie en octobre 1973[191].

Malgré son ouverture à la négociation, Sadate n'obtint pas gain de cause et déclara, en réponse au refus israélien : « Il n'y a plus d'espoir d'un accord pacifique, notre décision est de combattre[192] ».

La guerre du Kippour

Armée par l'URSS[193], l'Égypte, aidée par sa fidèle alliée, la Syrie, choisit un jour hautement symbolique pour entrer en guerre contre l'État hébreu, qui s'était montré peu enclin, il est vrai, à pardonner les précédents « excès politiques » des gouverne-

191. *Ibid.*

192. Sfeir, *supra* note 1, p. 47.

193. Le 16 octobre 1973, Meir prit la parole à la Knesset pour critiquer le rôle de l'URSS dans le conflit : « La main de l'Union soviétique est évidente dans l'équipement, la tactique et les doctrines militaires que les armées arabes s'efforcent de copier et d'adopter. Par-dessus toute autre chose, le soutien sans condition de l'Union soviétique aux ennemis d'Israël, au cours de cette guerre, s'est manifesté par le pont aérien, qui la relie aux aérodromes de nos adversaires, et par ses navires, qui arrivent dans leurs ports. Les avions et les navires soviétiques transportent des équipements militaires, y compris des missiles de divers types, et l'on peut supposer que les avions amènent aussi des conseillers et des experts en problèmes opérationnels, aussi bien qu'en équipement et en armement. »

ments arabes. Le 6 octobre 1973, jour de la fête juive de Kippour (célébration du Pardon), les troupes égyptiennes et syriennes déclenchèrent une offensive dans le Sinaï et sur le plateau du Golan. L'effet de surprise permit, dans un premier temps, aux armées arabes de récupérer une partie de leurs territoires, mais, très vite, les troupes israéliennes prirent l'avantage. Le 22 octobre 1973, le Conseil de sécurité des Nations unies adopta dans l'urgence la résolution 338 pour faire cesser les combats et mettre en place, immédiatement après le cessez-le-feu, l'application de la résolution 242. Refusant d'appliquer cette nouvelle résolution, Israël, dont les troupes se trouvaient à 100 kilomètres du Caire et à 40 kilomètres de Damas, était sur le point d'écraser les armées syrienne et égyptienne. Sous la menace d'une intervention militaire de l'URSS[194] et sous la pression des États-Unis, Israël fut contraint de mettre un terme à ses opérations militaires.

Après cette guerre, le secrétaire d'État américain Henry Kissinger tenta de concilier les exigences arabes et israéliennes pour éviter un nouveau conflit armé. Sa mission consistait à restaurer le dialogue entre Israël et l'Égypte à partir de négociations. Connues sous le nom de « négociations du kilomètre 101 », elles permirent aux officiers égyptiens et israéliens de se rencontrer, le 8 novembre 1973, sur la route du Caire, pour régler les problèmes d'ordre militaire avant d'envisager un règlement plus global du conflit par une reconnaissance mutuelle. Le 11 novembre 1973, les commandants militaires signèrent un accord stipulant

194. Au sujet de l'intervention soviétique destinée à obtenir un cessez-le-feu, Golda Meir avait écrit : « Étant donné la situation, les Russes firent comme toujours : ils entamèrent une campagne à grande échelle pour réclamer un cessez-le-feu rapide. Peu importait qui avait commencé la guerre, peu importait aussi qui l'avait perdue. L'essentiel était de sortir les Arabes du gâchis où ils s'étaient mis eux-mêmes et de sauver les forces égyptiennes et syriennes de la défaite totale. »

l'acceptation des forces de secours des Nations unies, la stabilisation et le tracé de la ligne de cessez-le-feu ainsi que l'échange des prisonniers. Le 21 décembre 1973, la Conférence de paix se réunit à Genève sous la présidence de Kurt Waldheim, successeur d'U Thant, avec la participation des ministres des Affaires étrangères américain, soviétique, égyptien, israélien et jordanien. La Syrie refusa pour sa part de s'y joindre. Le 18 janvier 1974, un accord de désengagement fut signé entre l'Égypte et Israël au kilomètre 101 de la route Le Caire-Suez grâce à Kissinger[195].

La diplomatie américaine aboutit finalement à la signature des accords cadre de Camp David en 1978 puis à la conclusion historique, en mars 1979, du traité de paix israélo-égyptien entre Anouar el-Sadate, président de l'Égypte, Menahem Begin, premier ministre israélien, et Jimmy Carter, président des États-Unis. À la suite de la guerre, en avril 1974, Golda Meir avait démissionné de son poste et avait été remplacée, en mai 1977, par Menahem Begin, premier dirigeant israélien issu d'un parti de droite (Likoud) et premier signataire d'un traité de paix avec un État arabe.

Si ce traité permit à Sadate de récupérer le Sinaï en échange de la paix avec Israël, la conclusion de cet accord fragmenta davantage le monde arabe. L'Égypte, pilier de la Ligue des États arabes, en fut exclue en raison du rapprochement israélo-égyptien. Rappelons qu'un événement aussi spectaculaire qu'héroïque s'était également produit avant la conclusion du traité de paix de 1979. Sadate s'était officiellement rendu à Jérusalem en 1977, devenant ainsi le premier chef d'État d'un pays arabe à se déplacer en Israël. Assassiné en octobre 1981 en raison de sa politique conciliante à l'égard d'Israël, Sadate fut inhumé dans

195. Eban, *supra* note 143, p. 314.

« l'indifférence de son peuple, qui ne cessa de lui reprocher cette paix séparée[196] ».

À la même époque, les doctrines néoréalistes américaines en relations internationales, dont Kenneth Waltz (*Theory of International Politics*) était l'une des figures de proue, faisaient du concept de la sécurité le référent commun à tous les États. Néanmoins, la répercussion des problèmes énergétiques provoqués par les deux chocs pétroliers en 1973 et en 1980 contribua à élargir le critère de la sécurité au-delà des seuls aspects militaires. Dans cette optique, la politique internationale de Ronald Reagan aida au renforcement des relations israélo-américaines, en faisant de la défense des approvisionnements américains en pétrole, de la sécurité d'Israël et de la lutte anticommuniste des intérêts vitaux de la nation. En 1981, le secrétaire d'État des États-Unis, Alexander Haig, souhaita ainsi mettre en place un « consensus stratégique » au Proche-Orient pour contrer l'influence soviétique. Menahem Begin était en accord avec celui-ci. L'un de ses objectifs consistait d'ailleurs à démontrer aux Américains qu'Israël représentait un avantage stratégique et un important atout géopolitique. Le 30 novembre 1981, les efforts de Begin aboutirent à la « signature d'une note d'accord sur la coopération stratégique entre les deux pays » à Washington. Pour la première fois, ce texte officialisait la notion de « coopération stratégique » entre les deux pays[197]. Les États-Unis allaient plus fortement encore soutenir l'État hébreu dans sa quête de sécurité contre les gouvernements arabes et l'OLP en plein essor de Yasser Arafat[198].

196. Sfeir, *supra* note 1, p. 50.

197. Shlaïm, *supra* note 27, p. 408.

198. Rappelons qu'au début des années 1970, la doctrine palestinienne adopta un nouveau virage avec le concours de la Chine et du Vietnam. Chinois et Vietnamiens enseignèrent les rudiments de la guerre asymétrique à

Après l'épisode Septembre noir, en 1970, Yasser Arafat trouva refuge au Liban, où il menait des actions terroristes contre la population libanaise et israélienne[199]. Précisons que le commandant en chef de l'armée libanaise et le chef de l'OLP avaient signé, le 3 novembre 1969, les accords du Caire, qui octroyaient aux civils palestiniens ainsi qu'aux fedayins un statut officiel sur le sol libanais[200]. Ce fut sur la base de cet accord que l'OLP s'organisa progressivement dans le sud du Liban[201]. De sorte que le Liban, qui n'était plus entré en guerre contre Israël depuis 1948, permettait paradoxalement à l'OLP, organisation ouvertement

---

Yasser Arafat. Durant la guerre d'Indochine, la doctrine du chef de l'armée populaire vietnamienne, Vo Nguyen Giap, prônait que le faible ne peut remporter une victoire qu'au terme d'un long affrontement, en refusant la confrontation directe et en attaquant les points vulnérables de son adversaire. Traduits en arabe, les principes transmis par Nguyen Giap servirent à la rédaction des manuels d'instruction palestiniens et impliquèrent de nouvelles orientations, dont la manipulation des médias. Arafat intensifia ses opérations terroristes : détournements et explosions d'avions en 1970, assassinats d'athlètes israéliens aux Jeux olympiques de Munich en 1972, massacres de chrétiens maronites et de chiites au Liban, actes terroristes menés contre les Israéliens résidant près de la frontière libanaise entre 1975 et 1982. Dans le même temps, un revirement politique avait lieu en Europe, notamment sous l'impulsion du chancelier autrichien, Bruno Kreisky, et du président français, Valéry Giscard d'Estaing, en raison du premier choc pétrolier de 1973. La pression arabe sur les Européens contribua notamment à la percée diplomatique d'Arafat en Europe. Valéry Giscard d'Estaing envoya ainsi son ministre des Affaires étrangères, Jean Sauvagnargues, le rencontrer à Beyrouth en 1974. Jean-Pierre Bensimon, « Diplomatie de guerre au Proche-Orient », *Controverses*, n° 7, février 2008.

199. Jillian Becker, *The PLO: The Rise and Fall of the Palestine Liberation Organization*, Londres, Weidenfeld and Nicolson, 1984, p. 205.

200. En 1987, une loi libanaise signée par le président Amine Gemayel annula l'accord passé en 1969 avec l'OLP. Ihsan A. Hijazi, « Lebanese Scrap P.L.O. Accord, Barring Bases », *The New York Times*, 22 mai 1987.

201. Maurice Flory, « L'accord libano-israélien du 17 mai 1983 », *Annuaire français de droit international*, vol. 29, 1983.

en guerre contre celui-ci, de se réfugier sur son territoire[202]. L'ambassadeur libanais aux Nations unies, Edward Ghora, avait d'ailleurs déclaré devant l'Assemblée générale, le 14 octobre 1976:

> Des éléments palestiniens appartenant à différentes [...] organisations se livrent au kidnapping de Libanais, et quelquefois d'étrangers, qu'ils gardent prisonniers, interrogent, torturent et parfois tuent[203].

L'année 1976 avait été particulièrement sanglante: l'OLP avait tué près de 850 Libanais lors de la conquête des villes de Damour et de Jiyeh. Pour mettre un terme au terrorisme palestinien qu'il subissait également, Israël décida de déclencher, en juin 1982, l'invasion du Liban. En septembre 1982, des milices phalangistes chrétiennes et l'armée israélienne localisèrent des groupes terroristes dans les camps de réfugiés palestiniens de Sabra et de Chatila, où environ 200 mercenaires armés trouvaient refuge. Les phalangistes entrèrent dans ces camps sans en être empêchés par l'armée israélienne et des centaines de réfugiés furent tués[204]. Bras droit d'Elie Hobeika et commandant des Forces libanaises, Robert Maroun Hatem écrivit:

> Les ordres de Sharon étaient stricts: aucun débordement, aucune action excessive. Les Forces libanaises devaient agir en coordination avec le commandement israélien et se comporter dignement en armée régulière. Leur mission était de faire peur aux Palestiniens pour qu'ils sortent des camps. Les terroristes et agents de l'OLP, cachés depuis août, devaient être livrés vivants à l'armée israélienne et les civils seraient expulsés de la capitale. Elie Hobeika avait donné des instruc-

202. *Ibid.*

203. Bard, *supra* note 28.

204. Ze'ev Schiff et Ehud Ya'ari, *Israel's Lebanon War*, New York, Simon and Schuster, 1984, p. 70.

tions tout à fait opposées: « Extermination totale, camps rasés »; « Gommez les camps », tels étaient ses mots d'ordre[205].

Cette opération militaire se solda par la démission d'Ariel Sharon, alors ministre de la Défense. La commission Kahane – du nom du juge de la Cour suprême d'Israël, Yitzhak Kahane – considéra dans ses conclusions du 8 février 1983 que Sharon était indirectement responsable du massacre de Sabra et de Chatila, car il n'avait pas prévu l'entrée des milices chrétiennes dans ces camps. En septembre 1983, le premier ministre Menahem Begin prit également la décision de démissionner et fut remplacé par Yitzhak Shamir, artisan des négociations menées avec le Liban pour aboutir à une entente.

En effet, un accord libano-israélien fut signé le 17 mai 1983 sous la gouverne américaine pour amener « les autorités libanaises à empêcher les hostilités imputables à des forces étrangères installées sur le sol libanais contre Israël[206] ». La signature de l'accord libano-israélien n'était pas sans rappeler la conclusion du traité israélo-égyptien de 1979, puisque ce fut à nouveau sous la direction des États-Unis que cet accord bilatéral se concrétisa. En outre, l'assassinat du président libanais Bachir Gemayel, en signe de contestation – quelques mois avant la signature de l'accord entre le Liban et Israël –, faisait également écho à l'assassinat de Sadate. En tout état de cause, la signature de l'accord libano-israélien provoqua la fuite de Yasser Arafat grâce au concours déterminant de la France.

205. Robert Maroun Hatem, *Dans l'ombre d'Hobeika... en passant par Sabra et Chatila*, Paris, Jean Picollec, 2003, p. 58. Sfeir et Klein ajoutent: « [...] si le massacre de Sabra et Chatila reste indéfendable, les massacres commis par les Palestiniens ont soudainement été blanchis par ce symbole. [...] Pourquoi admet-on ou pourquoi passe-t-on sous silence les massacres commis par les Palestiniens depuis 1975 ? »

206. Flory, *supra* note 201.

Cinq années plus tard, en novembre 1988, Arafat proclama, à Alger, la naissance de l'État palestinien. Cette proclamation faisait suite à la décision prise par le roi Hussein de Jordanie de se retirer administrativement de la Cisjordanie – territoire militairement occupé par Israël depuis 1967. Le 19 février 1986, le roi Hussein avait en effet fait part de son impossibilité à élaborer une stratégie de paix avec Arafat et l'OLP. Arafat était, selon le roi hachémite, « indigne de confiance ». En mars 1986, lors d'une rencontre en France avec Yitzhak Rabin, ministre israélien de la Défense, le roi Hussein affirma sa volonté de prendre des dispositions pour freiner les activités terroristes de l'OLP faites à partir de la Jordanie contre Israël en échange de l'aide israélienne pour renforcer les liens économiques et institutionnels entre Cisjordanie et Jordanie. Rabin accepta. À son retour en Jordanie, le roi Hussein ordonna la fermeture des bureaux de l'OLP à Amman et l'expulsion du bras droit d'Arafat, Khalil al-Wazir[207].

En 1990, une centaine de pays reconnurent l'État palestinien, consacrant ainsi la décision de l'Assemblée générale qui prenait en considération la proclamation de Yasser Arafat sans pour autant reconnaître l'existence d'un véritable État (résolution 43/177, décembre 1988). Comment l'OLP, qui ne fonctionna jamais comme un gouvernement choisi par les Arabes

207. Le 9 décembre 1987, la première Intifada (révolte palestinienne), déclenchée à la suite d'un accident de la circulation, contribua au retrait de Cisjordanie du roi Hussein. Lors de ces révoltes, les Palestiniens manifestèrent leur volonté d'établir un État palestinien indépendant. Cet événement, précise Shlaïm, amena les Israéliens à négocier avec l'OLP. Quant au roi Hussein, qui avait tenté d'unir la Cisjordanie à la Jordanie, il conclut finalement que la Jordanie n'était pas la Palestine et qu'il revenait aux Palestiniens de traiter directement avec les Israéliens. Il rompit ses liens administratifs avec la Cisjordanie le 31 juillet 1988. Shlaim, *supra* note 27, p. 469 à 475.

de Palestine, pouvait-elle prétendre agir effectivement sur un territoire occupé par Israël et la Jordanie ? La proclamation d'Arafat était en fin de compte destinée à rompre « avec les invariants de la position palestinienne en évoquant une solution à deux États » et à faire entrer l'OLP dans le cercle diplomatique américain puisque aucun contact officiel direct avec les États-Unis n'existait encore[208]. Le chef de l'OLP souhaitait dépasser le cadre politique arabe et européen. Sa proclamation à Alger lui permit d'entrer en relation avec l'ambassadeur américain en poste à Tunis au printemps 1989. Le 1er mai 1989, Arafat déclara caduque une partie de la Charte palestinienne de 1968. D'après Sfeir et Chesnot, son revirement politique doit être analysé à la lumière de la montée du Hamas dans les territoires palestiniens, qui l'empêchait de devenir un acteur politique incontournable. L'ironie de l'histoire est que le Hamas, qui s'inscrit pourtant dans le courant intégriste des Frères musulmans, fut plus ou moins favorisé par les Israéliens à la fin des années 1980, car le principal ennemi d'Israël s'incarnait alors dans la personne d'Arafat. Aussi, pour briser l'influence de l'OLP dans les territoires palestiniens, Israël s'intéressa moins aux actions menées par le Hamas en plein essor qu'à celles de Yasser Arafat. Les Israéliens changèrent par la suite leur stratégie vis-à-vis de l'OLP lorsqu'ils réalisèrent que son chef constituait un interlocuteur indispensable[209].

La question israélo-arabe aux Nations unies pendant la guerre froide

Les Nations unies ne sont pas au-dessus des rapports interétatiques. Elles constituent une arène au sein de laquelle les intérêts stratégiques des États s'affrontent. En raison de leur composition

208. Bensimon, *supra* note 198.

209. *Ibid.* et Sfeir et Chesnot, *supra* note 10, p. 83.

et des pouvoirs qui leur sont conférés par la charte des Nations unies, l'Assemblée générale et le Conseil de sécurité n'abordèrent pas la question israélo-arabe de façon similaire. Depuis l'adoption de la résolution 181 par l'AG en 1947, la question israélo-arabe suscita un fort engouement aux Nations unies, notamment au sein du Conseil de sécurité et de l'ancienne Commission des droits de l'homme (1946-2006). Différents programmes et comités furent progressivement créés par l'AG pour tenter de résoudre ou, à tout le moins, d'atténuer le conflit au Proche-Orient[210].

210. Par exemple, le Comité pour l'exercice des droits inaliénables du peuple palestinien a été créé par la résolution 3376 de l'AG (10 novembre 1975), afin que les Palestiniens exercent leur droit à l'autodétermination. Le Service spécial des droits des Palestiniens a, pour sa part, été fondé par la résolution 32/40 B de l'AG (2 décembre 1977), pour que les Palestiniens diffusent des renseignements sur leurs droits. Cet organe fut d'ailleurs rebaptisé Division des droits des Palestiniens. L'une des institutions les plus importantes est l'Office de secours et de travaux des Nations unies pour les réfugiés de Palestine dans le Proche-Orient (UNRWA), fondé le 8 décembre 1949 (résolution 302 de l'AG). Conseiller juridique auprès de l'UNRWA, Michael Hardy explique que cette institution a la mission de porter assistance aux réfugiés qui avaient quitté la Palestine en 1948. Michael Hardy, « L'UNRWA et son personnel », *Annuaire français de droit international*, n° 8, 1962. Consacré à un groupe spécifique de réfugiés, le mandat de l'UNRWA fut renouvelé jusqu'à aujourd'hui. Cet organisme constitue la plus grande agence des Nations unies : près de 25 000 personnes, dont 99 % sont des réfugiés palestiniens, y travaillent. Recrutés localement, ses employés agissent en tant qu'enseignants, médecins ou travailleurs sociaux. En 1993, à la suite des accords d'Oslo, l'existence de l'UNRWA fit l'objet d'un débat animé entre Israéliens et Palestiniens. Si les Israéliens souhaitaient la fin du mandat de l'Office, puisqu'une AP devait être instituée pour représenter le peuple palestinien, les dirigeants palestiniens exigeaient que la fin de son mandat dépendît de la conclusion d'un accord relatif aux réfugiés. Jalal Al Husseini, « L'UNRWA et les réfugiés », *Revue d'études palestiniennes*, n° 86, 2003. D'après les listes statistiques de l'Office, on comptait, en 1962, plus d'un million de réfugiés inscrits et répartis dans quatre pays : 640 000 réfugiés en Jordanie, 140 000 au Liban, 120 000 en Syrie et près de 270 000 à Gaza. Actuellement, près

Composée de tous les États membres, l'AG constitue l'un des principaux organes des Nations unies. Les États y sont représentés sur la base de l'égalité souveraine en vertu du principe « un État, une voix ». Organisant la vie internationale, ce principe de droit signifie que les États ont un droit égal dans l'appréciation des situations les concernant.

En 1955, à la suite de la mort de Staline, l'admission de 16 nouveaux États dessina les contours d'une nouvelle majorité au sein de l'Assemblée générale[211]. Cet organe se transforma rapidement en un grand forum de la décolonisation[212]. C'est pourquoi la croissance du tiers-monde au cours des années 1960 devint la priorité de l'organisation[213].

---

de quatre millions de réfugiés palestiniens sont enregistrés sur les listes de l'UNRWA. Leur nombre a ainsi quadruplé. Parmi les critiques adressées à l'UNRWA, Husseini rappelle qu'il lui est souvent reproché « d'institutionnaliser le problème des réfugiés, facilitant son instrumentalisation par les pays arabes, puis par l'OLP ». Il lui a également été reproché de s'autoperpétuer en générant la dépendance socio-économique des réfugiés, les privant ainsi de tout espoir de réintégration.

211. L'URSS utilisa également son *veto* pour empêcher l'adhésion d'États qu'elle jugeait trop proches des anciennes puissances occidentales. Ceux-ci furent finalement admis en 1955 au sein de l'AG, à la suite de la levée du *veto* soviétique : Albanie, Irlande, Jordanie, Portugal, Hongrie, Italie, Autriche, Roumanie, Bulgarie, Ceylan, Finlande, Libye, Népal, Cambodge, Laos, Espagne (A/Res /995, 14 décembre 1955).

212. Philippe Moreau Defarges, « L'Organisation des Nations unies et le droit des peuples à disposer d'eux-mêmes », *Politique étrangère*, n° 3, 1993.

213. En 1960, le Cameroun, la Somalie, le Congo, le Togo, le Niger, la Côte d'Ivoire, le Tchad, le Mali, le Nigeria, le Gabon, le Sénégal, Chypre et le Dahomey furent admis à l'AG. En 1961, ce fut au tour de la Sierra Leone, de la Mauritanie et du Tanganyika. Le 11 octobre 1965, la résolution 2011 de l'AG consacra la coopération entre l'ONU et l'Organisation de l'unité africaine. À cette époque, de nombreux pays africains entretenaient avec Israël des rapports amicaux. Cette complicité résidait, en partie, dans le fait que le mouvement sioniste et les différents mouvements de libération du Liberia, du Sénégal, du Nigeria, du Ghana ou encore de la Côte d'Ivoire avaient lutté contre les mêmes colonisateurs

Le 14 décembre 1960, la résolution 1514 de l'AG relative à l'indépendance des peuples encore sous tutelle coloniale constitua la référence de ce nouveau virage. Dominée au fil des années par les États du tiers-monde et par les États arabes regroupés depuis 1969 au sein de l'Organisation de la Conférence islamique, l'AG mit en avant le principe du droit des peuples à disposer d'eux-mêmes, principe de droit international constituant l'un des fondements de la charte des Nations unies. Ce principe venait par ailleurs d'être réaffirmé dans le Pacte international sur les droits civils et politiques ainsi que dans le Pacte international relatif aux droits économiques, sociaux et culturels en 1966. La CIJ pouvait ainsi affirmer en juin 1971, dans un avis consultatif condamnant l'occupation de l'Afrique du Sud en Namibie, que l'autodétermination des peuples est un principe de droit international[214].

Considéré comme une puissance occupante et colonisatrice depuis la guerre de 1967, Israël subissait les foudres de la majorité numérique des pays membres de l'Assemblée générale, qui ne manqua jamais l'occasion de rappeler son soutien à l'OLP,

occidentaux. L'engagement israélien vis-à-vis de ces États naissants consistait également à obtenir leur soutien auprès de l'ONU après la crise du canal de Suez. Point stratégique que souligne Meir dans son autobiographie. Il n'en demeure pas moins qu'Israël pouvait beaucoup apporter à ces pays en quête de reconnaissance et d'indépendance. En pleine guerre froide et dans un monde divisé entre nations développées et nations du tiers-monde, le cas israélien était un exemple unique pour l'Afrique noire. En plus d'avoir combattu le mandat britannique, les sionistes firent preuve d'une singulière originalité pour cultiver la terre aride du désert, pour accroître le rendement des récoltes, pour irriguer les plantations (et inventer les techniques modernes de l'irrigation par goutte à goutte, en 1959 au kibboutz Hatzerim) et, enfin, pour mettre en place des groupes d'autodéfense.

214. *Conséquences juridiques pour les États de la présence continue de l'Afrique du Sud en Namibie (Sud-Ouest africain) nonobstant la résolution 276 (1970) du Conseil de sécurité, avis consultatif. C.I.J. Recueil 1971*, p. 16.

accroissant de la sorte le rayonnement international de cette organisation[215]. La cause palestinienne constitua d'ailleurs un véritable vecteur d'unité des États du tiers-monde et de la Ligue arabe. Le représentant israélien aux Nations unies, Abba Eban, explique à ce sujet que les dirigeants arabes modifièrent à cette époque la représentation du conflit israélo-arabe au sein de l'Assemblée générale. Aux yeux de la communauté internationale, le conflit ne devait plus opposer la nation juive et les pays arabes, car une certaine sympathie pouvait alors être accordée à Israël, qui ne pouvait comparer son territoire à la vaste étendue du monde arabe. La lutte devait par conséquent opposer Israël aux Arabes de Palestine pour modifier la perspective du conflit. Dans cette nouvelle optique, la représentation précédente, qui plaçait l'État hébreu dans une position de vulnérabilité, s'inversait et on pouvait alors envisager la nation juive comme une puissance occupante bien établie et reconnue, alors que les Palestiniens apparaissaient spoliés et insatisfaits. Ce nouvel angle d'analyse joua considérablement en faveur des Palestiniens, instrumentalisés par les gouvernements arabes, et leur attira la

215. Résolutions adoptées par l'AG pour soutenir l'OLP : A/Res/2787 (6 décembre 1971) sur la réalisation universelle du droit des peuples à l'autodétermination ; A/Res/3210 (14 octobre 1974) pour inviter l'OLP aux délibérations de l'AG ; A/Res/3236 (22 novembre 1974) sur les droits inaliénables des Palestiniens ; A/Res/3375 (10 novembre 1975) afin d'inviter l'OLP à participer aux efforts pour la paix au Moyen-Orient ; A/Res/3376 (10 novembre 1975) sur les droits inaliénables du peuple palestinien ; A/Res/32/40 (2 décembre 1977) sur l'exercice des droits inaliénables du peuple palestinien ; A/Res/34/65 (29 novembre 1979) sur la réalisation des droits des Palestiniens ; A/Res/34/90 (12 décembre 1979) sur le rapport du Comité chargé d'enquêter sur les pratiques israéliennes affectant les droits de l'homme des Palestiniens ; A/Res/36/70 (4 décembre 1981) sur l'assistance au peuple palestinien ; A/Res/36/73 (4 décembre 1981) sur les conditions de vie des Palestiniens ; A/Res /36/226 (17 décembre 1981) sur le soutien apporté aux Palestiniens « dans leur lutte contre l'agression et l'occupation israéliennes ».

sympathie de la communauté internationale. Israël était passé de David à Goliath. Approfondissant cette analyse, l'écrivain Raphaël Delpard révèle dans un livre rare que l'appellation de « peuple palestinien » fut inventée, à cette époque, par les pays arabes et les Soviétiques qui voulaient conserver une influence stratégique dans cet Orient compliqué. L'objectif de cette invention était de tronquer l'histoire en permettant au « conflit israélo-palestinien » d'émerger. L'image charismatique de Yasser Arafat fut alors façonnée par les agents du KGB pour transformer la conscience internationale. Dans une approche plus philosophique, Shmuel Trigano explique que « le peuple en danger » (les Arabes de Palestine qui ont vécu « la Nakba », mythe fondateur du mouvement palestinien – ce que n'a pas été la Shoah dans l'histoire du sionisme) est désormais considéré comme un « sujet christique victimaire », victime innocente des conséquences de la Shoah et donc victime indirecte d'une Europe coupable de l'Holocauste. Il remarque aussi que « plus les "Juifs" sont exaltés en tant que victimes, plus ils sont exclus comme peuple réel ; plus les Palestiniens sont appréhendés comme leurs victimes, plus ils sont confirmés comme peuple autochtone, historique et politique, alors que les Juifs sont rejetés dans une sphère hors de la réalité historique[216] ».

C'est dans ce contexte que Yasser Arafat fut triomphalement accueilli en novembre 1974 par l'Assemblée générale, qui octroya à son organisation le statut d'observateur aux Nations unies[217]. À l'exception du droit de vote, ce statut conférait aux mouvements de libération le droit d'assister et de s'exprimer

216. Eban, *supra* note 143, p. 253 ; Raphaël Delpard, *La Guerre des Six Jours. La victoire et le poison*, Lucien Souny, 2007 ; et Shmuel Trigano, *Les Frontières d'Auschwitz. Les ravages du devoir de mémoire*, Paris, Le Livre de Poche-Hachette, 2005, p. 116.

217. A/Res/ 3237, 22 novembre 1974.

aux réunions de l'AG. Il leur permettait surtout de recevoir une aide de la communauté internationale et le droit à la protection des personnes civiles, prévu par la 4e convention de Genève de 1949. La participation des mouvements de libération nationale aux réunions de l'Assemblée générale était d'autant plus importante que ces mouvements contribuaient ainsi à l'élaboration de l'aide apportée par la communauté internationale[218].

L'invitation de l'OLP à prendre part aux débats de l'AG ne fut pas saluée par tous les membres de l'Organisation. Le représentant israélien manifesta évidemment son opposition, dans une lettre adressée au secrétaire général de l'ONU. Il invoquait le fait que les chapitres II et IV de la Charte, relatifs aux membres de l'Organisation et à l'Assemblée générale, ne prévoyaient aucunement que des mouvements tels que l'OLP pussent participer aux débats de cet organe[219]. Il faut dire que l'OLP bénéficiait d'un traitement particulièrement favorable et qu'elle était conviée à toutes les séances de l'AG portant sur le Proche-Orient[220]. Son statut était finalement comparable à celui d'un État non membre de l'ONU[221].

Tandis que l'OLP voyait sa cote de popularité internationale monter, l'État d'Israël vit le fondement et la légitimité de

218. Claude Lazarus, « Le statut des mouvements de libération nationale à l'Organisation des Nations unies », *Annuaire français de droit international*, vol. 20, 1974.

219. *Ibid.*

220. A/Res/ 3237, 22 novembre 1974

221. Selon Lazarus, le statut d'observateur attribué aux mouvements de libération est ambigu, sinon critiquable. Il se fonde sur une similitude entre l'État et les territoires, contribuant à faire naître une théorie d'« État en voie de formation ». Théorie fallacieuse qui permet la comparaison entre le statut des peuples en lutte et celui des États déjà formés tout en omettant que le statut des peuples en lutte n'est pas semblable ni dérivé de celui des États.

son existence nationale remis en question lorsque l'Assemblée générale vota, en novembre 1975, une résolution destinée à assimiler le sionisme à « une forme de racisme » (résolution 3379). L'adoption de cette résolution s'inscrivait tout naturellement dans le cadre d'une campagne anti-israélienne conduite par l'URSS et de nombreux pays arabes. À la fin de la guerre froide, l'AG décida néanmoins de la révoquer[222]. Pour leur part, les États-Unis, opposés à l'URSS, ne pouvaient que fustiger la politique sélective de légitimation des mouvements de libération de l'Assemblée générale, comme celle de la Commission des droits de l'homme des Nations unies[223]. Cette politique

222. Voir la résolution 46/86 de l'AG, 16 décembre 1991.

223. Composée de 53 États, la Commission des droits de l'homme était le principal organe de l'ONU, destiné à élaborer des projets internationaux sur les droits de l'homme et à enquêter sur leurs violations. L'intégration des pays du tiers-monde nouvellement indépendants l'amena essentiellement à se focaliser sur des sujets relatifs aux discriminations raciales, au colonialisme, à l'apartheid en Afrique du Sud et à l'occupation israélienne. Du point de vue des États-Unis, elle se transforma, comme l'AG, en une arène politique peu objective, car exclusivement engagée pour la cause des États du tiers-monde. L'accroissement du nombre de pays peu respectueux des droits de l'homme contribua à lui ôter toute crédibilité. Balakrishnan Rajagopal, « Lipstick on a Caterpillar ? Assessing the New U.N. Human Rights Council Through Historical Reflection », *Buffalo Human Rights Law Review*, vol. 13, n° 7, 2007. En 2003, l'accession de la Libye du colonel Kadhafi à sa présidence lui porta un coup fatal, conduisant à la création du Conseil des droits de l'homme, le 15 mars 2006. Composé de 47 pays dont la mission consiste à renforcer la promotion et la protection des droits de l'homme, cet organe suscita de nombreux espoirs. Cependant, en dépit des promesses, il ne se révéla pas plus impartial à l'égard d'Israël que l'ancienne Commission. La présence de représentants des régimes les moins démocratiques (l'Arabie saoudite, la Syrie, la Chine ou Cuba) fit l'objet de vifs débats. Hillel Neuer, directeur de l'ONG *UN Watch*, déclara, à ce propos, à la tribune de cet organe : « Les défenseurs de ceux qui lancent des missiles depuis des écoles nous convoquent afin de condamner Israël pour ses violations du droit international humanitaire, alors qu'en réalité ce sont eux-mêmes qui

s'exerçait uniquement pour les mouvements reconnus par la Ligue arabe et par l'Organisation de l'unité africaine[224].

Évidemment, la question des territoires conquis par Israël depuis 1967 anima également de nombreuses sessions de l'Assemblée générale. Lié à la question de la souveraineté, le principe d'intégrité territoriale était envisagé comme un moyen juridique pour compenser l'ardeur des peuples à agrandir leur territoire. Le droit international s'efforça ainsi de trouver une solution aux revendications territoriales à l'origine de nombreux conflits, en interdisant l'acquisition de territoires par la force. À ce titre, la résolution 31/20 de l'AG affirma, le 24 novembre 1976, qu'une « paix juste et durable » était tributaire d'une « solution juste au problème en Palestine fondée sur l'exercice des droits inaliénables du peuple palestinien ». Elle réaffirma cette position dans la résolution 32/20 du 25 novembre 1977, qui affirmait qu'une « paix juste et durable au Moyen-Orient [...] ne peut être réalisée à moins qu'Israël ne se retire de tous les territoires arabes occupés depuis 1967 ». La guerre de 1967 conduisit également le Conseil de sécurité à adopter à l'unanimité la résolution 242 (1967), dans laquelle il soulignait « l'inadmissibilité de l'acquisition des territoires

méprisent – tant dans leurs discours que dans leurs actes – les fondements mêmes de ces lois. Considérons un instant ceux qui sont à l'origine de la tenue de cette session : l'Arabie saoudite, le Pakistan et la Syrie. Ces pays viennent encore une fois d'être classés dans la pire catégorie – les États dits « non libres » – du classement établi par *Freedom House* dans son rapport annuel. [...] S'agit-il des mêmes pays qui se disent arbitres des droits de l'homme ? » Discours prononcé lors de la 6e session extraordinaire du Conseil des droits de l'homme sur « les violations des droits de l'homme résultant des attaques et des incursions militaires israéliennes dans le territoire palestinien occupé, notamment dans la bande de Gaza occupée », 4 janvier 2008.

224. Victor-Yves Ghebali, *La crise du système des Nations unies*, Paris, La Documentation française, 1988.

par la guerre et la nécessité d'œuvrer pour une paix juste et durable au Proche-Orient permettant à chaque État de la région de vivre en sécurité». Le retrait des forces armées israéliennes des territoires était instamment demandé.

La qualification par les Nations unies des termes «territoires occupés» se précisa en octobre 1977. Dans une résolution (32/5), l'Assemblée générale opta pour l'appellation «territoires palestiniens occupés et autres territoires arabes occupés» puisque l'État d'Israël avait aussi bien conquis, dix années auparavant, la Cisjordanie et Gaza – territoires palestiniens – que le Golan et le Sinaï, territoires syrien et égyptien. Après le retrait des troupes israéliennes du Sinaï en échange de la paix en 1979, l'Assemblée générale renouvela, en 1980, sa demande auprès de l'État hébreu afin qu'il se retire «complètement et inconditionnellement de tous les territoires palestiniens et autres territoires arabes occupés depuis juin 1967, y compris Jérusalem[225] ». L'AG condamna également «la persistance d'Israël à modifier [...] l'organisation institutionnelle et le statut juridique des hauteurs arabes syriennes du Golan[226] ». À l'initiative des États non alignés, la condamnation devait être renouvelée le 17 décembre 1981 pour déclarer illégale une loi israélienne de 1981 destinée à l'appropriation formelle des hauteurs du Golan[227]. Le Conseil de sécurité vota pour sa part à l'unanimité la résolution 497 (1981) pour condamner l'initiative israélienne et déclarer ladite loi «sans effet juridique sur le plan international».

Le CS, organe décisionnaire des Nations unies, au sein duquel cinq grandes puissances ont un droit de *veto*, alors que l'AG n'a qu'un pouvoir de recommandation, adopta une poli-

225. Rés ES 7/2, 29 juillet 1980.

226. A/Res/ 35/122, 11 décembre 1980.

227. A/Res/36/147, 16 décembre 1981.

tique différente à l'égard d'Israël[228]. Il convient de rappeler que ce fut sur l'initiative du président Roosevelt que l'idée d'un « directoire des grandes puissances ayant le droit et le devoir de faire respecter les obligations de la Charte » avait été adoptée. L'objectif premier du Conseil de sécurité, défini dans le 1er paragraphe de l'article 24 de la charte de l'ONU, concerne la responsabilité principale « du maintien de la paix et de la sécurité internationales ». En pleine guerre froide, sa mission initiale était parfois difficilement réalisable : le CS était également le reflet des tensions entre les deux blocs. Tout comme l'AG, le Conseil de sécurité se transforma en un instrument dont les États usent pour assurer leurs intérêts et fut à l'origine de nombreux clivages qui fragmentaient alors l'Est et l'Ouest[229]. Toutefois, pour contrebalancer l'hostilité des groupes du bloc de l'Est à l'égard d'Israël, les États-Unis utilisèrent à de nombreuses reprises entre 1972 et 1990 leur droit de *veto* aux réunions du Conseil[230]. Accordé aux membres permanents, il excluait toute intervention des autres États dans leur sphère d'influence.

---

228. Le chapitre V de la Charte prévoit la composition, les fonctions, les pouvoirs et la procédure de vote des cinq membres permanents du CS, qui disposent d'un droit de *veto* implicite.

229. Marie-Claude Smouts, « Réflexions sur les méthodes de travail du Conseil de sécurité », *Annuaire français de droit international*, vol. 28, 1982.

230. Le *veto* américain utilisé pour appuyer Israël pendant la guerre froide concerne les résolutions : S/10784 (10 septembre 1972), S/10974 (26 juillet 1973), S/11898 (8 décembre 1975), S/11940 (26 janvier 1976), S/12022 (25 mars 1976), S/12119 (29 juin 1976), S/13911 (30 avril 1980), S/14832/Rev.1 (20 janvier 1982), S/14943 (2 avril 1982), S/14985 (20 avril 1982), S/15185 (8 juin 1982), S/15255/Rev.2 (26 juin 1982), S/15347/Rev.1 (6 août 1982), S/15895 (2 août 1983), S/16732 (6 septembre 1984), S/17000 (12 mars 1985), S/17459 (13 septembre 1985), S/17730/Rev.2 (17 janvier 1986), S/17769/Rev.1 (30 janvier 1986), S/17796/Rev.1 (6 février 1986), S/19434 (18 janvier 1988), S/19466 (1er février 1988), S/19780 (15 avril 1988), S/19868 (10 mai 1988), S/20322 (14 décembre 1988), S/20463

Ce dispositif devait ainsi remédier aux défaillances du système juridique de sécurité collective expérimentée sous la SDN. Mais les rivalités entre Américains et Soviétiques paralysèrent fréquemment le CS en raison de la forte utilisation du *veto*. Pendant la guerre froide, le secrétaire d'État américain, Dean Acheson, avait d'ailleurs été à l'origine d'une initiative à l'AG pour contourner la paralysie du CS, due à l'emploi fréquent du *veto* par l'URSS. Son argument reposait sur le fait que le CS manquait à ses responsabilités et qu'il revenait par conséquent à l'AG de se substituer à lui pour remplir les obligations de l'Organisation en matière de maintien de la paix. En adoptant la résolution Acheson durant la guerre de Corée en 1950, l'Assemblée générale se dota alors de la capacité d'adopter des mesures internationales si le Conseil de sécurité n'y parvenait pas en raison du vote négatif de l'un de ses membres, ainsi que dans tout cas où surviendrait une menace contre la paix, une rupture de la paix ou un acte d'agression. Cette résolution avait notamment été appliquée, on s'en souvient, en 1956 lors de la crise du canal de Suez, en 1980 lors de l'invasion de l'URSS en Afghanistan et en 1981 et 1982 pour exiger le retrait d'Israël des territoires arabes occupés[231].

Rappelons que depuis le début des années 1970, l'utilisation fréquente du Règlement intérieur provisoire du Conseil de sécurité (article 39) permettait à des organismes non gouvernementaux d'intervenir au sein du CS. L'observateur permanent de la Ligue arabe auprès des Nations unies, le représentant du Comité Al-Qods de l'OCI et le représentant de l'OLP avaient ainsi été

(17 février 1989), S/20677 (9 juin 1989), S/20945/Rev.1 (7 novembre 1989), S/21326 (31 mai 1990).

231. Jacques Leprette, « Le Conseil de sécurité et la résolution 377 A (1950) », *Annuaire français de droit international*, vol. 34, 1988.

conviés à participer aux débats concernant le Proche-Orient[232]. Le CS devenait, dans une moindre mesure, une sorte de forum où les États et les organisations non gouvernementales pouvaient donner leur avis sur le sort de cette région en conflit perpétuel.

L'activité des Nations unies dépend, en définitive, du consentement des États. Durant la guerre froide, les carences de l'ONU étaient imputables aux oppositions qui scindaient alors le Conseil de sécurité entre Soviétiques et Américains. Engluées dans des conflits reflétant aussi bien les tensions de la guerre froide que les aspirations des peuples décolonisés – opposées à celles des puissances impériales –, les Nations unies ne conclurent jamais de traités de paix entre Israël et ses voisins arabes. Ce fut sous la direction des États-Unis que l'Égypte et Israël parvinrent à la paix en 1979. Et ce fut à nouveau sous la gouverne américaine que le Liban et Israël arrivèrent à la conclusion d'un accord en 1983. La force des négociateurs américains résidait dans leur capacité à instaurer des négociations directes entre États arabes et israélien, une préoccupation étrangère à l'Assemblée générale, pour laquelle seul le « peuple palestinien » suscitait un réel intérêt. L'AG rejeta d'ailleurs, en décembre 1981, « tous les accords partiels ou traités séparés » bafouant « les droits reconnus du peuple palestinien » (résolution 36/226). Sous l'influence grandissante de la Ligue des États arabes, cet organe contribua également à tronquer la perception du conflit israélo-arabe en faisant du problème palestinien l'élément central du conflit alors qu'il n'était qu'une désastreuse conséquence.

232. Marie-Claude Smouts souligne que lors du vote destiné à inviter l'OLP aux séances du CS, la France et la Grande-Bretagne s'abstinrent de voter. Les Américains, de leur côté, votèrent contre au motif que la participation d'un groupe non gouvernemental aux travaux du CS constituait un détournement de procédure.

Le refus de reconnaître l'existence et la légitimité de l'État d'Israël en était la véritable cause.

Au lendemain de la guerre froide, les États-Unis continuèrent à favoriser les négociations directes en instaurant un processus de paix inédit entre Israéliens et Palestiniens au détriment d'un rôle plus actif de l'ONU.

La suprématie des États-Unis dans la gestion du conflit après la guerre froide

D'après une anecdote humoristique d'Avi Shlaïm, le pape Jean-Paul II aurait affirmé que deux solutions étaient possibles pour régler le conflit israélo-arabe : une solution réaliste et une solution miraculeuse. Si la première supposait une intervention divine, la seconde reposait sur un accord « miraculeux » donc volontaire entre les principaux acteurs. Une troisième solution – que le pape n'avait pas prévue – consistait en une intervention des États-Unis[233]. La volonté américaine d'aboutir à un règlement global du conflit entre Israéliens et Palestiniens se manifesta à la Conférence de Madrid, tenue du 30 octobre au 2 novembre 1991, où l'on souhaita instaurer un processus de paix israélo-palestinien[234].

Rappelons par ailleurs que la guerre froide s'acheva sans conflit armé entre les deux superpuissances et que l'URSS fut conviée à participer à l'établissement du nouvel ordre international. La participation de Mikhaïl Gorbatchev au G7 de

233. Shlaïm, *supra* note 27, p. 503.

234. Célèbre pour ses critiques à l'égard de la politique internationale américaine, Noam Chomsky a défini le processus de paix instauré par les États-Unis comme des initiatives « qui tentent d'imposer un règlement unilatéral déterminé par les États-Unis, sans aucune reconnaissance des droits nationaux palestiniens ». Noam Chomsky, *Les dessous de la politique de l'Oncle Sam*, Montréal, Écosociété, 1996, p. 99.

Londres en juillet 1991 et l'association de la Russie au Fonds monétaire international en octobre 1991 n'étaient pas sans rappeler la signature du traité de Francfort entre l'Allemagne et la France en 1871 au cours de laquelle les vaincus furent invités à instaurer le « nouvel » ordre international de leur époque. La participation de la Russie au G7 tranchait ainsi avec l'ordre international instauré en 1919 par le traité de Versailles.

La vision que le monde avait alors de lui-même était largement inspirée par les États-Unis, la puissance victorieuse. Obnubilant les théoriciens américains des relations internationales, les questionnements politiques consistaient à savoir si « ce moment unipolaire », selon l'expression de Charles Krauthammer (« The Unipolar Moment », publié dans *Foreign Affairs*), allait durer et si les États-Unis pourraient maintenir leur suprématie, comme le pensait Zbigniew Brzezinski (*Le grand échiquier*). Les théories les plus célèbres comme les plus déconsidérées de ce nouvel ordre mondial avaient été écrites par Francis Fukuyama (*La fin de l'histoire et le dernier homme*) et Samuel Huntington (*Le Choc des civilisations*). Promu en 1991 par le président Bush père lors de la guerre du Golfe, un autre modèle de l'ordre international émergea et devait impliquer l'intervention de la communauté internationale contre tout État agresseur, intervention combinée à l'action des États-Unis, organisateurs d'une coalition volontaire légitimée par les Nations unies. Bush était partisan d'une conception classique de la sécurité collective[235]. Dans ce nouveau contexte international, les États-Unis, en coparrainage avec la Russie, allaient exercer leur hégémonie mondiale, notamment au Proche-Orient.

235. Pierre Hassner et Justin Vaïsse, *Washington et le monde. Dilemmes d'une superpuissance*, Paris, Autrement, 2003, p. 46.

De la Conférence de Madrid au Sommet de Camp David II de l'an 2000

L'effondrement de l'URSS priva Yasser Arafat de son principal fournisseur d'armes alors que le Conseil de sécurité se voyait dorénavant débloqué. Après la guerre du Golfe de 1991, l'Arabie saoudite retira également au chef de l'OLP son soutien financier, tandis que le Koweït expulsait tous les Palestiniens qui avaient envoyé des fonds en Palestine[236]. Trois ans après la proclamation de l'État palestinien, Yasser Arafat fut invité à s'asseoir à la table des négociations, réunissant des délégués d'Israël, du Liban, de la Jordanie et de la Syrie, lors de la Conférence de Madrid. Toutefois, l'OLP n'y était pas conviée en tant que représentante unique et légitime du peuple palestinien[237]. L'organisation palestinienne faisait alors partie d'une « équipe dans la délégation jordanienne[238] ». En tout état de cause, un élément différenciait la Conférence de Madrid des précédentes réunions, car les Palestiniens étaient représentés pour la première fois sur un pied d'égalité avec l'État d'Israël. Leur arrivée à la table des négociations constitua un changement majeur dans la perception israélo-palestinienne du conflit. Surtout le discours d'Haidar Abdel Shafi, chef de la délégation palestinienne, marqua un virage sans précédent :

236. Kissinger, *supra* note 177, p. 248.

237. Rachid Tlemçani, « Le Proche-Orient entre guerres et paix. L'OLP, les islamistes, Israël et l'accord Gaza-Jericho », *Revue du monde musulman et de la Méditerranée*, n° 68-69, 1993.

238. Madjid Benchikh, « L'accord intérimaire israélo-palestinien sur la Cisjordanie et la bande de Gaza du 28 septembre 1995 », *Annuaire français de droit international*, vol. 41, 1995.

> Au nom du peuple palestinien, nous souhaitons nous adresser directement au peuple israélien avec lequel nous avons trop longtemps partagé des souffrances : partageons plutôt l'espoir[239].

Tout en souhaitant la création d'un État palestinien, Shafi envisageait également la possibilité d'une confédération entre la Palestine indépendante et la Jordanie. Pourtant, tous les gouvernements arabes ne partageaient pas les objectifs pacifiques de cette conférence. La Syrie, représentée par Farouk al-Chareh, n'était pas disposée à se montrer conciliante à l'égard d'Israël ou des Palestiniens. Pour al-Chareh, les Arabes devaient, avant tout entretien bilatéral, s'unir et exiger des Israéliens l'échange du plateau du Golan contre la paix[240]. Les délégués palestiniens exprimèrent alors leur irritation face à la tentative syrienne d'imposer son unique volonté, souhaitant faire comprendre à la communauté internationale comme aux Israéliens que les Syriens n'avaient aucun pouvoir sur leurs initiatives et « qu'ils ne laisseraient pas la politique inter-arabe prendre le processus de paix avec Israël en otage[241] ». Ce changement de politique leur permit de se rapprocher des Américains.

Deux ans plus tard, en juillet 1993, Arafat s'engagea solennellement, dans une lettre adressée au premier ministre israélien Yitzhak Rabin, à aboutir à une résolution pacifique du conflit[242]. Sous l'égide du président des États-Unis, Bill Clinton, la signature des accords d'Oslo entre Arafat et Rabin constitua

239. Shlaïm, *supra* note 27, p. 507.

240. *Ibid.*, p. 509-510.

241. Lorsque Henry Kissinger rencontra Yasser Arafat en 1994, à la remise de son prix Nobel de la paix, il lui demanda pour quelles raisons les Israéliens pouvaient avoir confiance en lui. Arafat lui répondit : « Parce que les Saoudiens nous ont isolés, les Jordaniens cherchent à nous affaiblir et les Syriens, à nous dominer. » Kissinger, *supra* note 177, p. 248-249.

242. Échange de lettres entre Arafat et Rabin, 9 juillet 1993.

les premiers accords intervenus dans le cadre du processus de paix engagé à Madrid. Il s'agissait également des premiers accords israélo-palestiniens. Si la Tunisie, le Maroc, le Koweït, la Jordanie, l'Égypte et l'Arabie saoudite les accueillirent favorablement, la Syrie, l'Irak, le Liban, l'Algérie, la Libye et le Yémen les rejetèrent[243], comme les mouvements politiques « de tendance nationale arabe (nassériens et baathistes), socialistes et communistes (gauche palestinienne et PC [partis communistes] arabes), les mouvements islamistes et leur aile armée (Hamas, Hezbollah, Ikhwan Muslimun, Jamaa Islamiyya) », qui leur opposèrent un refus immédiat[244], attestant de l'absence d'unité de la scène politique arabe et palestinienne.

La signature des accords d'Oslo contribua à modifier la perception et les liens politiques entre Israéliens et Palestiniens. Israël accepta l'OLP en tant que partenaire de négociations (non représentante d'un État) et l'OLP admit pour sa part l'existence de fait d'Israël. Yasser Arafat s'engagea de surcroît à renoncer à recourir au terrorisme et à d'autres actes de violence. La célèbre poignée de main entre Arafat et Rabin lors de la cérémonie à la Maison-Blanche reste aujourd'hui encore un symbole éminemment fort d'une réconciliation possible entre Israéliens et Palestiniens. L'objectif de ces accords était d'instituer, pendant une période transitoire n'excédant pas cinq ans, une Autorité palestinienne destinée à mettre en œuvre un projet national pour les Palestiniens de Cisjordanie et de Gaza. Il fallait également aboutir à un règlement définitif du conflit en prenant en considération les résolutions 242 (1967) et 338 (1973) du Conseil de sécurité relatives au retrait israélien des territoires. Ces accords firent naître de nombreux espoirs. Mise

243. Marlène Nasr, « La rhétorique du refus islamiste de l'accord Ghaza-Ariha », *Mots. Les langages du politique*, n° 50, mars 1997.

244. *Ibid.*

à l'écart du processus de paix, l'Assemblée générale les considéra, dans une résolution de décembre 1993 (A48/58), comme un premier pas important dans « la réalisation d'une paix totale, juste et durable[245] ».

Un an plus tard, le 26 octobre 1994, un traité de paix israélo-jordanien était signé en Israël, sous la direction américaine, entre le premier ministre israélien Yitzhak Rabin et le premier ministre jordanien Abdelsalam al-Majali, en présence de Bill Clinton et de Warren Christopher, secrétaire d'État américain. Ce traité de paix conduisit à la conclusion d'un accord intérimaire israélo-palestinien, le 28 septembre 1995, plus connu sous le nom d'Oslo II, organisant l'autonomie de l'ensemble des territoires palestiniens (Gaza et la Cisjordanie). Henry Kissinger explique qu'en vertu des accords d'Oslo de 1993 et des accords intérimaires de 1995, la partie de la Cisjordanie – occupée par Israël depuis 1967 – devait être divisée en trois zones :

a. la zone A, soit environ 45 % de la Cisjordanie (où vivait l'essentiel de la population palestinienne) et Gaza étaient placés sous le contrôle intégral de l'AP et autorisés à se doter d'une force de police propre ;
b. la zone B relevait de l'AP pour toutes les questions civiles, Israël devant cependant garder la main mise sur la sécurité ;
c. la zone C, comprenant les colonies juives, restait sous contrôle israélien[246].

245. Après la signature des accords d'Oslo, l'AG fonda, en 1994, le Bureau du Coordonnateur spécial des Nations unies dans les territoires occupés (résolution 48/213). Ses objectifs consistaient à intensifier la présence et l'engagement des Nations unies, à renforcer la coopération entre les agences de l'ONU afin de répondre aux besoins du peuple palestinien et, enfin, à mobiliser une assistance humanitaire, technique, financière et économique pour les Palestiniens.

246. Kissinger, *supra* note 177, p. 249.

Théoriquement, les accords intérimaires de 1995 devaient étendre les compétences de l'AP, dont le premier président, Yasser Arafat, avait été élu le 20 janvier 1996[247]. Mais, sur le terrain, les conditions d'exercice de son pouvoir s'accompagnaient de restrictions et d'ambiguïtés. En effet, la présence de l'autorité israélienne et son contrôle sur l'exercice du pouvoir de l'AP contribuèrent à la mise en place d'une « tutelle » fragilisant l'autonomie interne palestinienne[248]. Les raisons de ce contrôle israélien se trouvaient dans la propagande palestinienne qui visait constamment Israël et qui, loin de s'apaiser, était de plus en plus virulente. L'AP ne luttait pas activement contre le terrorisme comme elle s'y était préalablement engagée auprès du gouvernement Rabin[249]. Pour les Israéliens, la priorité était d'assurer la sécurité de ses citoyens[250]. En fin de compte, la politique menée par les Palestiniens et par les Israéliens finit par éloigner les principaux protagonistes des objectifs du statut final, qui prévoyait pourtant un règlement définitif du conflit avant l'an 2000. L'assassinat d'Yitzhak Rabin en 1995 par Yigal Amir, un jeune Israélien, priva également Bill Clinton d'un interlocuteur privilégié et contribua en partie à mettre de côté le processus de paix. Un an plus tard, l'arrivée au pouvoir de la droite israélienne, représentée par Benyamin Netanyahou, en raison de la montée du Hamas et de la recrudescence des attentats, conduisit à placer sur les devants de la scène le principe

247. Alain Bockel, « Vers un État palestinien démocratique ? », *Annuaire français de droit international*, vol. 41, 1995.

248. Benchikh, *supra* note 238.

249. Quelques semaines après l'élection d'Arafat à la tête de l'AP, des attentats furent commis en Israël par des terroristes palestiniens. Ils conduisirent le gouvernement à prendre des mesures de sécurité renforcées, interdisant aux Palestiniens de sortir des limites des villes autonomes. Bockel, *supra* note 247.

250. *Ibid.*

de la sécurité de l'État, mettant au second plan le processus de paix engagé cinq ans auparavant[251]. Les rapports israélo-palestiniens s'étaient détériorés.

En 1999, l'arrivée au pouvoir d'Ehud Barak, successeur de Benyamin Netanyahou, permit cependant l'adoption du mémorandum de Charm el-Cheikh, le 4 septembre 1999. Signé par Ehud Barak et Yasser Arafat en présence de Madeleine Albright, secrétaire d'État des États-Unis, et du roi Abdallah II de Jordanie, cet accord mettait un terme à une année d'impasse et définissait un nouveau calendrier de négociations sur le statut final du règlement de ce conflit. Il avait pour finalité de mettre en application les accords d'Oslo I et II. L'AP et Israël s'engagèrent à parvenir à un traité de paix avant septembre 2000[252]. Arafat déclara d'ailleurs, au début de l'an 2000, que l'État palestinien devait être proclamé au plus tard en septembre de la même année[253]. Au cours du mois de juillet 2000, les dirigeants israéliens et palestiniens furent invités par Bill Clinton à Camp David pour conclure des négociations en vue de finaliser le règlement du conflit. Lors de ce Sommet pour la paix au Proche-Orient, il fut notamment question de :

a. s'engager à résoudre tous les problèmes le plus rapidement possible et à créer un environnement propice à des négociations sans pression, ni intimidation, ni menace de violence ;
b. rechercher une solution juste et durable au conflit sur la base des résolutions 242 et 338 du Conseil de sécurité[254].

251. Sfeir, *supra* note 1, p. 52 ; et Alain Bockel, « L'issue du processus de paix israélo-palestinien en vue ? Le mémorandum de Charm-el-Cheikh du 4 septembre 1999 et la question de la proclamation de l'État palestinien », *Annuaire français de droit international*, vol. 45, 1999.

252. Shlaïm, *supra* note 27, p. 637

253. Bockel, *supra* note 251.

254. Extrait du Sommet de Camp David.

Israéliens et Américains étaient alors certains de parvenir à un accord en raison des concessions qu'Ehud Barak s'apprêtait à faire. Le premier ministre israélien consentait à céder 95 % des territoires occupés et il acceptait également que la capitale palestinienne d'un futur État palestinien s'érigeât dans une partie de Jérusalem.

En dépit de la bonne volonté israélienne, Yasser Arafat refusa tout compromis. D'après Kissinger, les Israéliens favorables à un accord de paix considérèrent la conclusion des accords d'Oslo comme « une conversion pure et simple des Palestiniens à la conception occidentale (et libérale) de la paix ». Cette certitude explique les nombreuses concessions sur lesquelles Barak ouvrit les négociations de Camp David sans attendre le dévoilement du jeu d'Arafat. Ces concessions étaient destinées à « faire sauter le verrou psychologique » censé représenter le principal obstacle à la paix. Néanmoins, Arafat ne souffrait d'aucun « blocage mental », affirme Kissinger : il continuait de penser qu'Israël avait fait intrusion en terre arabe et considérait la reconnaissance pleine et entière de cet État comme une concession qu'il ne pourrait pas faire accepter aux Palestiniens. Importantes pour Clinton et Barak, les concessions israéliennes ne constituaient en fin de compte qu'une offre minimale pour Arafat[255], qui ne proposa d'ailleurs aucune autre solution. La réunion se termina sur un nouvel échec du processus de paix israélo-palestinien. Cet échec fut attribuable au président de l'AP, selon le président américain et le premier ministre israélien. Au sein du groupe des nouveaux historiens israéliens, la perception du conflit changea. Réputé pour ses prises de position anti-israéliennes,

255. Kissinger, *supra* note 177, p. 257. Arafat continua d'ailleurs de prôner la destruction d'Israël, notamment lors d'une session privée à laquelle assistaient des diplomates européens. Voir aussi la note 35.

Benny Morris considéra à son tour le chef de l'OLP comme responsable du non-règlement du conflit[256].

L'échec de Camp David II accentua les frustrations et les désillusions des populations israélienne et palestinienne : c'est dans ce contexte plus que tendu qu'Ariel Sharon se rendit, le 28 septembre 2000, dans la vieille ville de Jérusalem, au sanctuaire Haram al-charif (esplanade de la mosquée al-Aqsa). Cette visite provoqua des émeutes dans le quartier arabe de Jérusalem, à Gaza et en Cisjordanie, donnant naissance à un soulèvement populaire de grande ampleur. Ces émeutes furent préparées et planifiées par Arafat, qui se servit de la visite de Sharon comme prétexte : la seconde Intifada (ou Intifada al-Aqsa) venait de commencer.

Des négociations de Taba à la reconnaissance de l'État palestinien au statut d'État observateur non membre des Nations unies en 2012

Toute confiance avait disparu entre Israéliens et Palestiniens depuis la seconde Intifada. Toutefois, Clinton essaya à nouveau de ramener les responsables des deux camps à la table des négociations. Le 23 décembre 2000, il rassembla des représentants palestiniens et israéliens à la Maison-Blanche pour leur présenter un plan susceptible de régler les nombreux désaccords. Le plan du président Clinton abordait la question des frontières, des réfugiés et l'épineuse question de Jérusalem. Il s'agissait de bâtir un État palestinien sur l'intégralité de la bande de Gaza et

256. Avi Shlaïm écrit ainsi : « L'idée qu'Israël a constitué depuis 1967 le principal obstacle à la paix au Proche-Orient ne fait plus l'unanimité dans le groupe initial des nouveaux historiens. Benny Morris juge que le mouvement national palestinien est le principal responsable de l'échec de la paix ; j'estime, pour ma part, que c'est Israël. » Rappelons que Morris publia un article critiquant la démarche intellectuelle de certains historiens israéliens (voir la note 56).

sur 96 % de la Cisjordanie[257]. La souveraineté palestinienne devait en outre s'exercer sur toutes les parties arabes de Jérusalem, à l'exception du quartier juif de la vieille ville et du mur des Lamentations. Le droit des réfugiés de regagner leurs terres auparavant quittées appartenait à Israël, libre de les absorber au sein de son territoire[258]. Israéliens et Palestiniens acceptèrent de discuter sur les bases des propositions du président américain. Les négociations se déroulèrent en Égypte, dans la ville de Taba, du 21 au 27 janvier 2001, avant d'être suspendues par Barak pour des raisons électorales. Parallèlement à cette rencontre, Arafat menait un double jeu. Il négociait, d'une part, à Taba avec Barak et il apportait, d'autre part, un important soutien financier aux terroristes palestiniens de l'Intifada qui planifiaient de nouveaux attentats contre la population civile israélienne[259].

Le 6 février 2001, Ehud Barak perdit les élections contre Ariel Sharon. La victoire électorale de Sharon encouragea plusieurs auteurs à rédiger des textes cinglants sur « l'aveuglement politique » des Israéliens. Edward Saïd, qui avait publié *Israël, Palestine, l'égalité ou rien* en 1999, écrivit alors un article pour fustiger ce choix électoral. Il considérait que les Israéliens

---

257. Shlaïm, *supra* note 27.

258. Bernard Wasserstein, *Divided Jerusalem. The Stuggle for the Holy City*, Londres, Profile Books, 2001.

259. La preuve du soutien financier d'Arafat aux terroristes fut apportée à la suite d'interrogatoires menés par le Shabak, agence israélienne de contre-espionnage : « Interrogation of senior members of Fatah – Marwan Barghouti, Nasser Awis, Nasser Abu Hamid and Ahmed Barghouti – by the Israel Security Agency (ISA) revealed that Yasser Arafat approved funding for Tanzim terrorists, in the knowledge that the money would be used for attacks against Israeli citizens. It also emerged that the PA weapon stores were being used for distribution of munitions to terrorists. » Extrait du site du ministère israélien des Affaires étrangères, 3 octobre 2004, en ligne [http://www.mfa.gov.il/mfa/foreignpolicy/terrorism/palestinian/pages/four%20years%20of%20conflict%203-oct-2004.aspx].

avaient choisi « un homme qui [allait] leur apporter davantage de violence et moins de paix qu'il n'en [existait] encore maintenant ». Selon lui, ce choix était synonyme d'un repli sur soi et d'une « rigidité à l'égard du monde extérieur[260] ». Largement dénigré au cours de son mandat, Sharon allait pourtant devenir l'initiateur du désengagement de Gaza, en 2004, signe de sa volonté de changer la situation.

Sept mois plus tard, des attentats d'une ampleur sans précédent, revendiqués par l'organisation islamiste sunnite Al-Qaïda et dirigée par Oussama ben Laden, visèrent le cœur des États-Unis. Ces attaques terroristes causèrent la mort de milliers de civils. Un rapprochement considérable s'opéra alors entre le président américain George W. Bush et Ariel Sharon. Après le 11 septembre, l'identification croissante des Américains aux Israéliens se matérialisa notamment par l'élaboration d'une stratégie politique de prévention destinée à assurer la sécurité nationale[261]. La guerre contre le terrorisme islamiste était déclenchée, contribuant une nouvelle fois à délaisser la question israélo-palestinienne. La sécurité d'Israël devint l'une des prio-

260. Edward W. Saïd, « Jusqu'où ira Israël ? », *Confluences Méditerranée*, n° 37, printemps 2001.

261. Condoleezza Rice, alors secrétaire d'État, et George W. Bush élaborèrent une stratégie visant à expliquer que le danger pesant sur l'Amérique se trouvait « à la croisée de l'extrémisme et de la technologie ». « Nos ennemis, expliquaient-ils, déclarent ouvertement qu'ils cherchent à se procurer des armes de destruction massive, et tout indique qu'ils le font avec détermination. Les États-Unis ne les laisseront pas parvenir à leur but. Et l'Amérique [...] agira contre ces menaces naissantes avant qu'elles ne soient pleinement développées. [...] Le droit international l'admet depuis des siècles, il n'est pas nécessaire qu'une nation ait été attaquée pour pouvoir légitimement prendre des mesures contre les forces qui présentent un risque d'offensive prochaine. » The White House, « The National Security Strategy of the United States of America », septembre 2002.

rités du gouvernement Bush. Une priorité qui entrait d'ailleurs en contradiction avec d'autres dossiers de sa politique internationale, comme l'alliance privilégiée avec l'Arabie saoudite.

Durant l'année 2002, le Quatuor pour le Moyen-Orient, réunissant l'Union européenne, la Russie, les États-Unis et les Nations unies, fut fondé dans l'objectif de reprendre les négociations bilatérales israélo-palestiniennes. Le 30 avril 2003, le Quatuor adopta un programme, connu sous le nom de « Feuille de route », afin de régler le conflit israélo-palestinien. Ce nouveau programme s'articulait autour de mesures que Palestiniens et Israéliens devaient mettre simultanément en œuvre. Une lettre de mai 2003, rédigée par Kofi Annan, secrétaire général des Nations unies, à l'intention du président du Conseil de sécurité, Munir Akram, expliquait les trois phases de la Feuille de route devant conduire à l'établissement d'un État palestinien à la fin de l'année 2005. La première phase était relative à la fin du terrorisme pour préparer l'accession de la Palestine au rang d'État et au retrait israélien des territoires. La deuxième phase concernait la fondation d'un État palestinien indépendant, doté de frontières provisoires et, enfin, la troisième étape était consacrée à la fin du conflit israélo-palestinien[262]. Ce programme se voulait une seconde tentative multilatérale de règlement du conflit[263]. « *Remake* d'Oslo », les nouvelles mesures prévues par le Quatuor n'aboutirent pas – notamment en raison du terrorisme que subissait Israël.

Ce climat délétère conduisit alors Yasser Abed Rabbo, ministre de l'Information de l'AP, et Yossi Beilin, ancien ministre israélien de la Justice, à tenter de débloquer la situation en signant, à

262. S/2003/529, lettre du 7 mai 2003 rédigée par Kofi Annan, secrétaire général des Nations unies, à Munir Akram, président du Conseil de sécurité.

263. Alain Bockel, « Le retrait israélien de Gaza et ses conséquences sur le droit international », *Annuaire français de droit international*, vol. 51, 2005.

Genève, le 1er décembre 2003, un accord de paix symbolique. L'initiative de Genève réaffirmait la volonté des Israéliens et des Palestiniens de « mettre un terme à des décennies d'affrontement et de conflit et à vivre dans un climat de coexistence pacifique, dans la dignité mutuelle et la sécurité fondées sur une paix juste, durable et totale et à obtenir une réconciliation historique[264] ». Soutenue par le gouvernement suisse, cette initiative fut rejetée par Ariel Sharon, par le Hamas et par Arafat qui refusa de la soutenir officiellement. Onze ans après la signature des accords d'Oslo, les relations entre Israéliens et Palestiniens se trouvaient à nouveau au point mort.

L'année 2004 s'annonçait particulièrement mouvementée : elle fut marquée par le désengagement des colonies juives à Gaza et par un avis consultatif de la Cour internationale de justice concernant l'édification de la barrière de sécurité en Cisjordanie[265]. Depuis l'été 2002, le gouvernement Sharon avait en effet décidé d'ériger en Cisjordanie une clôture de sécurité d'une centaine de kilomètres, plus communément appelée « mur de l'apartheid » par les Palestiniens. Il s'agissait de « l'opération Rempart », lancée par Israël pour éliminer les actes terroristes et enrayer les attentats suicides qui ensanglantaient Israël depuis l'automne 2000[266]. Cet objectif sécuritaire fut d'ailleurs large-

264. Extrait du site de l'accord de Genève, en ligne [http://www.geneva-accord.org/mainmenu/french].

265. *Conséquences juridiques de l'édification d'un mur dans le territoire palestinien occupé, avis consultatif. C.I.J. Recueil 2004*, p. 136.

266. Les chiffres communiqués par le ministère israélien des Affaires étrangères vont dans ce sens : « In 2002 there were 60 suicide attacks, while in 2003 this number decreased by more than 50 % to 26 suicide attacks. There was also a considerable decrease in the number of fatalities : from 452 killed in 2002 to 214 killed in 2003. In 2004 this number decreased further and up to September 97 people had been killed. »

ment atteint, car, en 2004, le gouvernement israélien nota une baisse de 90 % des attentats suicides[267].

Si cette construction avait précédemment fait l'objet d'un rapport rédigé par le secrétaire général des Nations unies, la CIJ fut tout de même sollicitée par l'Assemblée générale pour rendre un avis sur la question[268]. Dans son avis consultatif rendu en juillet 2004, la Cour déclara illicite l'édification du mur et reprocha notamment à Israël de violer les résolutions 242 (1967), 338 (1973) et 478 (1980) du CS ainsi que la 4e convention de Genève de 1949. Après de longues considérations historiques, elle affirma que cette construction empêchait la liberté de circulation des Cisjordaniens (garantie par le Pacte international relatif aux droits civils et politiques de 1966) et qu'elle entravait l'exercice des droits au travail, à la santé, à l'éducation et à un niveau de vie suffisant des Palestiniens (droits garantis tant par le Pacte international relatif aux droits économiques, sociaux et culturels que par la Convention relative aux droits de l'enfant de 1989). La Cour souligna également que cette construction ainsi que l'établissement des colonies israéliennes tendaient à modifier la composition du territoire palestinien et qu'ils étaient par conséquent contraires à la 4e convention de Genève et aux résolutions du Conseil de sécurité. Elle précisa aussi ne pas être convaincue par la poursuite des objectifs de sécurité avancés par Israël. Pour la Cour, cette édification ne constituait pas la mesure la plus appropriée pour protéger les citoyens israéliens, mais qu'il s'agissait au contraire d'une « violation par Israël de diverses obligations qui lui incombent ». Mettant au second plan l'argumentation israélienne fondée sur la sécurité, elle

267. Voir le site du ministère israélien de la Défense, « The Anti-terrorist Fence and the International Court of Justice », 9 juillet 2004.

268. *Report of the Secretary-General prepared pursuant to General Assembly resolution ES-10/13*. A/ES-10/248, 24 novembre 2003.

estima que cet État ne pouvait se prévaloir du droit de légitime défense ni de celui de l'état de nécessité pour exclure l'illicéité de la clôture. Sans surprise, la CIJ adopta finalement un raisonnement similaire à celui des Palestiniens.

Le caractère consultatif et non litigieux de cet avis avait permis à de nombreux États et organisations intergouvernementales de contribuer librement, avec l'autorisation de la Cour, aux observations préliminaires écrites et orales[269]. C'est dans ce contexte que les États-Unis, Israël et certains pays européens prièrent la CIJ de se déclarer incompétente au motif que le processus de paix, relancé par la Feuille de route en 2003, devait l'emporter sur toute décision juridique. Pour les grandes puissances du Quatuor le rôle de la CIJ ne pouvait être que limité dans un dossier aussi politisé. En revanche pour les États du tiers-monde et les États arabes regroupés au sein de l'OCI, le droit international et le recours à cette instance se voyaient conférer une place déterminante : c'est la raison pour laquelle ils surestimèrent l'importance de cet avis.

Pour quels motifs la CIJ a-t-elle choisi d'écarter l'argumentation d'Israël ? Implicitement, la prise en considération de cet argumentaire conduisait à reconnaître que cet État était la cible du terrorisme palestinien. Vue sous cet angle, la politique conjoncturelle d'Israël ne pouvait plus être appréhendée comme la cause du conflit israélo-palestinien, mais plutôt comme sa conséquence. Or, depuis des décennies, l'Assemblée générale, largement épaulée par la Commission et le Conseil des droits de l'homme, a maladroitement attribué le rôle symbolique de Goliath à l'État hébreu. Symbole éminemment puis-

269. Michelle Burgis, « Discourses of Division : Law, Politics and the ICJ Advisory Opinion on the Legal Consequences of the Construction of a Wall in the Occupied Palestinian Territory », *Chinese Journal of International Law*, vol. 7, n° 1, 2008.

sant de cette représentation psychologique, cet arrêt révèle la dénaturation du conflit et contribue à priver Palestiniens et Israéliens de la possibilité d'aboutir à un consensus concret. Les uns comme les autres sont devenus les victimes de l'image et de la place que le concert des nations leur a attribuées pour diverses raisons et que les médias de masse véhiculent abondamment[270]. En cataloguant de la sorte Israéliens et Palestiniens, la CIJ n'a-t-elle finalement pas contribué à renforcer la barrière psychologique, plus insurmontable et indestructible que le mur de béton construit par Israël ?

Peu avant cette décision internationale, le gouvernement Sharon avait adopté, le 6 juin 2004, le plan de désengagement de Gaza afin d'évacuer toutes les implantations israéliennes. Les habitants avaient jusqu'au 15 août 2005 pour évacuer leurs logements. Pour le premier ministre israélien, ce retrait constituait également un gage de bonne volonté censé démontrer à la communauté internationale et surtout à Mahmoud Abbas, le nouveau président de l'AP depuis la mort de Yasser Arafat à Paris en 2004, que les mesures de la Feuille de route pouvaient être appliquées. Sharon prononça d'ailleurs un discours en ce sens à l'Assemblée des Nations unies :

> *The successful implementation of the Disengagement Plan opens up a window of opportunity for advancing towards peace, in accordance with the sequence of the Roadmap. The State of Israel is committed to the Roadmap and to the implementation of the Sharm el-Sheikh understandings. And I hope that it will be possible, through them, to renew the political process.* [...] *I call on the Palestinian leadership to show determination and leader-*

270. Robert Landès évoqua la falsification médiatique du conflit israélo-palestinien par les médias palestiniens ou occidentaux en qualifiant la fabrique de l'information palestinienne de « faux événements "Pallywood", sur le mode d'Hollywood ou de Bollywood ». Shmuel Trigano, « L'instrumentalisation meurtrière de l'humanisme », *Controverses*, n° 10, mars 2010.

ship, and to eliminate terror, violence and the culture of hatred from our relations. I am certain that it is in our power to present our peoples with a new and promising horizon, a horizon of hope[271].

Le Quatuor diplomatique était satisfait. Le désengagement des colonies juives de Gaza constitua également une immense victoire pour les Arabes de Palestine. Néanmoins, celle-ci ne se manifesta pas par la reprise des négociations, mais par l'encouragement de la pression sur Israël[272]. Autre effet secondaire non désiré, ce désengagement contribua à fragmenter plus encore la scène politique des territoires. En janvier 2006, le Fatah de Mahmoud Abbas perdit, à Gaza, les élections législatives contre le Hamas, qui prônait sans cesse le recours aux attentats suicides et le refus de négocier avec Israël[273]. Le résultat de cette politique d'empoisonnement conduisit les Israéliens et les Égyptiens à imposer des sanctions économiques (blocus de la bande de Gaza). Une offensive contre le Hamas fut par la suite

271. Discours d'Ariel Sharon à l'Assemblée des Nations unies, 15 septembre 2005.

272. Robert A. Caplen, « Rules of Disengagement : Relating the Establishment of Palestinian Gaza to Israel's Right to Exercise Self-Defense as Interpreted by The International Court of Justice at the Hague », *Florida Journal of International Law*, vol. 18, 2006.

273. Jean-Yves Camus explique que l'arrivée du Hamas sur la scène politique transforma les données psychologiques du conflit : « [...] avec le Hamas, aucune discussion n'est possible tant que le mouvement islamiste n'aura pas reconnu le droit à l'existence d'un État juif. [...] Israël doit faire face au triple déni d'existence du Hamas, du Hezbollah et du président iranien, sans compter le problème majeur que pose la radicalisation d'une bonne partie des Arabes israéliens. » Le problème se situe d'emblée sur le terrain de la confrontation au plan militaire « alors que, quelque jugement qu'on puisse émettre sur son idéologie et ses méthodes, le Hamas est (aussi) un mouvement politique qui jouit du soutien réel et profond d'une bonne partie de la population palestinienne, à Gaza et au-delà ». Jean-Yves Camus, « Pourquoi l'armée israélienne intervient elle à Gaza ? », *Debriefing.org*, 4 janvier 2009.

déclenchée par Israël le 27 décembre 2008. L'opération militaire « Plomb durci » était destinée à stopper les tirs de roquettes lancées depuis la bande de Gaza par les membres du Hamas : elle s'acheva le 18 janvier 2009 et fut abondamment critiquée par la communauté internationale en raison du nombre de victimes palestiniennes[274], du caractère disproportionné de la riposte israélienne et enfin de l'utilisation d'armes dont l'usage était restreint par le droit international humanitaire[275]. Pendant l'offensive, le Conseil des droits de l'homme adopta une résolution afin de prier « la Haut-commissaire des Nations unies aux droits de l'homme de faire rapport sur les violations des droits de l'homme du peuple palestinien par la puissance occupante[276] ». Israël était toujours considéré comme une puissance occupante alors qu'il s'était pourtant désengagé de Gaza[277]. Cette résolution permit à l'ONU de constituer une « mission internationale indépendante d'établissement des faits » sur le conflit à Gaza.

274. Selon le Conseil des droits de l'homme des Nations unies, l'offensive israélienne a fait 900 morts et 4000 blessés chez les Palestiniens. A/HRC/S-9/L.1, 12 janvier 2009.

275. Certains dirigeants arabes, dont le président égyptien Moubarak, s'opposèrent au Hamas. Moubarak refusa ainsi d'ouvrir la frontière égyptienne aux habitants de Gaza, signe évident de sa désolidarisation de « ses frères arabes ». Il critiquait de plus les actions terroristes du Hamas, bras armé des Frères musulmans (mouvement illégal en Égypte). Pierre Coopman, « Les médias arabes à propos de Moubarak et de la guerre à Gaza », *Arab Press Network*, 20 janvier 2009.

276. A/HRC/S-9/L.1, Conseil des droits de l'homme, 12 janvier 2009.

277. Pour les Palestiniens, le désengagement militaire d'Israël ne modifiait pas pour autant le statut juridique de Gaza, qui restait sous contrôle israélien. Cependant, le désengagement de Gaza conduisit progressivement à un transfert d'autorité d'Israël à l'AP (avant l'élection du Hamas en 2006). Yuval Shany, « Faraway, So Close : the Legal Status of Gaza after Israel's disengagement », *Yearbook of International Humanitarian Law*, vol. 8, 2006.

Dirigée par le juge sud-africain Richard Goldstone, la mission présenta avec succès, le 29 septembre 2009, son rapport devant le Conseil des droits de l'homme. Goldstone y accusait l'armée israélienne et, dans une moindre mesure, les Palestiniens d'avoir commis des actes assimilables à des crimes de guerre et peut-être, dans certaines circonstances, à des crimes contre l'humanité[278]. Selon le juge, Israël avait intentionnellement tué des civils[279]. Le Hamas, pour sa part, n'était pas véritablement reconnu responsable de pratiques terroristes, pratiques qui consistaient pourtant à se servir de la population civile comme d'un bouclier humain et à abriter armes et munitions au cœur des écoles comme des mosquées. Satisfaite du rapport Goldstone, l'Assemblée générale en approuva les conclusions.

Bien sûr, la mission du juge était loin de satisfaire le gouvernement israélien, qui la critiqua, comme nous le savons, à de

278. *Report of the United Nations Fact Finding Mission on Gaza Conflict*, Doc. off. A/HRC/12/48, 25 septembre 2009 (Advance Edited Version, 15 septembre 2009). Il est intéressant de lire les paragraphes 477, 478, 483, 486, 495, 1199, 1883, 1884, 1895 de ce document.

279. En réponse à ce rapport, le professeur Alan Dershowitz expliqua : « [...] the report is demonstrably wrong about both of these critical conclusions. The hard evidence conclusively proves that the exact opposite is true, namely that : 1/ Israël did not have a policy of targeting civilians for death. Indeed the IDF went to unprecedented lengths to minimize civilian casualties ; and 2/ that Hamas did have a deliberate policy of having its combatants dress in civilian clothing, fire their rockets from densely populated areas, use civilians as human shields, and store weapons in mosques. » Alan Dershowitz, « The Case Against the Goldstone Report : A Study in Evidentiary Bias », *Harvard Public Law School & Legal Theory, Working Paper Series*, Paper n° 10-26, 2010. Pour d'autres, l'attaque israélienne ne pouvait en aucun cas être considérée comme de la légitime défense. Publiée en janvier 2009 dans le *Sunday Times*, une lettre intitulée « Israel's bombardment of Gaza is not self-defense – it's a war crime » fut cosignée par différents professeurs de droit dont John Quigley, Victor Kattan et Christine Chinkin.

nombreuses reprises. S'il est aujourd'hui courant de fustiger les pratiques de l'armée israélienne et de les considérer comme contraires au droit international, le témoignage de Richard Kemp, ancien commandant des Forces britanniques en Afghanistan, donne un autre éclairage sur celles-ci. S'exprimant au Conseil des droits de l'homme des Nations unies à la suite de l'opération Plomb durci, Kemp déclara :

> [...] l'armée de défense d'Israël a fait davantage pour la sauvegarde des droits des civils en zone de combat que toute autre armée dans l'histoire des guerres. Israël l'a fait alors qu'elle affrontait un ennemi qui plaçait délibérément ses forces militaires derrière le bouclier humain de la population civile. Le Hamas, comme le Hezbollah, sont experts dans l'art de dicter aux médias ce qu'ils diront. [...] Ils excellent à mettre en scène et à déformer des incidents.
>
> L'armée de défense d'Israël est confrontée à un défi auquel les Britanniques n'ont pas à faire face à un tel degré. Il s'agit du préjugé automatique, pavlovien, qu'ont en commun beaucoup de médias du monde entier, ainsi que de nombreuses organisations des droits de l'homme, selon lequel les soldats de l'armée de défense d'Israël ont nécessairement tort et qu'ils violent les droits de l'homme.
>
> La vérité est que l'armée de défense d'Israël a mis en œuvre des mesures extraordinaires pour signaler aux civils de Gaza les zones qu'elle prenait pour cibles, en lançant plus de deux millions de tracts et en établissant plus de 100 000 communications téléphoniques. Beaucoup de missions qui auraient pu neutraliser les capacités militaires du Hamas ont été suspendues pour éviter des pertes civiles. Durant le conflit, l'armée de défense d'Israël a permis l'entrée dans Gaza d'énormes quantités d'aide humanitaire. Fournir une aide susceptible de tomber aux mains de votre ennemi est normalement tout à fait impensable pour un expert en stratégie militaire. Pourtant, l'armée de défense d'Israël a pris ce risque[280].

En avril 2011, Goldstone revint lui-même sur ses propres conclusions. Celles-ci auraient été différentes, expliquait-il, s'il avait disposé d'éléments plus précis concernant les actions du

---

280. Discours de Richard Kemp devant le Conseil des Droits de l'homme, 12e session extraordinaire, Genève, octobre 2009.

Hamas. Il souligna également le fait – non négligeable – que le Conseil de sécurité n'était pas impartial à l'égard d'Israël.

Face à la condamnation quasi unanime de l'État hébreu, Shmuel Trigano a très justement introduit le concept de « pogrom médiatique » selon lequel les médias ont recours à une violence symbolique extrême pour le stigmatiser. Trigano explique que le discours sur la supposée cruauté génocidaire d'Israël largement véhiculé par le Hamas et les télévisions arabes a été transmis en Occident de façon fallacieuse, comme si Gaza ne comprenait qu'une armée d'enfants et des hôpitaux bombardés. Si le public occidental est constamment informé du sort des familles palestiniennes, de leurs blessés et de leurs enfants, il ne sait rien, en revanche, des familles israéliennes puisqu'on ne montre sur les écrans que tanks et soldats, en somme, une armée. La société israélienne n'existe pas dans le regard de nos médias[281].

Évidemment, l'utilisation de la population civile, surtout l'instrumentalisation des enfants par le Hamas, reste à l'heure actuelle une pratique courante et pose un problème de taille aux Israéliens. Gabriela Shalev, représentante permanente d'Israël aux Nations unies, est d'ailleurs intervenue à ce propos en juin 2010 :

> *Israel follows with interest the important work of Ms. Radhika Coomaraswamy, the Special Representative of the Secretary-General on Children and Armed Conflict. The attention paid by her to children in specific situations of conflict, as well as by the Council's Working Group, through its reports and communications, has the potential to reign in the most egregious practices of armed groups. [...] We also take note of the instances of child exploitation and their use as human shields by the Hamas terrorist rulers in Gaza. Given the abundance of accounts and docu-*

281. Richard Goldstone, « Reconsidering the Goldstone Report on Israel and war crimes », *Washington Post*, 1er avril 2011 ; et Shmuel Trigano, « Le concept de "pogrom médiatique" », *Blog-Controverses*, 27 janvier 2009.

mentation of such incidents, we strongly encourage that future reports of the Special Representative will further elaborate on this aspect, rather than mentioning it in passing[282].

En septembre 2011, Mahmoud Abbas prenait l'initiative d'adresser aux Nations unies une demande unilatérale de reconnaissance de l'État palestinien[283], faisant fi des accords d'Oslo, qui prévoyaient des négociations directes entre Israéliens et Palestiniens. Abbas souhaitait ainsi parvenir à la reconnaissance de son État sans la signature préalable d'un traité de paix avec Israël. Au Conseil de sécurité, cette requête n'avait aucune chance de recueillir suffisamment de voix pour être adoptée. Auprès de l'Assemblée générale, où les Palestiniens bénéficiaient d'une majorité automatique, cette demande leur permit, l'année suivante, d'obtenir un statut intermédiaire d'État observateur non membre, ainsi que le proposa Nicolas Sarkozy, ancien président français. Six décennies après le rejet de la résolution 181, qui conférait pourtant aux Arabes de Palestine un véritable État en continuité territoriale et une reconnaissance pleine et entière de la communauté internationale, les dirigeants palestiniens se retrouvèrent finalement à mendier devant cette même institution, pour deux territoires irréconciliables (Gaza et la Cisjordanie), un statut d'État observateur non membre. Que penser de cette pseudo-sacralisation d'un État dépourvu de frontières et de capitale reconnue, coupé en deux entités ennemies sur deux territoires géographiquement séparés et représenté en Cisjordanie par une « Autorité » dont

282. Statement by Ambassador Shalev to UNSC on Children and Armed Conflict, 16 juin 2010, en ligne [http://mfa.gov.il/MFA/InternatlOrgs/Speeches/Pages/Amb_Shalev_UNSC_Children_Armed_Conflict_16-Jun-2010.aspx].

283. *Application of Palestine for admission to membership in the United Nations*, S/2011/592, 23 septembre 2011.

le mandat du président est expiré depuis plusieurs années? Quelle valeur juridique une telle reconnaissance conférera-t-elle à la Palestine?

Sur le terrain, la démarche unilatérale de l'AP pourrait conduire le gouvernement israélien à ne plus reconnaître cette autorité comme intervenant légitime, puisque celle-ci avait été précisément instituée par les accords de 1993. Pour les États-Unis, Israël et d'autres nations non inféodées aux pays arabes (Canada, République tchèque, par exemple), un véritable État palestinien ne pourra résulter que de négociations directes entre Palestiniens et Israéliens. Pour Abbas, l'objectif avéré de cette reconnaissance consistera entre autres à saisir les instances pénales internationales afin de poursuivre Israël contre l'occupation des territoires – territoires conquis en 1967 et qui pourraient constituer une monnaie d'échange contre la paix, bien que cela semble actuellement de plus en plus difficile.

En tout état de cause, pour la première fois dans l'histoire de l'ONU, un «peuple» dont le but déclaré dans les chartes du Hamas et de l'OLP est d'anéantir un État reconnu et légitime venait d'être reconnu en tant qu'État observateur. Cette reconnaissance se fit au moment où la dépouille de Yasser Arafat était exhumée. Le vote par la majorité automatique d'une résolution de l'Assemblée générale créant un État palestinien fantôme n'aurait-il pas pris, en fin de compte, un sens macabre[284] ?

Le Canada a-t-il été le meilleur allié d'Israël?

Le juriste Richard Marceau rappelle que le Canada et l'État hébreu sont unis par un accord de libre-échange depuis 1996. Cette entente a permis aux échanges commerciaux entre les

284. Esther Benfredj, «Fallait-il exhumer l'État palestinien fantôme?», *Causeur*, décembre 2012.

deux pays de s'intensifier : satisfaits, les deux gouvernements souhaitent d'ailleurs approfondir leurs liens. Le Canada possède en effet une expertise reconnue dans le domaine des ressources énergétiques et pourra notamment bénéficier de la récente découverte des ressources israéliennes en gaz naturel, puisque les Israéliens cherchent à la maximiser. Marceau souligne également qu'Israël étant un modèle d'innovation – notamment en matière technologique –, de nombreuses universités canadiennes nouent des liens avec leurs homologues israéliennes[285].

Bien sûr, depuis l'arrivée au pouvoir en 2006 du Parti conservateur de Stephen Harper, le rapprochement s'est renforcé entre les deux États. C'est d'ailleurs à ce titre que John Baird, ministre des Affaires étrangères, déclara en 2012 que « le Canada est un meilleur et plus fort allié d'Israël que ne le sont les États-Unis ». Pour le premier ministre canadien, Israël représente en effet un véritable enjeu civilisationnel : « Dans le monde diplomatique, nous savons combien il est facile de s'éloigner d'Israël. Nous comprenons que l'avenir de notre pays et de notre civilisation dépend de la survie et de la prospérité de cette patrie libre et démocratique du peuple juif au Moyen-Orient[286]. » Pour les Conservateurs, Israël n'occupe pas la place d'un État parmi les autres, il a la particularité d'incarner la civilisation occidentale tout entière en raison de l'histoire et de la vocation du peuple juif. Son effondrement conduirait par conséquent à l'effondrement de tout l'Occident.

La position politique canadienne fait aussi écho à la pensée de Shmuel Trigano précédemment évoquée selon laquelle la compassion européenne d'hier à l'égard des Juifs a été progres-

285. Richard Marceau, « Israël et le Canada partagent des valeurs et intérêts communs », *Huffington Post Québec*, 15 janvier 2014.

286. I24 News, « Le Canada réaffirme son appui à Israël », *i24 News*, 2 décembre 2013.

sivement détournée au profit du « peuple qui souffre », les Palestiniens : la Nakba est venue remplacer la Shoah, faisant des Juifs les nouveaux bourreaux et des Palestiniens, les victimes[287]. Or, l'État hébreu ne peut pas être tenu pour responsable de la situation du Proche-Orient, il en est le bouc émissaire. Pour l'heure, le Parti Libéral du Canada de Justin Trudeau est au pouvoir depuis l'automne 2015. Les Libéraux, idéologiquement plus éloignés de la politique israélienne, agiront vraisemblablement différemment.

Rappelons enfin qu'en septembre 2008, une entente sur le développement de la coopération économique et technologique fut conclue entre les gouvernements israélien et le Québec, province canadienne francophone. Elle avait pour objectif de promouvoir et de stimuler le commerce, l'investissement et le partenariat dans des secteurs tels que les sciences de la vie, l'aérospatial et les télécommunications. Jean Charest, alors premier ministre du Québec, vanta l'ingéniosité et l'esprit d'innovation d'Israël, lors de la célébration de son soixantième anniversaire.

Il est particulièrement intéressant d'aborder ici l'approche psychologique qu'entretiennent les souverainistes québécois avec la nation israélienne, dans la mesure où ils analysent de façon plus ou moins consciente le conflit israélo-arabe à la lumière de leurs rivalités avec les anglophones. Si de nombreux indépendantistes se rallient, de manière quasi pavlovienne du côté palestinien, c'est essentiellement parce que les Palestiniens représentent dans leur esprit un peuple opprimé par une puissance impérialiste (Israël), leur rappelant ainsi leur propre condition dans le combat pour l'indépendance. Le glissement vers cette identification trompeuse n'est donc pas uniquement le fruit d'un antisémitisme clérical, c'est également la consé-

287. Trigano, *supra* note 216.

quence de leurs échecs successifs. Leur raisonnement s'oppose ainsi radicalement à celui du gouvernement canadien.

Pour d'autres, des similitudes culturelles et politiques rapprochent au contraire les peuples québécois et israélien, à commencer par la construction d'une nation fondée sur la différence et la survivance dans un environnement plus ou moins hostile. Sociétés pluriculturelles composées de huit millions d'âmes, les sociétés israélienne et québécoise demeurent effectivement aux prises avec des problématiques qui peuvent se rejoindre : la préservation de leur culture et de leur langue.

> Nous sommes des Québécois, écrivait René Lévesque dans *Option Québec*. Ce que cela veut dire d'abord et avant tout et au besoin exclusivement, c'est que nous sommes attachés à ce seul coin du monde où nous puissions être pleinement nous-mêmes, ce Québec qui, nous le sentons bien, est le seul endroit où il nous soit possible d'être vraiment chez nous[288].

Golda Meir rappelait dans son autobiographie que :

> Le problème juif commun aux pays européens ne pourrait être résolu tant que les Juifs n'auraient pas de nouveau une terre à eux. De toute évidence, cette terre ne pouvait être que Sion, le pays dont les Juifs étaient exilés depuis deux mille ans, mais qui était resté le centre spirituel de notre peuple à travers les siècles.

Souverainistes et Israéliens se retrouvent ainsi dans une aspiration certaine à la souveraineté. Si, pour les premiers, il est question de l'acquérir, pour les seconds, il s'agit de la préserver. Cœur de la vie française en Amérique du Nord, le Québec agit à sa manière pour conserver son patrimoine linguistique et culturel. En 1948, les sionistes résistèrent aux offensives militaires de plusieurs armées pour établir leur État. Aujourd'hui,

288. René Lévesque, *Option Québec*, Montréal, Éditions de l'Homme, 1968.

l'État hébreu revendique son héritage culturel et se positionne sur la scène internationale en tant qu'État-nation souverain. Pour faire face à un voisinage géopolitique trop souvent inamical, il a développé au fil des années une technologie militaire sophistiquée avec le soutien français puis américain. De sorte que sa perception dans l'imaginaire social et politique a littéralement changé, y compris au Québec : la sympathie pour l'assiégé israélien s'est inversée. Jacques Brassard, ancien député et ministre québécois, écrivit à ce sujet :

> Je suis toujours sidéré de voir des personnes comme l'abbé Gravel, Françoise David [...], de même que des ONG se donnant une vocation de défense des droits humains, se porter à la rescousse d'une mafia terroriste, obscurantiste, misogyne, homophobe et totalitaire comme le Hamas, tout cela pour traîner dans la boue, diffamer, boycotter, dénigrer le seul État démocratique de toute la région, Israël. C'est le monde à l'envers. L'inversion des valeurs. La distorsion du réel. [...] Sont-ils conscients qu'en servant de relais à la propagande mensongère des Palestiniens sur Israël, ils se comportent en agents de désinformation contribuant ainsi à délégitimer l'État démocratique d'Israël[289] ?

En dépit de ces similitudes, l'idée d'un projet national souverainiste n'est pas – ou peu – partagée par les Juifs du Québec. Des raisons historiques expliquent cette distance, car les Juifs sont arrivés au Québec à une époque où les écoles françaises, alors sous la tutelle de l'Église, leur étaient fermées. Ils ont dû par conséquent s'intégrer à la communauté anglophone et sont restés profondément attachés à l'unité canadienne. Pour leur part, les Juifs d'Afrique du Nord – qui représentent 20 % de cette communauté – sont arrivés dans les années 1960 et ont conservé leur culture francophone. Si l'on retrouve ainsi des souverainistes dans cette communauté sépharade, la majorité

289. Jacques Brassard, *Hérésies*, Montréal, Accent Grave, 2013, p. 97.

juive est essentiellement fédéraliste, à l'instar des autres minorités ethnoculturelles du Québec.

Pour certains Juifs anglophones, le projet indépendantiste fait parfois écho aux dérives du IIIe Reich. Toutefois, ce serait méconnaître le régime totalitaire allemand que de le comparer au mouvement national québécois, que l'on y adhère ou pas. D'une part, parce que le nationalisme québécois n'est pas destiné à s'étendre à travers le monde, contrairement aux systèmes totalitaires expansionnistes nazi et soviétique, dont les rouages furent brillamment analysés par Hannah Arendt. D'autre part, parce que les extrémistes allemands de cette époque, à l'image des Soviétiques, se sont soigneusement efforcés de bâtir une société amnésique, dépouillée de ses élites, de sa culture et de son histoire. Les souverainistes prônent précisément l'inverse lorsqu'ils préconisent – avec plus ou moins de subtilité, il est vrai – la nécessité de préserver leur patrimoine culturel et le devoir de mémoire. D'ailleurs, la devise du Québec n'est-elle pas *Je me souviens* ?

Allons plus loin encore, car qui mieux que le peuple juif, ancien apatride, serait susceptible de comprendre le rêve souverainiste et l'importance de l'appartenance nationale ? Le fleurdelisé royal bleu et blanc, symbole national par excellence, ne rappelle-t-il pas de manière étonnante les couleurs d'Israël frappées du sceau royal de David ?

CONCLUSION

La paix ne sera pas le résultat d'une révolution des cœurs, mais le corollaire des rapports de force et d'un réalisme politique froid. Ce sont la lucidité et l'acceptation de la réalité qui amèneront à la réconciliation, à la négociation et à la paix. Je suis et reste convaincu que, malgré les rancœurs du passé, Juifs et Arabes peuvent vivre en paix, aussi bien, par exemple, que les Français et les Allemands.

Yigal Allon, *Israël : la lutte pour l'espoir*, 1977

Au Proche-Orient, la composante émotionnelle des conflits paraît similaire à celle de l'Europe du 17e siècle, car des schismes religieux et idéologiques déchirent encore le Croissant fertile[290]. Comme dans tout affrontement, des facteurs psychologiques se retrouvent également dans le conflit israélo-arabe, au point de le rendre aussi passionné que passionnel.

Du point de vue international, la sympathie accordée aux Arabes de Palestine s'est jusqu'à présent matérialisée par un soutien fréquent et varié – notamment politique et économique –, transcendant bien souvent les clivages qui séparent généralement les hommes et les nations. Ni les actes terroristes ni la corruption qui gangrène l'AP[291], « ne troublent la détermination

290. Kissinger, *supra* note 177, p. 237.

291. Les Arabes de Palestine sont les seuls à recevoir une aide financière des Nations unies depuis 1949. Touati explique qu'indépendamment des

de ceux qui font du soutien aux Palestiniens un impératif quasi-absolu[292] ». Passant par les Nations unies (l'Assemblée générale et le Conseil des droits de l'homme, par exemple), les nombreux pays d'Amérique latine et l'Union européenne, ce soutien de la communauté internationale a progressivement conduit à un dénigrement évident de l'État d'Israël en dépit des compromis qu'il s'apprêtait à faire – notamment lors du Sommet de Camp David II en juillet 2000.

Un tel acharnement à l'encontre de la seule nation partageant des valeurs véritablement démocratiques et occidentales au Proche-Orient paraît surprenant, surtout si l'on compare le conflit israélo-arabe au défi que pose aujourd'hui l'Iran à l'Occident, dont l'enjeu stratégique, économique et militaire est de portée mondiale[293]. Ce dénigrement paraît également étonnant

instances onusiennes telles l'UNRWA, le rapport financier qu'entretiennent les États avec les Arabes de Palestine passe par le don. Mais le don, rappelle-t-il, est le propre des sociétés anciennes, « il représente une forme archaïque de l'échange et laisse apercevoir un lien entre les conduites religieuses et celles de l'économie ». Il est d'usage, note encore Touati, de légitimer le recours au don en invoquant la volonté des États de poser les fondements d'une économie moderne et d'un État démocratique dans les territoires palestiniens. Or, dans l'un de ses ouvrages, *La Société de confiance*, Alain Peyrefitte explique que la conception de l'argent permet de distinguer la mentalité économique archaïque de la mentalité économique moderne, qui repose sur le crédit et, de ce fait, sur la confiance du prêteur vis-à-vis de l'emprunteur. Si, dans le schéma moderne de l'aide financière, seuls des projets précis et clairement définis sont effectivement financés et soutenus par le crédit, dans le schéma du don, un chef charismatique est seul à décider de ce qu'il adviendra des sommes reçues. C'est ainsi qu'un membre du Conseil législatif palestinien avait déclaré à l'époque où Yasser Arafat incarnait ce chef charismatique : « Je pense qu'Arafat est la seule personne qui sache comment le budget est géré. » Catherine Leuchter, *Le livre noir de l'autorité palestinienne*, Barbâtre, Café Noir, 2004.

292. *Ibid.*

293. Bensimon, *supra* note 198.

si l'on regarde le destin encore incertain de l'Irak et la menace que constituent l'État islamique en Irak et au Levant comme les régimes islamistes en Égypte et en Tunisie depuis les révolutions de 2011. Malgré cela, les analyses politiques demeurent trop souvent tronquées, « comme si la véritable intrigue se déroulait à côté de la scène, écrit Jean-Pierre Bensimon, et mettait en présence d'autres protagonistes et d'autres intérêts [...], au nom de la fameuse centralité de la question palestinienne[294] », faisant du non-règlement de cette dernière la cause de la situation générale d'instabilité dans la région. Cette analyse fallacieuse du conflit israélo-arabe aurait-elle également pour origine ce que Pascal Bruckner nomma, dans un célèbre essai, « le sanglot de l'homme blanc », c'est-à-dire un sentimentalisme tiers-mondiste tendant à une autoculpabilisation excessive[295] ?

À la question « le conflit israélo-arabe est-il insoluble ? », Emmanuel Navon estime que l'épuisement des ressources pétrolières dans le monde islamique pourrait modifier la situation du Proche-Orient, comme la perception de ce conflit en Occident. Les revenus pétroliers constituent un important obstacle

294. *Ibid.*

295. Pascal Bruckner, *Le sanglot de l'homme blanc*, Paris, Seuil, 1983. Dans la continuité de la pensée de Bruckner, l'écrivain Ibn Warraq, connu depuis la publication de *Pourquoi je ne suis pas musulman,* dénonce la peur des intellectuels occidentaux d'être assimilés aux « orientalistes » décrits par Saïd. Aujourd'hui, écrit-il, « des accusations d'islamophobie sont jetées à ceux qui osent critiquer la plus critiquable de toutes les religions, dans le but de réduire au silence et de régler hors cour ce qui sont, en fait, des préoccupations parfaitement légitimes quant à la sécurité et l'influence négative de l'islam sur les institutions occidentales. Le résultat est mon nouveau livre, *Defending the West*, une tentative pour aborder une nouvelle fois deux tâches connexes – la défense de l'Occident et une critique des arguments d'Edward Saïd, qui ont réussi à faire taire la pensée et placer tous les intellectuels occidentaux sur la défensive ». Ibn Warraq, *Defending the West. A critique of Edward Saïd's Orientalism*, New York, Prometheus Books, 2007.

à la croissance économique et à la liberté politique des pays exportateurs, car ils engendrent des économies rentières, décourageant l'innovation et la productivité[296]. L'épuisement progressif du pétrole obligera par conséquent les pays arabes exportateurs à développer l'innovation et à devenir politiquement plus pragmatiques et réalistes. Leur intérêt ne réside-t-il pas dans la formation d'une véritable alliance économique et technologique avec Israël, dont l'innovation et le développement des nouvelles technologies sont de renommée internationale ?

Néanmoins, l'alliance israélo-arabe ne serait-elle pas redoutée par les grandes puissances occidentales, affaiblies, depuis 2008, par la crise économique mondiale ? La profondeur territoriale jordanienne, l'innovation israélienne, l'infrastructure industrielle syrienne, la débrouillardise libanaise dans le secteur des services et les six mille ans d'histoire – dont l'invention de l'alphabet et l'édification de joyaux architecturaux – permettraient à cette région de rayonner culturellement à travers le monde[297]. Vue sous cet angle, l'union des États du Proche-Orient serait susceptible de détrôner les grandes puissances, dont la politique, au cours des décennies, a fragmenté les peuples tout en engendrant des conflits identitaires et religieux durables : ériger des États au mépris des aspirations populaires, cela a contribué à façonner des peuples en mal d'identité, écar-

296. Comme le remarque Navon, avec une population de près de 300 millions d'habitants, le monde arabe exporte moins – si on fait évidemment abstraction du pétrole – que la Finlande, qui comprend environ 5 millions d'habitants. Entre 1980 et 2000, l'Égypte a déposé 77 brevets scientifiques, la Syrie, 20, la Jordanie, 15, Israël, 7652. L'innovation israélienne aurait pour origine le climat conflictuel quotidien qui, selon Senor et Singer, encouragerait les jeunes générations à entreprendre. Dan Senor et Saul Singer, *Start-Up Nation. The Story of Israel's Economic Miracle*, Westminster, McClelland & Stewart, 2009.

297. Sfeir et Klein, *supra* note 26.

telés entre une « histoire millénaire qui semble s'être figée et une modernité à laquelle ils restent étrangers[298] ».

L'idéologie de la nation se distingue ainsi de celle de l'État. L'histoire de la naissance des États du Proche-Orient atteste précisément que la nation n'est pas l'État. Artificiellement créés par les grandes puissances européennes au cours de la première moitié du 20e siècle, ces États ont été privés, à l'exception d'Israël, d'un socle national souvent nécessaire à la concrétisation des aspirations d'un peuple. Ces aspirations se définissent notamment par la mise en place d'un projet social, national et économique structuré au sein de l'appareil étatique. Les États libanais, syrien et égyptien, pour ne citer qu'eux, semblent aujourd'hui déliquescents face à des communautés à la fois en lutte entre elles-mêmes et contre l'État censé les représenter. L'idée de la nation, concept idéologique unificateur, étant inexistante, la cohésion sociale nécessaire à l'équilibre étatique fait également défaut. Plus largement, les États du Proche-Orient n'ont pas pu introduire au sein de leur système politique la notion de citoyenneté qui s'articule autour de droits politiques et de devoirs civiques[299]. Celle-ci faisant défaut, le modèle démocratique tel que nous le connaissons en Occident n'a pas pu éclore, bien que le suffrage universel, principe d'expression de la volonté populaire, ait été introduit dans certains États comme l'Iran, l'Arabie saoudite ou l'Irak. Ce système électoral a d'ailleurs été étendu aux territoires palestiniens, aujourd'hui représentés par l'AP en Cisjordanie et par le Hamas à Gaza. Shmuel Trigano souligne que le partage de pouvoir entre un leader qui joue le rôle de la modération et un autre incarnant la guerre est un trait politique que l'on retrouve dans le monde islamique (par exemple, Khamenei et Rohani en Iran). Tandis

298. Sfeir, *supra* note 1, p. 153.

299. Sfeir, *supra* note 1, p. 155.

que l'un s'adresse à l'Occident, l'autre façonne l'opinion arabo-islamique.

Peut-on cependant considérer la Cisjordanie et Gaza comme un véritable État ? Cette question divise toujours la communauté internationale. En tout état de cause, il existe, à la tête de la Cisjordanie et de Gaza, des autorités politiques prétendant à la qualité de gouvernement et possédant en outre une maîtrise effective d'un territoire, même si les frontières de celui-ci sont à déterminer par les principaux protagonistes[300]. Dès lors, en droit international, les gouvernements peuvent le reconnaître, comme l'a récemment fait la Suède. Le refus politique d'Israël, du Canada et des États-Unis, entre autres, tient au fait que la détermination des frontières israélo-palestiniennes doit être bilatéralement négociée par les dirigeants palestiniens et israéliens pour aboutir à la conclusion d'un traité de paix. Au cœur de la classe dirigeante palestinienne, le raisonnement est cependant inversé, car la conclusion d'un traité de paix doit impérativement dépendre du retrait préalable d'Israël des territoires en question. Cette divergence de points de vue n'est pas sans rappeler le désaccord entre Golda Meir et Anouar el-Sadate ; désaccord qui avait précédé, on s'en souvient, la conclusion du traité de paix israélo-égyptien en 1979.

Une autre question mérite enfin d'être posée, car, si l'État palestinien existe théoriquement pour certains, a-t-il œuvré pour la fin du drame des réfugiés ? Les autorités palestiniennes ont-elles mis en place un projet national destiné à unir tous les Arabes de Palestine, notamment ceux dispersés à travers le Proche-Orient ? Là encore, le bât blesse : Abbas s'est ouvertement opposé à l'intégration des réfugiés au sein d'un futur

300. Voir la note 181.

État[301]. Le motif de ce refus, de prime abord surprenant, réside dans le « droit au retour » des réfugiés, prôné, sans répit, par les dirigeants de l'AP. Le « droit au retour » signifie leur intégration à l'intérieur de l'État hébreu, non de l'État palestinien. Cette exigence est donc vouée à transformer Israël en un État binational qui serait largement dominé par la population arabe, conduisant en définitive à reconsidérer son existence. Incompatible avec la solution couramment admise des deux États, cette revendication n'a jamais été acceptée par les dirigeants israéliens. Mahmoud Abbas abandonnera-t-il alors à leur tragique destin les millions de réfugiés méprisés par les États arabes voisins qui refusent encore à ce jour de les assimiler, plutôt que de les accepter légitimement à l'intérieur d'un État palestinien[302] ?

Pour l'heure, le conflit israélo-arabe transcende largement les frontières géographiques proche-orientales. À l'été 2014, la guerre entre Israël et le Hamas a indéniablement fait ressortir son étendue dans le monde. On se rappelle d'ailleurs que de nombreuses manifestations de soutien tant aux Israéliens qu'aux Gazaouis ont été organisées sur tous les continents. Cette transposition mondiale du conflit atteste de son caractère civilisationnel. Elie Wiesel avait ainsi déclaré :

> Ce dont nous souffrons aujourd'hui, ce n'est pas d'une guerre des Juifs contre les Arabes, ni d'une guerre des Israéliens contre les Palestiniens. Il s'agit plutôt d'une guerre entre ceux qui défendent la vie et ceux qui glorifient la mort. C'est un combat de la civilisation contre la barbarie. Est-ce que les deux cultures qui nous ont donné les Psaumes de David et les riches bibliothèques de l'Empire Ottoman ne partagent pas l'amour de la

301. Emmanuel Navon, « Abbas refuse d'intégrer les réfugiés palestiniens au nouvel État », *Overblog*, 21 septembre 2011.

302. Esther Benfredj, « Connaissez-vous le conflit arabo-palestinien ? », *Causeur*, septembre, 2012.

> vie, de transmettre la sagesse et un avenir à leurs enfants ? Et, peut-on discerner cela dans le sombre futur offert par le Hamas aux enfants arabes, d'être des kamikazes ou des boucliers humains pour des roquettes ? Les parents palestiniens veulent un futur plein d'espoir pour leurs enfants, tout comme les parents israéliens. Et, ils devraient s'unir ensemble dans la paix. [...] le culte de la mort du Hamas doit être regardé pour ce qu'il est. Les modérés parmi les hommes et femmes de foi, que leur foi soit en Dieu ou en l'homme, doivent déplacer leurs critiques des soldats israéliens – dont le terrible choix est de tirer et de risquer de blesser des boucliers humains, ou de retenir leurs armes et de mettre en péril la vie de leurs bien-aimés – vers les terroristes qui privent de tous choix les enfants palestiniens de Gaza. J'appelle les Palestiniens à trouver de vrais Musulmans pour les représenter, des Musulmans qui ne mettront jamais délibérément un enfant en danger. J'appelle le Président Obama et les dirigeants du monde à condamner l'utilisation par le Hamas, d'enfants comme boucliers humains. Et j'enjoins l'opinion publique américaine à se tenir fermement aux côtés du peuple d'Israël qui lutte une nouvelle fois pour sa survie, et aux côtés des habitants souffrants de Gaza qui rejettent la terreur et soutiennent la paix. Laissons le sacrifice des enfants aux heures les plus sombres de l'Histoire, et travaillons à un futur meilleur avec ceux qui choisissent la vie, Arabes comme Juifs, nous tous, enfants d'Abraham[303].

Rappelons que durant ce temps, les « barbares » de l'État islamique gagnaient du terrain au nom d'Allah, massacrant femmes et enfants. Combien de manifestations étaient alors organisées pour soutenir cette minorité chrétienne en voie

303. Laëtitia Nakache, « Elie Wiesel : Il faut que le Hamas rejette le sacrifice d'enfants », *Cool Israël*, 6 août 2014. Suite à cette guerre, les États-Unis ont constaté que l'armée israélienne avait été particulièrement efficace pour limiter les pertes civiles à Gaza. Le général Martin Dempsey déclara à ce propos que Tsahal avait pour objectif de stopper les tirs de roquettes et de missiles, non de viser la population civile. L'armée américaine étudie actuellement les méthodes militaires israéliennes. Lazar Berman, « Top US general : Israel protected civilian lives in Gaza », *The Times of Israel*, 7 novembre 2014.

d'extinction ? L'islamisation radicale de la région et la montée en puissance de l'État islamique, nébuleuse intégriste en partie financée par la Turquie et des Qataris[304], posent indéniablement un problème de taille pour le Proche-Orient et pour l'Occident. Une coalition internationale, – dont les États-Unis, les grandes armées européennes et le Canada, entre autres, font partie – a ainsi été fondée pour lutter contre ces jihadistes. Soulignons qu'un siècle après le chérif Hussein, le califat revendiqué notamment sur le sol de la Syrie par l'État islamique s'inscrit dans la continuité des prétentions territoriales du chérif Hussein. Pour leur part, les Kurdes qui combattent ces islamistes ont également des aspirations territoriales. Assisterons-nous à un nouveau partage territorial ? Verrons-nous naître un État kurde ?

Revendiqué par l'État islamique, le Hamas, Al-Qaïda et d'autres groupes terroristes, le jihad vise désormais l'Occident. En attestent, à Paris, les attaques terroristes de janvier et novembre 2015, celles de Bruxelles en mars 2015 ou encore celles qui ont ensanglanté les États-Unis en septembre 2001 puis en 2015. Au Canada, il est sinistre de constater que les attentats qui ont endeuillé Ottawa en octobre 2014 furent organisés par des convertis à l'islam. En refusant de dénoncer ces organisations terroristes et leurs pratiques au nom d'une supposée islamophobie, certaines élites occidentales se font implicitement les complices de leur progression dans le « monde libre » et servent d'idiots utiles à une propagande obscurantiste dont ils ne mesurent peut-être pas la portée. Comme l'explique la féministe américano-somalienne Ayaan Hirsi Ali, fondatrice de la AHA Foundation à New York, « tous les pays qui condamnent aujourd'hui Israël se retrouveront plus tard dans la même situa-

304. Daniel Pipes, « La Turquie soutient l'EIIL », *The Washington Times*, 18 juin 2014 ; et Andrew Gilligan, « Qatar : Le Club Med des terroristes », *Courrier international*, 30 septembre 2014.

tion ». Dans la continuité des propos exprimés par Neguib Azoury en 1905, elle ajoute également que le conflit israélo-arabe est « un modèle réduit d'une guerre bien plus vaste que l'Occident et l'islam vont se livrer[305] ». Serait-ce alors du destin d'Israël, symbole de l'Occident en terre d'Islam, que dépend le sort de notre civilisation ?

305. Voir la note 3. Israël Hayom, « Ayaan Hirsi Ali : "Tous les pays qui condamnent aujourd'hui Israël se retrouveront plus tard dans la même situation" », *Europe Israël news*, 6 août 2014.

LISTE DES SIGLES ET DES ABRÉVIATIONS

AFP	Agence France-Presse
AG	Assemblée générale
AP	Autorité palestinienne
CCP	Commission de conciliation des Nations unies pour la Palestine
CIJ	Cour internationale de justice
CPJI	Cour permanente de justice internationale
CS	Conseil de sécurité
Doc. off.	Document officiel
ECOSOC	Economic and Social Council – Conseil économique et social
HCA	Haut Comité arabe
NU	Nations unies
OCI	Organisation de la Conférence islamique
OLP	Organisation de libération de la Palestine
ONG	Organisation non gouvernementale
ONU	Organisation des Nations unies
Rés	Résolution
RTNU	Recueil des traités des Nations unies
SDN	Société des Nations
Sess	Session

Sess. spéc. urg	Session spéciale urgente
UNESCO	United Nations Educational, Scientific and Cultural Organization – Organisation des Nations unies pour l'éducation, la science et la culture.
UNRWA	United Nations Relief and Works Agency for Palestine Refugees in the Near East – Office de secours et de travaux des Nations unies pour les réfugiés de Palestine dans le Proche-Orient
UNSCOP	United Nations Special Committee on Palestine – Commission spéciale des Nations unies pour la Palestine
URSS	Union des républiques socialistes soviétiques

ANNEXE

CARTES

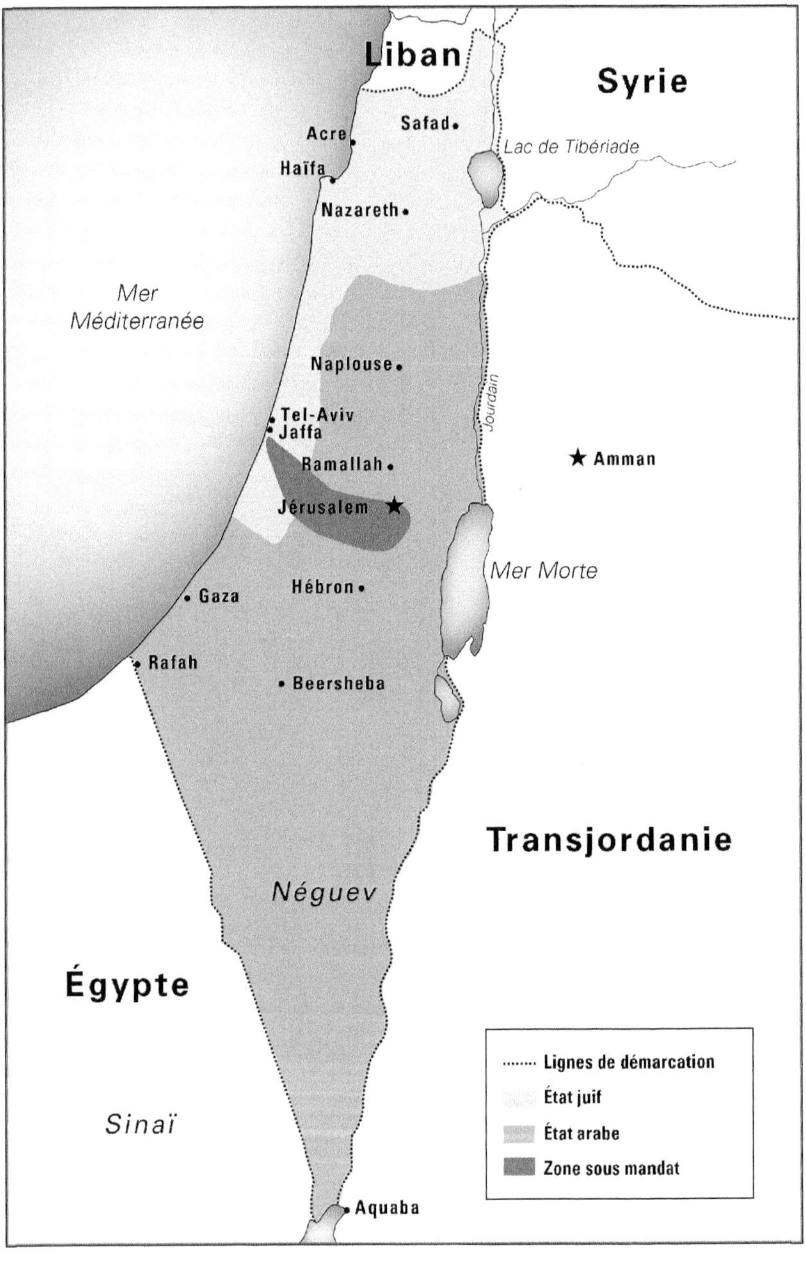
Liban
Syrie
Acre
Safad
Haïfa
Lac de Tibériade
Nazareth
Mer
Méditerranée
Naplouse
Tel-Aviv
Jaffa
Jourdain
Amman
Ramallah
Jérusalem
Mer Morte
Hébron
Gaza
Rafah
Beersheba
Transjordanie
Néguev
Égypte
Lignes de démarcation
État juif
État arabe
Zone sous mandat
Sinaï
Aquaba

La commission Peel, 1937

Les travaux de la commission royale de Lord Peel aboutirent à un partage en deux États de la Palestine mandataire. Trois zones géographiques – une enclave britannique et deux États souverains liés par traités à la Grande-Bretagne – étaient envisagées :

1. Les deux tiers du territoire englobant le Néguev devaient constituer un État arabe. Celui-ci devait d'ailleurs être rattaché à la Transjordanie.
2. Un quart du territoire devait appartenir aux Juifs et comprendre la côte de Judée jusqu'au sud de Jaffa et la Galilée.
3. Enfin, une enclave britannique était maintenue à Jérusalem. Un corridor jusqu'à la mer vers Jaffa y était prévu.

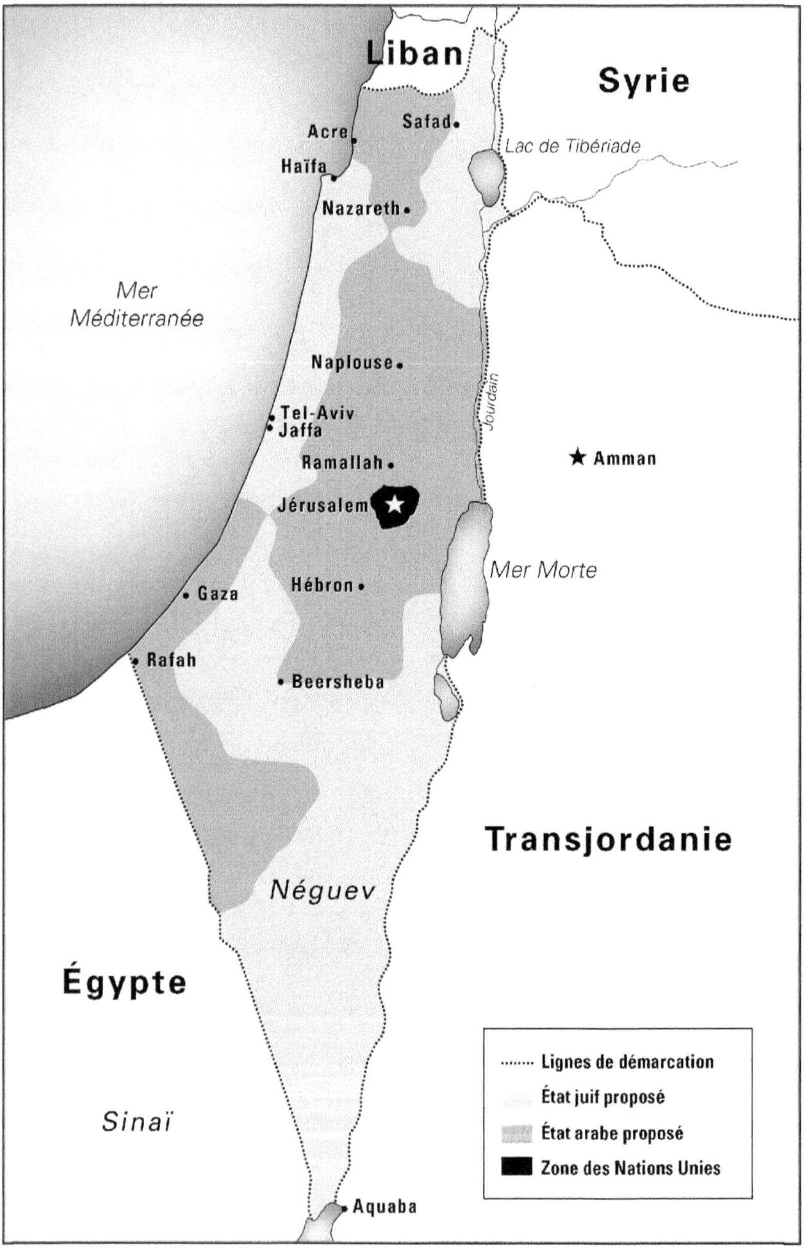
Liban
Syrie
Acre
Safad
Haïfa
Lac de Tibériade
Nazareth
Mer
Méditerranée
Naplouse
Jourdain
Tel-Aviv
Jaffa
Amman
Ramallah
Jérusalem
Mer Morte
Hébron
Gaza
Rafah
Beersheba
Transjordanie
Néguev
Égypte
Sinaï
Aquaba
Lignes de démarcation
État juif proposé
État arabe proposé
Zone des Nations Unies

Le partage de l'ONU, 1947

La résolution 181 de l'Assemblée générale des Nations unies prévoyait un nouveau partage de la Palestine en deux États, l'un arabe, l'autre juif. La Palestine devait désormais être divisée en huit zones territoriales dont trois étaient destinées à devenir des divisions juives et trois autres, des divisions arabes. La septième, la ville de Jaffa, constituait une enclave arabe à l'intérieur du territoire juif. Un régime international particulier était prévu pour la ville de Jérusalem, huitième division, qui tombait sous l'administration du Conseil de tutelle des Nations unies.

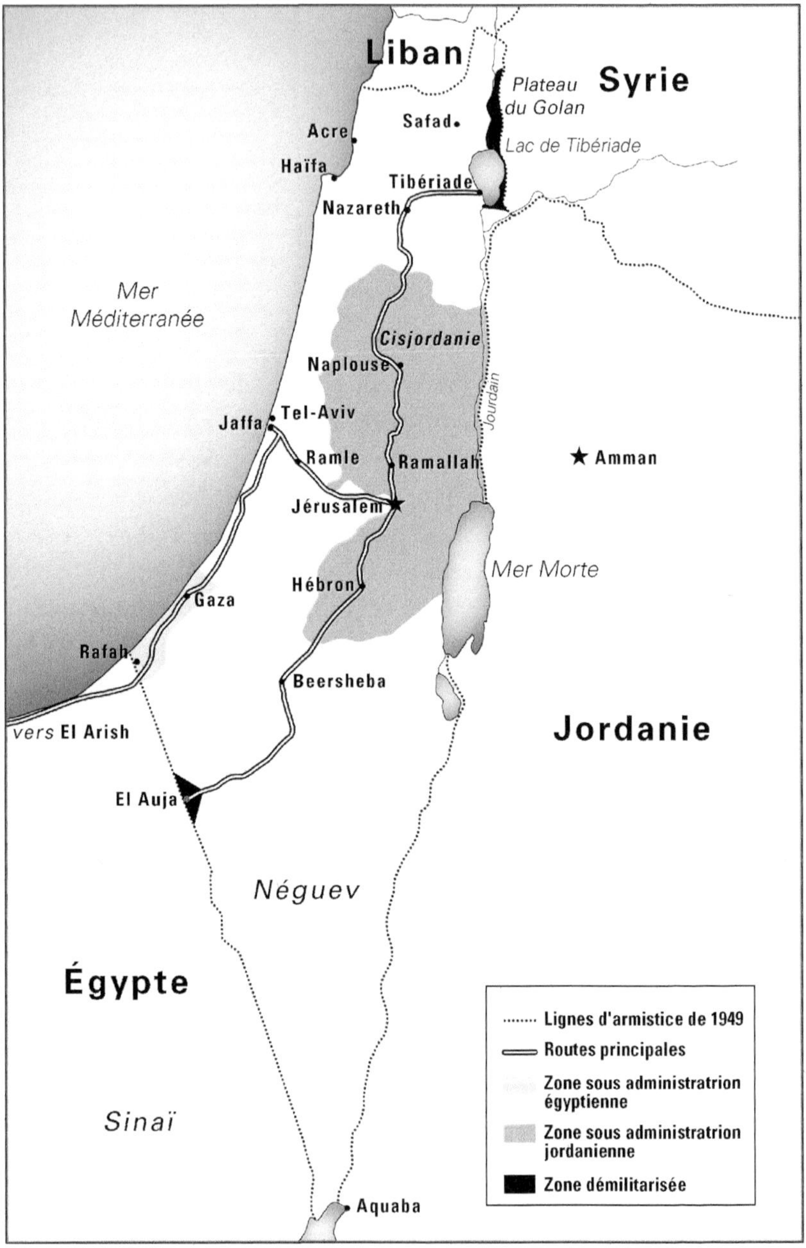
Liban
Syrie
Plateau du Golan
Lac de Tibériade
Safad
Acre
Haïfa
Tibériade
Nazareth
Mer Méditerranée
Cisjordanie
Naplouse
Jourdain
Tel-Aviv
Jaffa
Ramle
Ramallah
Amman
Jérusalem
Mer Morte
Hébron
Gaza
Rafah
Beersheba
vers El Arish
Jordanie
El Auja
Néguev
Égypte
Sinaï
Aquaba
Lignes d'armistice de 1949
Routes principales
Zone sous administratrion égyptienne
Zone sous administratrion jordanienne
Zone démilitarisée

Israël après les accords d'armistice, 1949

Perdue par cinq pays arabes (Égypte, Liban, Syrie, Irak, Transjordanie) et par les Arabes de Palestine, cette première guerre contre Israël permit à l'État juif, avec l'aide des Nations unies, d'agrandir le territoire qui lui avait été alloué, en annexant la zone occidentale de Jérusalem, le Néguev et la Galilée. La Cisjordanie ou Judée-Samarie fut annexée à la Transjordanie, qui ne lui permit jamais d'accéder à l'indépendance, puisque l'émir Abdallah voulait créer un royaume hachémite palestinien. La bande de Gaza, pour sa part, fut placée sous tutelle égyptienne après que l'Égypte se fut opposée à la mise en place d'un « gouvernement palestinien » que le mufti Hadj Amin avait pourtant fondé à Gaza en 1948.

Liban
Beyrouth
Damas
Syrie
Plateau du Golan
Mer Méditerranée
Haïfa
Nazareth
Jourdain
Naplouse
Tel-Aviv
Cisjordanie
Amman
Jérusalem
Gaza
Hébron
Bande de Gaza
Mer Morte
Port Saïd
Beersheba
El Arish
Le Nil
Israël
Canal Suez
Ismailia
Le Caire
Suez
Sinaï
Jordanie
Eilat
Aquaba
Golfe de Suez
Golfe d'Aquaba
Égypte
Arabie Saoudite
Charm el-Cheikh
Mer Rouge
Lignes de démarcation
Territoires conquis par Israël
Israël avant 1967

Israël après la guerre des Six Jours, 1967

À l'issue de la guerre préventive de juin 1967 déclenchée par Israël contre les armées égyptienne et syrienne, les troupes israéliennes conquirent la Cisjordanie, Jérusalem-Est, la bande de Gaza, le plateau du Golan et le Sinaï. En novembre 1967, l'URSS et les États-Unis décidèrent alors d'un règlement global du conflit israélo-arabe en adoptant à l'unanimité la résolution 242 au Conseil de sécurité. Cette résolution fixait notamment parmi les principes d'une paix juste et durable « le retrait des forces armées israéliennes des territoires occupés lors du récent conflit », car c'est précisément au lendemain de cette offensive que la question des territoires occupés par Israël allait se poser et s'intensifier au cours des décennies, modifiant sur la scène internationale la perception du conflit israélo-arabe.

CHRONOLOGIE

19e siècle avant l'ère chrétienne

Abraham, Isaac et Jacob donnent naissance au peuple juif. Les douze fils de Jacob sont les ancêtres des douze tribus d'Israël, constituées en nation sur les deux rives du Jourdain.

18e siècle avant l'ère chrétienne

Les Hébreux s'installent en pays araméen.

1020 av J.-C.

Le roi Saül est le premier roi des Juifs et il réunifie les douze tribus.

1010-972 av J.-C.

Règne du roi David.

972 av J.-C.

Le roi Salomon succède à David.

932 av J.-C.

Schisme entre les tribus du Nord (royaume d'Israël) et les tribus du Sud (royaume de Juda).

721 av J.-C.

Fin du royaume d'Israël.

586 av J.-C.

Chute du royaume de Juda : Babylone conquiert la Judée.

539 av J.-C.

La Perse conquiert Babylone ; Israël est une communauté religieuse sous administration perse.

63

Prise de Jérusalem par les Romains.

70

Destruction du second Temple à Jérusalem.

73

Chute de Massada.

132-135

Dernière révolte des Juifs, conduite par Simon Bar-Kokhba, contre les Romains. Les Romains reprennent Jérusalem, la rasent et l'interdisent aux Juifs, qui se dispersent autour de la Méditerranée. La Judée est rebaptisée « Palestine » pour gommer son passé juif.

320-375

Triomphe du christianisme ; concile de Nicée.

425

Théodose II abolit définitivement le patriarcat, qui siégeait à Tibériade, et efface les vestiges de l'indépendance juive. Les Juifs continuent malgré tout de construire des synagogues et survivront notamment à Hébron, à Jérusalem, à Safed et à Tibériade.

634

Conquête de la Palestine par les Arabes.

691

Construction du dôme du Rocher sur le site du Temple de Salomon à Jérusalem.

1099

Conquête de Jérusalem par les croisés.

1187-1229

Jérusalem est reconquise par Saladin 1er.

À la suite de la cinquième croisade menée par les chrétiens (1217-1220), les frères Al-Muazzam et Al-Kamil, descendants de Saladin, décident de céder Jérusalem à l'empereur Frédéric II par le traité de Jaffa en 1229. Le nouvel empereur se couronne lui-même roi de Jérusalem.

1516-1917

Règne des Ottomans.

1799

Expédition de Napoléon Bonaparte en Palestine.

1815-1870

Émancipation progressive des Juifs en Europe occidentale.

1841

Création du grand rabbinat à Jérusalem.

1847

Nasif al-Yaziji fonde à Beyrouth la Société des arts et des sciences, première société arabe.

1850-1860

Massacre de chrétiens maronites par des musulmans et des Druzes au mont Liban pour protester contre la progression de leurs droits économiques et politiques.

1856

Le sultan ottoman publie un décret reconnaissant l'égalité dans le domaine de la justice et de la propriété à tous les citoyens de son Empire. Cette mesure est adoptée sous les recommandations de la France et de la Grande Bretagne, nations qui ont sauvé les Ottomans lors de la guerre de Crimée (1853-1856) et qui ont contraint la Russie à reconnaître l'intégrité du territoire ottoman lors de la signature du traité de Paris en 1856.

1861

Intervention de la France, de la Grande-Bretagne et de la Russie pour doter le Liban chrétien d'un gouverneur de même obédience à la suite des massacres de maronites.

1862

En Allemagne, Moses Hess publie *Rome et Jérusalem*, ouvrage précurseur du sionisme.

1870

Fondation de l'école agricole juive Mikveh-Israël près de Jaffa.

8 mars : le décret Crémieux, du nom du ministre de la Justice, accorde la citoyenneté française aux Juifs d'Algérie.

1878

Fondation de Petah Tikva, premier village du nouveau peuplement agricole en Palestine.

1881-1883

Première *alya*, vague d'émigration massive vers la Palestine à la suite des pogroms de Russie.

1886

Le journaliste Nathan Birnbaum fonde, à Vienne, la première organisation étudiante juive. Il emploie également pour la première fois le terme « sionisme » en référence à Sion, une colline de Jérusalem symbole de la volonté des Juifs de retourner en Terre promise.

1896

Theodor Herzl publie, à Vienne, *L'État des Juifs* après avoir assisté, à Paris, à la dégradation du capitaine Alfred Dreyfus. Il propose la création d'un État juif.

1897

Fondation, à Bâle, de l'Organisation sioniste mondiale par Theodor Herzl.

1899

Création de la Banque coloniale juive, chargée de financer l'achat de terres en Palestine.

1901

Création du Fonds national juif, destiné à acheter des terres en Palestine.

1903

Création, à Zikhron Ya'akov, de l'Association des enseignants, le plus ancien syndicat juif.

Du 23 au 28 août : le Congrès sioniste adopte le principe d'une installation en Palestine.

1904

Création du Comité de la langue hébraïque.

1905

Deuxième *alya* d'environ 40 000 émigrants de l'Empire russe : création de nombreuses colonies et essor du courant socialiste du sionisme en Palestine.

1907

Mise en place d'une politique d'acquisition foncière en Palestine par Arthur Ruppin pour étendre le domaine territorial sioniste hors des zones d'implantation traditionnelle et pour louer les terres acquises par le Fonds national juif aux collectivités naissantes. Ruppin fonde la Société du développement foncier palestinien en coopération avec le Fonds national juif.

1908

Au sein de l'Empire ottoman, les Jeunes-Turcs arrivent au pouvoir.

1909

Fondation du premier kibboutz à Degania dans la vallée du Jourdain.

Fondation de la ville de Tel-Aviv, modeste faubourg de Jaffa.

1913

Création du collège technologique Technion à Haïfa.

17 au 21 juin : premier Congrès arabe à Paris : les délégués arabes musulmans et chrétiens revendiquent l'autonomie des provinces arabes de l'Empire ottoman.

1915

Le haut-commissaire britannique Henry McMahon rédige sa fameuse « lettre McMahon », dans laquelle il tente de donner satisfaction aux aspirations territoriales du chérif Hussein.

1916

Signature des accords Sykes-Picot prévoyant les zones d'influence des Alliés au Proche-Orient.

1917

2 novembre : déclaration Balfour prévoyant la création d'un foyer national juif en Palestine.

11 décembre : le général Allenby conquiert Jérusalem : fin de quatre siècles de pouvoir ottoman sur la ville.

1918

8 janvier : discours des *Quatorze Points* du président Wilson.

La Grande-Bretagne administre militairement la Palestine.

Pose de la première pierre de l'Université hébraïque sur le mont Scopus à Jérusalem par Haïm Weizmann.

1918-1924

Troisième *alya* de 35 000 Juifs de Galicie et de Russie.

Création de villes, d'industries, d'écoles juives.

1919

3 janvier : signature des accords entre Haïm Weizmann et Fayçal, fils du chérif Hussein : les deux dirigeants constatent que les prétentions juives et arabes de Palestine se répondent parfaitement.

Juin : tenue du Congrès général syrien de Damas pour contrecarrer l'accord Fayçal-Weizmann. Fayçal revient alors sur la signature de cet accord et revendique la Palestine comme faisant partie intégrante du royaume arabe. Il consacre le rejet des populations arabes d'une séparation territoriale de la Palestine et de la Syrie.

1920

4 au 7 avril : troubles graves entre Arabes et Juifs à Jérusalem.

19 au 26 avril : conférence de San Remo, les Alliés se partagent les territoires. La Syrie et le Liban sont placés sous contrôle français ; la Palestine et l'Irak, sous contrôle anglais. Les mandats de la SDN sont sur le point de naître.

Création du syndicat des travailleurs sionistes, la Histadrout (décembre), et de la Haganah (juin), réseau d'autodéfense à l'origine de l'armée israélienne : Tsahal.

1921

Hadj Amin el-Husseini devient grand mufti de Jérusalem et chef des Arabes de la Palestine mandataire.

En vertu de l'article 25 du mandat britannique sur la Palestine, les Anglais établissent la Transjordanie sur une partie du territoire alloué aux Juifs : Abdallah, fils du chérif Hussein, en devient l'émir. Fayçal, pour sa part, est chassé de Damas : il devient roi d'Irak, royaume placé sous l'administration britannique et aux frontières fraîchement tracées.

1922

Les Britanniques publient un premier Livre blanc.

1925

1er avril : inauguration officielle de l'Université hébraïque de Jérusalem.

Avril : création de l'Union mondiale des sionistes révisionnistes par Vladimir Jabotinsky pour s'opposer plus fermement encore au mandat britannique sur la Palestine.

1928

Quatrième *alya* : environ 60 000 Juifs arrivent en Palestine mandataire.

1929

Grandes émeutes arabes déclenchées par le mufti de Jérusalem, Hadj Amin.

1930

5 janvier : fondation du Mapaï, parti des ouvriers sionistes.

30 juin : signature du traité anglo-irakien, qui remplace le mandat britannique par un statut d'alliance politique et militaire. Ce traité permet à Fayçal d'acquérir les responsabilités qui revenaient auparavant à la Grande-Bretagne.

21 octobre : publication d'un nouveau Livre blanc par les Britanniques pour limiter l'immigration juive en Palestine.

1931

17e Congrès sioniste, à Bâle : Vladimir Jabotinsky adopte une résolution exigeant l'application immédiate de l'article 6 du mandat britannique en réponse au Livre blanc.

1932

Indépendance de l'Irak.

1933

Cinquième *alya* : 250 000 Juifs allemands fuient le nazisme.

1934

Création du Parti de la défense nationale par la famille Nashashibi en Palestine mandataire.

1935

Mai : création du Parti arabe palestinien par la famille Husseini en Palestine mandataire.

Émigration de 62 000 Juifs venant essentiellement d'Allemagne vers la Palestine mandataire.

1936

Nouveaux troubles qui prennent la dimension d'une grande révolte : le Haut-Comité arabe proclame la grève générale afin d'obtenir l'arrêt immédiat de l'immigration juive, l'interdiction des ventes de terres arabes et la création d'un gouvernement palestinien. Les Britanniques lancent un appel à l'émir Abdallah de Transjordanie et aux gouvernements d'Irak et d'Arabie saoudite pour faire cesser ce mouvement contestataire. Cet appel historique des autorités britanniques marque l'entrée des pays arabes frontaliers dans le conflit.

1937

7 juillet : la commission Peel publie son rapport. Elle recommande le partage du pays en deux : la majeure partie du territoire est destinée à un État arabe et les 20 % restants de la Pales-

tine mandataire occidentale, à un État juif. Sous la férule du mufti de Jérusalem, les Arabes refusent. Les Juifs sont prêts à accepter.

Juillet : les émeutes, déclenchées en 1936 par les Arabes, reprennent.

Le docteur Saïd Iman, envoyé du mufti Hadj Amin, contacte le ministère de la Propagande à Berlin pour lui faire part des propositions du mufti. En échange d'un soutien idéologique et matériel, le mouvement nationaliste arabe est prêt à aider le Reich dans différents domaines : la propagation du commerce allemand dans le monde arabe et musulman, la diffusion des idées nationales-socialistes dans le monde arabo-musulman, la lutte contre le communisme, le boycottage des marchandises juives, la lutte par tous les moyens contre la formation d'un État juif en Palestine et la propagande culturelle allemande dans tous les pays arabes.

Entre 1937 et 1939

Les ambassades du Reich présentes dans les pays arabes entretiennent de nombreux contacts avec les nationalistes arabes. Pendant la guerre, le mufti Hadj Amin rencontrera Adolf Hitler à plusieurs reprises.

1938

Avril à août : le gouvernement anglais constitue une nouvelle commission : présidée par Sir John Woodhead, elle conclut qu'aucun plan pratique ne peut être envisagé pour partager le pays en deux et qu'il est préférable de réduire l'immigration juive dans la région. Le plan de partage de la commission Peel est aussitôt abandonné.

2 octobre : massacre perpétré par des Arabes dans le quartier juif de Kiryat Shmuel à Tibériade : 19 morts. Le mufti Hadj Amin fait assassiner Fakhri Bey, du clan des Nashashibi, le

maire d'Hébron et le maire de Bethléem, ainsi que Lewis Andrews, commissaire britannique à Nazareth. C'est à la suite de l'assassinat du commissaire Andrews que les autorités britanniques déclarent le Haut-Comité arabe hors-la-loi. Poursuivi par les Anglais, Hadj Amin quitte la Palestine pour le Liban, où il continue ses activités terroristes sous protection française. Parallèlement, Weizmann écrit à Ormsby-Gore, ministre des Colonies de l'époque, que « le mandat est sapé par l'administration elle-même, qui se montre inefficace, dénuée d'imagination, obstructive et inamicale, tandis qu'elle plie devant le mufti et le mouvement nationaliste, qui sont entretenus par l'argent italien et considèrent Mussolini et Hitler comme des héros ».

1939

Février : conférence de Saint-James à Londres : les délégations juive et palestinienne, les représentants de l'Égypte, de l'Irak, de la Transjordanie, du Yémen et de l'Arabie saoudite y sont conviés, mais ne s'accordent pas. Londres publie alors un nouveau Livre blanc, condamnant pratiquement à mort le foyer national juif : immigration limitée à 70 000 personnes pour les 5 ans à venir, puis remplacement de l'administration du mandat britannique par un gouvernement indépendant à majorité arabe. L'Agence juive pour Israël proteste auprès de la SDN.

3 septembre : déclenchement de la Seconde Guerre mondiale.

1942

20 janvier : adoption de la « solution finale » lors de la Conférence de Wannsee : l'extermination des Juifs est décidée par l'Allemagne nazie.

6 au 11 mai : une conférence sioniste extraordinaire réunie au Baltimore Hotel à New York adopte un programme pour l'établissement d'un État juif.

1943-1944

Reconnaissance officielle de la souveraineté du Liban et de la Syrie.

1945

14 février : signature du pacte de Quincy entre les États-Unis et l'Arabie saoudite.

22 mars : signature des statuts de la Ligue des États arabes.

1946

La Haganah fait sauter huit ponts ; arrestations de plusieurs membres de l'Agence juive pour Israël. L'Irgoun fait sauter le quartier général de l'armée britannique situé à l'hôtel King David. Le ministre britannique des Colonies, Herbert Morrison, propose alors un nouveau plan de partage de la Palestine en quatre zones : une province juive, une province arabe, le district de Jérusalem sous administration internationale et le district du Néguev sous une administration centrale. Ce plan est repoussé par les Arabes et les Juifs.

1947

15 mai : création d'une Commission spéciale des Nations unies pour la Palestine (UNSCOP).

Juillet : épisode tragique du navire *Exodus* : près de 4 500 survivants des camps nazis quittent la France pour la Palestine ; la marine royale britannique empêche le navire d'accoster et renvoie ses passagers en Europe. Cet épisode entache durablement le prestige de la Grande-Bretagne et joue un rôle considérable lors du vote du partage de la Palestine à l'Assemblée générale, au même titre que la complicité avérée du mufti Hadj Amin avec Adolf Hitler.

29 novembre : adoption de la résolution 181 (33 voix contre 13 – 10 abstentions) par l'Assemblée générale, qui prévoit la création de deux États, l'un juif, l'autre arabe.

Novembre : une attaque arabe contre un autobus près de Lod déclenche la première phase de la guerre d'Indépendance (4 mois), qui se déroulera surtout sur les routes et dans les villes mixtes.

1948

14 mai : près le départ dans la nuit du dernier haut-commissaire britannique, proclamation d'Indépendance de l'État d'Israël par David Ben Gourion sur le fondement de la résolution 181. Fin de trente ans de pouvoir britannique en Palestine et reconnaissance immédiate du nouvel État par les États-Unis et l'URSS.

Les Arabes de Palestine ne proclament aucun État. Aidées des forces irrégulières palestiniennes et de l'armée de libération arabe, les armées régulières égyptienne, syrienne, libanaise, transjordanienne et irakienne entrent en guerre contre Israël le lendemain de son indépendance.

28 mai : création de Tsahal (regroupement de la Haganah, de l'Irgoun et du Lehi) et de la Haute Cour de justice d'Israël.

17 septembre : assassinat du comte Bernadotte, médiateur de l'ONU, et de son adjoint, le colonel Sérot, par des membres du Lehi.

11 décembre : vote de la résolution 194 de l'ONU, qui se prononce pour le droit au retour et l'indemnisation des réfugiés arabes de Palestine.

Début de l'émigration massive vers Israël d'environ 700 000 Juifs chassés des pays arabes et en provenance d'Europe. Opération Tapis volant, nom de code d'une opération secrète concernant les 45 000 Juifs du Yémen, et opération Ezra et Néhémie, transport de 110 000 Juifs d'Irak vers Israël.

1949

8 juillet : victoire israélienne de la première guerre israélo-arabe. Les négociations d'armistice entre Israël et les États arabes se déroulent sur l'île de Rhodes avec l'aide du médiateur des Nations unies, Ralph Bunche.

Cette première guerre permet à Israël, avec l'aide des Nations unies, d'agrandir le territoire qui lui a été alloué en annexant la zone occidentale de Jérusalem, le Néguev et la Galilée. La Cisjordanie (ou Judée-Samarie) est annexée à la Transjordanie, qui ne lui a jamais permis d'accéder à l'indépendance, puisque l'émir Abdallah voulait créer un royaume hachémite palestinien. La bande de Gaza, pour sa part, est placée sous tutelle égyptienne après l'opposition de l'Égypte à la mise en place d'un gouvernement palestinien, que le mufti Hadj Amin avait pourtant créé, le 1er octobre 1948, à Gaza.

Au cours des années 1948-1949

Le Liban, la Transjordanie et l'Égypte empêchent l'intégration dans leurs pays d'environ 700 000 réfugiés de Palestine, volontairement exilés ou contraints à l'exil : ces États étaient alors convaincus que la défaite israélienne conduirait à leur retour dans une Palestine libérée des Juifs. Le problème des réfugiés est né.
11 mai : admission d'Israël au sein des Nations unies. Les États arabes ne reconnaissent pas son existence.

13 décembre : création du Mossad, le service de renseignement israélien.

1950

Vote à l'unanimité, à la Knesset, de la Loi du retour, donnant à tout Juif le droit de s'installer en Israël.

1951

Assassinat du roi Abdallah de Jordanie sur ordre probable du mufti Hadj Amin.

1952

Renversement de la monarchie égyptienne par les officiers libres.

1954

Nasser renverse Néguib et prend le pouvoir en Égypte.

1955

Opération israélienne Flèche noire à Gaza.

1956

Nationalisation du canal de Suez et fermeture du détroit de Tiran par l'Égypte (26 juillet). Signature, à Sèvres, d'un accord secret entre la France, Israël et la Grande-Bretagne pour renverser Nasser et récupérer le canal (du 21 au 24 octobre). Le Conseil de sécurité condamne l'Égypte pour le non-respect de la libre navigation dans le canal de Suez. Déclenchement de la campagne du Suez menée par Israël (29 octobre), la France et la Grande-Bretagne (31 octobre). Sous la pression des États-Unis et de l'URSS, les Anglais et les Français se replient (6 novembre). Cet événement marque la chute de l'influence de ces puissances coloniales dans la région. Création des Casques bleus sur l'initiative du Canadien Lester Bowles Pearson.

1956-1962

Émigration massive vers le Canada, Israël et la France de nombreux Juifs en provenance du Maroc, de Tunisie et d'Algérie à la suite de la décolonisation française.

1959

Au Koweït, fondation du Fatah par Yasser Arafat : il s'agit d'une organisation politique et militaire qui prône la lutte armée des Arabes de Palestine.

1962

Fin de l'embargo tacite imposé à Israël par les États-Unis. Premières livraisons d'armes.

Exécution d'Adolf Eichmann à Jérusalem.

1963

31 mai : David Ben Gourion se retire de la vie politique.

1964

Création de l'OLP, dirigée par Ahmed Choukeiry, et proclamation de sa Charte nationale.

1966

Signature d'un pacte de défense mutuelle entre la Syrie et l'Égypte.

1967

Tensions frontalières entre Israël et la Syrie. Les Égyptiens apportent leur soutien à la Syrie et pénètrent, contrairement aux accords de démilitarisation, dans le Sinaï. Le 16 mai, ils demandent également le retrait des forces d'urgence de l'ONU, présentes dans la région depuis 1956. Le secrétaire général des Nations unies, U Thant, accepte sans même porter l'affaire devant l'Assemblée générale de l'ONU, ainsi que s'y était engagé son prédécesseur. Nasser ferme le détroit de Tiran et le golfe d'Aqaba aux navires israéliens. Pour Israël, c'est un *casus belli*. Nasser déclare alors : « Notre objectif de base est la destruction d'Israël. » Devant l'imminence d'une attaque arabe et les bombardements syriens réguliers, Israël déclenche une guerre préventive, le 5 juin. Au terme d'une guerre-éclair de six jours, Israël conquiert la Cisjordanie, la bande de Gaza, le plateau du Golan, Jérusalem-Est et la péninsule du Sinaï.

1er septembre : sommet de Khartoum au Soudan, connu sous le nom des « trois Non » : les dirigeants arabes manifestent leur refus catégorique de faire la paix avec Israël, de négocier avec lui et de le reconnaître. Ils réclament notamment la restitution des territoires occupés et consacrent l'émergence de l'OLP.

22 novembre : adoption à l'unanimité par le Conseil de sécurité de la résolution 242, qui prévoit notamment l'évacuation des forces israéliennes de territoires conquis pendant la guerre, la fin de l'état de belligérance et la reconnaissance de la souveraineté de tous les États de la région et de leur droit à vivre en paix dans des frontières reconnues et sûres.

Début de la mission Jarring : le secrétaire général des Nations unies, U Thant, nomme le diplomate suédois Gunnar Jarring représentant spécial pour la paix au Proche-Orient des Nations unies. Jarring est investi d'une mission consistant à « établir et [à] maintenir des rapports entre les États intéressés en vue de favoriser un accord ». Sur l'application de la résolution 242, qui spécifie le retrait d'Israël sur l'ancienne ligne de démarcation, Jarring préconise la signature d'un accord de paix entre l'Égypte et Israël.

L'URSS et les pays du bloc de l'Est, à l'exception de la Roumanie, rompent leurs relations diplomatiques avec Israël.

1968

17 juillet : Yasser Arafat est désigné président de l'OLP. Adoption d'une nouvelle Charte nationale de l'OLP qui dénie à l'État d'Israël le droit d'exister.

Début d'une guerre d'usure entre Israël et l'Égypte.

1969

26 février : Golda Meir devient première ministre d'Israël.

9 décembre : proposition dans le cadre de la mission Jarring, du plan de paix pour le Proche-Orient, plus connu sous le nom de plan Rogers (du nom du nouveau secrétaire d'État américain). Le plan Rogers sera adopté par les Etats-Unis et l'URSS.

3 novembre : signature des accords du Caire par le commandant en chef de l'armée libanaise et par le chef de l'OLP, octroyant aux civils palestiniens ainsi qu'aux fedayins un statut officiel sur le sol libanais.

1970

Septembre : opération Septembre noir en Jordanie : les terroristes palestiniens constituent « un État dans l'État », menaçant le pouvoir royal. Organisés par les fedayins de l'OLP, de nombreux débordements ont lieu à Amman. En septembre, la répression du roi hachémite est sanglante : 20 000 morts en 10 jours et dans le silence de la communauté internationale. « Septembre noir » devient le nom d'une organisation terroriste palestinienne dont les membres viennent essentiellement du Fatah.

5 octobre : en Égypte, Anouar el-Sadate devient président à la mort de Nasser.

1971

Mai : échec de la mission Jarring.

28 novembre : assassinat du premier ministre jordanien, Wasfi Tall, par les terroristes palestiniens de l'organisation Septembre noir.

Visite à Jérusalem et au Caire d'une délégation présidentielle africaine, dirigée par Léopold Sédar Senghor.

1972

Proposition du roi Hussein de Jordanie de créer un nouveau Royaume arabe uni composé de deux régions fédérées, la Jordanie et la Cisjordanie, sous la couronne hachémite.

Mars : l'Ouganda rompt ses relations diplomatiques avec Israël et sera suivi par la quasi-totalité des pays africains en 1972 et 1973.

5 septembre : l'organisation terroriste Septembre noir assassine onze athlètes israéliens aux Jeux olympiques de Munich.

Loi israélienne votée pour l'indemnisation de biens arabes abandonnés en 1948.

1973

Opération israélienne contre l'état-major du Front populaire de libération de la Palestine à Beyrouth ; trois des principaux dirigeants des organisations terroristes sont tués.

7 au 11 juin : premier voyage d'un chancelier fédéral allemand en exercice, Willy Brandt, en Israël.

6 au 25 octobre : déclenchement de la guerre du Kippour par une offensive simultanée des armées égyptienne et syrienne. Prises au dépourvu, les forces israéliennes sont d'abord submergées, avant de reprendre le contrôle de la situation et de remporter la victoire. Le Conseil de sécurité adopte la résolution 338 pour réaffirmer la validité de la résolution 242 et pour appeler toutes les parties (Syrie, Égypte et Israël) à un cessez-le-feu immédiat.

1974

11 novembre : signature d'un accord de désengagement entre l'Égypte et Israël au kilomètre 101.

11 avril : démission de Golda Meir. Yitzhak Rabin lui succède comme premier ministre d'Israël.

16-17 juin : visite de Nixon en Israël.

22 novembre : accueil triomphal de Yasser Arafat par l'Assemblée générale de l'ONU, qui octroie à l'OLP le statut d'observateur aux Nations unies.

3 décembre : la Conférence de l'UNESCO vote (par 48 voix contre 33, et 31 abstentions) l'expulsion d'Israël.

1975

4 septembre : signature de l'accord intérimaire du Sinaï entre l'Égypte et Israël.

10 novembre : vote à l'Assemblée générale de l'ONU d'une résolution destinée à assimiler le sionisme à « une forme de racisme » (résolution 3379, qui sera abrogée en 1991).

1976

20 janvier : massacre de près de 850 Libanais par l'OLP de Yasser Arafat lors de la conquête des villes de Damour et de Jiyeh.

Capturés par un commando terroriste germano-palestinien à bord d'un avion et faits prisonniers en Ouganda, 47 otages juifs et israéliens sont délivrés par un raid de l'armée de l'air israélienne à Entebbe.

1977

21 juin : Menahem Begin est élu premier ministre d'Israël. Pour la première fois, le Likoud, parti de droite, remporte les élections.

19 novembre : visite officielle à Jérusalem de Sadate, qui devient le premier chef d'État d'un pays arabe à se déplacer en Israël. Sadate prononce un discours à la Knesset pour une paix « juste et durable » entre les deux pays.

1978-1979

Intervention militaire israélienne au sud du Liban contre des bases terroristes palestiniennes.

17 septembre 1978 : signature de deux accords-cadres à Camp David, qui aboutiront à la conclusion du traité de paix israélo-égyptien entre Anouar el-Sadate, Menahem Begin, et Jimmy Carter, président des États-Unis. Israël s'engage à se retirer du Sinaï. Begin et Sadate reçoivent le prix Nobel de la paix.

Mémorandum d'accord entre les États-Unis et Israël prévoyant une consultation étroite entre les deux pays en cas de violation du traité de paix, insistant sur toute éventuelle agression de la part de l'Égypte (sans la nommer dans le texte) et prévoyant une coopération militaire renforcée grâce à de nouvelles livraisons d'armes. Réactions violentes de l'Égypte, qui déclare ce texte nul et non avenu.

1980

Les Américains promettent aux Égyptiens qu'une solution au problème des Palestiniens sera trouvée. Vote à l'unanimité au Conseil de sécurité d'une résolution (61) condamnant la politique israélienne dans tous les territoires occupés, y compris Jérusalem.

30 juillet : la Knesset proclame Jérusalem réunifiée capitale éternelle d'Israël.

1981

2 avril : guerre israélo-palestinienne à la frontière libanaise.
17 juillet : Bombardements israéliens de Beyrouth.

14 décembre : l'annexion du plateau du Golan par Israël n'est pas reconnue sur le plan international.

7 juin : l'armée de l'air israélienne bombarde le réacteur nucléaire irakien Osirak.

19 mars : le secrétaire d'État des États-Unis, Alexander Haig, souhaite mettre en place un « consensus stratégique » au Proche-Orient pour contrer l'influence soviétique.

6 octobre : assassinat de Sadate en raison de sa politique jugée trop conciliante à l'égard d'Israël. Hosni Moubarak lui succède à la présidence égyptienne et y restera jusqu'à sa démission contrainte en 2011.

1982

25 avril : fin de l'évacuation du Sinaï par Israël, mais l'enclave ne sera restituée qu'en mars 1989.

6 juin : Israël déclenche l'invasion du Liban : c'est l'opération Paix en Galilée, destinée à mettre un terme aux attaques terroristes de l'OLP. En juin, l'OLP se réfugie à Tunis. En septembre, des milices phalangistes chrétiennes et l'armée israélienne localisent des groupes terroristes dans les camps de réfugiés palestiniens de Sabra et Chatila : environ 200 mercenaires armés y trouvent refuge. Les phalangistes entrent dans ces camps sans être empêchés par l'armée israélienne : des centaines de réfugiés sont tués.

1983

8 février : dans ses conclusions, la commission Kahane (du nom du juge de la Cour suprême d'Israël, Yitzhak Kahane) considère que le ministre israélien de la Défense, Ariel Sharon, est indirectement responsable du massacre de Sabra et Chatila, car il n'a pas prévu l'entrée des milices chrétiennes dans ces camps.

14 février : démission de Sharon et du premier ministre Menahem Begin. Yitzhak Shamir dirige Israël.

9 juillet : assassinat du président libanais, Bachir Gemayel, et signature de l'accord libano-israélien, sous la gouverne américaine, pour amener les autorités libanaises à empêcher

les hostilités imputables à des forces étrangères (OLP) installées sur le sol libanais contre Israël. Arafat quitte le Liban à la suite de cet accord.

1984

5 mars : Amine Gemayel dénonce l'accord libano-israélien de 1983 et rompt les relations avec Israël.

21 novembre 1984 - 5 janvier 1985 : opération Moïse : transfert en Israël de plusieurs dizaines de milliers de Juifs éthiopiens.

1985

15 janvier : Israël annonce un retrait par étapes du Liban à l'exception d'une zone de sécurité au sud, et tiendra parole dans l'année.

1er octobre : raid de l'aviation israélienne sur le quartier général de l'OLP à Tunis (opération Jambe de bois).

1986

Le roi Hussein de Jordanie fait part de son impossibilité à élaborer une stratégie de paix avec Yasser Arafat et l'OLP. Lors d'une rencontre en France avec Yitzhak Rabin, ministre israélien de la Défense, le roi Hussein affirme vouloir prendre des dispositions pour freiner les activités terroristes de l'OLP faites à partir de la Jordanie contre Israël en échange de l'aide israélienne pour renforcer les liens économiques et institutionnels entre Cisjordanie et Jordanie. Rabin accepte. À son retour en Jordanie, Hussein ordonne la fermeture des bureaux de l'OLP à Amman et l'expulsion du bras droit d'Arafat, Khalil al-Wazir.

1987

9 décembre : première Intifada (« guerre des pierres ») en Cisjordanie et dans la bande de Gaza. Création du Hamas

dans ce contexte, comme mouvement de résistance islamique : ce sera l'une des ailes des Frères musulmans en Palestine.

22 décembre : la résolution 605 du Conseil de sécurité, adoptée en raison de l'abstention américaine, déplore les « pratiques d'Israël qui violent les droits du peuple palestinien dans les territoires occupés ».

1988

15 novembre : proclamation à Alger de la naissance de l'État palestinien par Yasser Arafat à la suite de la décision du roi Hussein de Jordanie de se retirer administrativement de la Cisjordanie.

15 décembre : l'Assemblée générale prend en considération la proclamation d'Arafat sans pour autant reconnaître l'existence d'un véritable État (résolution 43/177, décembre 1988).

1989

Début d'une grande vague d'immigration : 500 000 Juifs d'URSS arrivent en Israël.

14 mai : Israël vote des propositions de paix définies par Shamir : élections dans les territoires occupés, mais refus de la participation de l'OLP, autonomie provisoire pendant trois ans, puis ouverture de négociations sur le statut final des territoires.

1990

Israël accepte l'ouverture de négociations avec les dirigeants palestiniens sur l'autonomie des territoires. Shamir annonce qu'il poursuivra une politique d'implantation de colonies. Blocage.

2 août : entrée des troupes irakiennes au Koweït. Début de la crise du Golfe. L'OLP soutient l'Irak.

1991

24 mai : opération Salomon. C'est la deuxième opération pour sauver les Juifs d'Éthiopie.

L'URSS rétablit ses relations diplomatiques avec Israël.

Poursuite de la guerre du Golfe : sous la pression des Américains, les Israéliens ne ripostent pas aux attaques de missiles irakiennes.

30 octobre au 3 novembre : conférence de paix israélo-arabe à Madrid au lendemain de la guerre froide, réunissant la Syrie, Israël, la Jordanie, le Liban et les représentants palestiniens.

1993

Arafat s'engage solennellement, dans une lettre adressée au premier ministre israélien, Yitzhak Rabin, à aboutir à une résolution pacifique du conflit. Sous l'égide du président des États-Unis, Bill Clinton, la signature des accords d'Oslo entre Arafat et Rabin constitue les premiers accords intervenus dans le cadre du processus de paix engagé à Madrid : Israël accepte l'OLP comme partenaire de négociations (non représentante d'un État), alors que l'OLP admet, pour sa part, l'existence de fait d'Israël. Arafat s'engage de surcroît à renoncer à recourir au terrorisme et à d'autres actes de violence.

1994

6 avril : une trentaine de musulmans sont assassinés par Baruch Goldstein à Hébron ; début d'une vague d'attentats kamikazes en Israël par le Hamas et le Jihad islamique.

4 mai : signature de l'accord sur Gaza et Jéricho par Israël et l'OLP prévoyant la création de l'Autorité palestinienne. L'OLP obtient la gestion de Gaza et de Jéricho.

26 octobre : signature, en Israël, d'un traité de paix israélo-jordanien entre le premier ministre israélien, Yitzhak Rabin,

et le premier ministre jordanien, Abdelsalam al-Majali, en présence de Bill Clinton et de Warren Christopher, secrétaire d'État américain.

14 octobre : Yitzhak Rabin, Yasser Arafat et Shimon Peres reçoivent le prix Nobel de la paix.

1995

24 septembre (Tata), puis 28 septembre (Washington) : signature de l'accord intérimaire israélo-palestinien, plus connu sous le nom d'Oslo II, prévoyant l'extension de l'autonomie des territoires palestiniens.

Janvier à juin : retrait militaire d'Israël des villes arabes, à l'exception d'Hébron et de 450 villages arabes.

4 novembre : assassinat de Yitzhak Rabin par Yigal Amir. Shimon Peres lui succède et devient premier ministre.

1996

5 janvier : l'artificier Yahia Ayache, homme le plus recherché du Hamas, est assassiné à Gaza.

20 janvier : Yasser Arafat est élu président de l'Autorité palestinienne avec 88 % des suffrages.

3 mars : attentat terroriste à Jérusalem. 19 personnes tuées. Peres proclame une guerre totale contre le Hamas. Il déclenche également l'opération Raisins de la colère, autorisant une intervention militaire contre le Hezbollah au sud du Liban.

29 mai : arrivée au pouvoir de la droite israélienne, représentée par Benyamin Netanyahou, en raison de la montée du Hamas et de la recrudescence des attentats.

2 mai : première visite officielle de Yasser Arafat en Israël.

1997

L'armée israélienne quitte la ville d'Hébron, qui passe sous autorité palestinienne.

1999

17 mai : arrivée au pouvoir d'Ehud Barak, successeur de Benyamin Netanyahou.

4 septembre : adoption du mémorandum de Charm el-Cheikh, signé par Ehud Barak et Yasser Arafat en présence de Madeleine Albright, secrétaire d'État des États-Unis, et du roi Abdallah II de Jordanie : il a pour but la mise en application des accords d'Oslo I (1993) et II (1995).

2000

15 février : le pape Jean-Paul II signe un accord avec Yasser Arafat : le Vatican s'engage à s'opposer à toute action unilatérale d'Israël à Jérusalem.

23 mai : Israël se retire militairement du sud du Liban.

20 juin : Bachar al-Assad succède à son père, Hafez al-Assad, à la présidence syrienne.

4 octobre : discussion de paix à Paris : Madeleine Albright rencontre Arafat et Barak. Arafat serait sur le point d'accepter le compromis qui lui est proposé, mais Jacques Chirac intervient pour durcir sa position.

11 au 25 juillet : Camp David II, le Sommet pour la paix au Proche-Orient, organisé par Bill Clinton à Camp David, n'aboutit à aucun accord.

28 septembre : début de la seconde Intifada (ou Intifada al-Aqsa).

2001

28 janvier : nouvelles tentatives de négociations israélo-palestiniennes en Égypte, dans la ville de Taba.

6 février : élection d'Ariel Sharon au poste de premier ministre d'Israël.

Soutien financier d'Arafat aux terroristes palestiniens de l'Intifada, qui planifient de nouveaux attentats contre la population civile israélienne.

11 septembre : aux États-Unis, attentats des attentats sont orchestrés par Oussama ben Laden.

2002

Création du Quatuor pour le Moyen-Orient (Union européenne, Russie, États-Unis et Nations unies) afin de reprendre les négociations bilatérales israélo-palestiniennes.

2003

30 avril : le Quatuor adopte un programme, connu sous le nom de « Feuille de route », pour régler le conflit israélo-palestinien. Ce nouveau programme s'articule autour de mesures que Palestiniens et Israéliens devront mettre simultanément en œuvre.

19 mars : Mahmoud Abbas devient premier ministre de l'Autorité palestinienne.

1er décembre : Yasser Abed Rabbo, ministre de l'Information de l'AP, et Yossi Beilin, ancien ministre israélien de la Justice, tentent de débloquer la situation en signant, à Genève, un accord de paix symbolique : l'initiative de Genève.

2004

22 mars : mort du fondateur et père spirituel du Hamas, cheikh Yassine, lors d'un raid aérien de l'armée israélienne à Gaza.

6 juin : Ariel Sharon décide du désengagement israélien de la bande de Gaza.

9 juillet : avis consultatif de la Cour internationale de justice (*Conséquences juridiques de l'édification d'un mur dans le territoire palestinien occupé*) déclarant illégal le tracé de la barrière de sécurité construite par Israël en Cisjordanie.

11 novembre : décès de Yasser Arafat en France. Mahmoud Abbas lui succède au poste de président de l'Autorité palestinienne.

2005

12 septembre : fin du retrait israélien de la bande de Gaza.

Israël relâche plus de 900 prisonniers palestiniens, l'Égypte et la Jordanie renvoient leurs ambassadeurs en Israël (8 février) ; fin de la seconde Intifada.

15 août : début du démantèlement des colonies juives à proximité de la bande de Gaza.

21 novembre : Ariel Sharon fonde le parti centriste Kadima et convainc Peres de l'y rejoindre. La Knesset est dissoute par le président israélien.

2006

4 janvier : victime d'une attaque cérébrale, Sharon est plongé dans le coma : début d'une période d'intérim de 100 jours.

21 février : à la suite du désengagement israélien de Gaza, les élections portent le Hamas au pouvoir : Ismaïl Haniyeh devient premier ministre de l'Autorité palestinienne. L'Égypte et Israël imposent alors des sanctions économiques (blocus) ; les Israéliens déclarent Gaza « entité hostile ».

25 juin : le soldat Gilad Shalit est enlevé par des terroristes lors d'une attaque contre un poste militaire de Tsahal en territoire israélien.

12 juillet : afin d’éradiquer le Hezbollah du sud du Liban, Israël attaque le Liban.

28 juin : Israël attaque le nord de la bande de Gaza (Opération pluies d'été). Accord sur un cessez-le-feu dans la bande de Gaza (26 août).

2007

15 mars : Ismaïl Haniyeh compose un gouvernement d’union nationale. Le 14 juin, à la suite de sa tentative violente de s’emparer du pouvoir dans la bande de Gaza, il est limogé par Mahmoud Abbas: Salam Fayyad le remplace au poste de premier ministre, dès le 15 juin.

27 novembre : conférence d’Annapolis.

17 décembre : la conférence de Paris décide une aide de 7,4 milliards de dollars pour les Palestiniens.

2008

Propostion d’Ehud Olmert considérée par la communauté internationale comme étant la solution du conflit. Abbas la repousse catégoriquement.

2008-2009

27 décembre 2008 : opération militaire israélienne Plomb durci contre le Hamas, à Gaza : cette opération a pour objectif de riposter aux tirs de roquettes et de missiles du Hamas contre des localités civiles israéliennes.

Avril : l’ONU constitue la « mission internationale indépendante d’établissement des faits sur le conflit à Gaza », dirigée par le juge Richard Goldstone. Le 29 septembre, Goldstone dénonce les pratiques militaires israéliennes et les tirs de roquettes du Hamas. Le juge reviendra, par la suite, sur les conclusions de son rapport.

2010-2011

Début des révolutions arabes, notamment en Tunisie, en Algérie (décembre 2010), en Égypte (janvier 2011), en Syrie (janvier 2011), au Maroc (janvier 2011), au Soudan (janvier 2011), en Irak (février 2011) et en Libye (février 2011).

23 septembre : aux Nations unies, demande unilatérale de Mahmoud Abbas pour une reconnaissance de l'État palestinien.

2012

11 février : lors de la célébration du 33e anniversaire de la Révolution islamique de 1979, Ismaïl Haniyeh déclare à Téhéran : « Le Hamas ne reconnaîtra jamais Israël. » Dans une allocution retransmise par la télévision iranienne, il réaffirme que « la lutte [des Palestiniens] continuera jusqu'à la libération de la totalité de la terre de Palestine et de Jérusalem, et le retour de tous les réfugiés palestiniens chez eux ».

14 novembre : Ahmed al-Jaabari, chef des brigades Izz al-Din al-Qassam, branche armée du Hamas, est tué par les Israéliens. Déclenchement immédiat de l'opération israélienne Pilier de défense : pour Israël, le *casus belli* est constitué par les attaques transfrontalières récurrentes et les tirs de roquettes de moyenne et longue portée du Hamas, du Jihad islamique et de diverses autres organisations islamistes de la bande de Gaza contre le territoire israélien.

2014

Juillet-août : nouvelle offensive israélienne contre le Hamas et d'autres organisations terroristes à Gaza. L'objectif déclaré des Israéliens est de mettre à nouveau un terme aux tirs de roquettes du Hamas et à son réapprovisionnement en armement. Il s'agit également de détruire ses infrastructures : les tunnels creusés sous la frontière entre la bande de

Gaza et Israël, les sites de lancement de roquettes et leurs unités de fabrication. Pour le Hamas, Israël doit lever le blocus imposé sept ans auparavant. Ses actions terroristes s'inscrivent dans un cadre plus général de ce qu'il considère comme une résistance face à Israël dans le cadre du conflit israélo-palestinien.

Juin-août : extermination des chrétiens d'Irak par l'État islamique, qui conquiert, dans le même temps, des territoires en Irak et au Levant.

12 octobre : conférence internationale au Caire sur la reconstruction de la bande de Gaza, en présence notamment du secrétaire d'État américain, John Kerry, qui souhaite relancer le processus de paix israélo-palestinien. L'ONU demande une aide de 1,6 milliard de dollars pour reconstruire Gaza. Reconnaissance de l'État palestinien par la Suède.

5 juillet : Mahmoud Abbas mobilise le Conseil de Sécurité au sujet des territoires occupés.

2015

1er avril : adhésion de la Palestine à la Cour pénale internationale.

Attentats terroristes à Paris (janvier et novembre) et à Copenhague (février).

BIBLIOGRAPHIE

Livres

ALEM, Jean Pierre, *Juifs et Arabes. 3000 ans d'histoire*, Paris, Grasset, 1968.

ALLON, Yigal, *Israël : la lutte pour l'espoir*, Paris, Stock, 1977.

ARENDT, Hannah, *Écrits juifs*, Paris, Fayard, 2011.

ARON, Raymond, *Paix et guerre entre les nations*, Paris, Calmann-Lévy, 2004.

BARD, Mitchell G., *Mythes et réalités des conflits du Proche-Orient*, Paris, Raphaël, 2003.

BECKER, Jillian, *The PLO : The Rise and Fall of the Palestine Liberation Organization*, Londres, Weidenfeld and Nicolson, 1984.

BERMAN, Nathanel, *Passions et ambivalences. Le colonialisme, le nationalisme et le droit international*, Paris, Pedone, 2008.

BERNADOTTE, Folke, *To Jerusalem*, Londres, Hodder and Stoughton, 1951.

BOTIVEAU, Bernard, *L'État palestinien*, Paris, Presses de Sciences Po, 1999.

BRASSARD, Jacques, *Hérésies*, Montréal, Accent Grave, 2013.

BRUCKNER, Pascal, *Le sanglot de l'homme blanc*, Paris, Seuil, 1983.

BRZEZINSKI, Zbigniew, *Le grand échiquier*, Paris, Fayard, 1997.

BULL, Hedley, *The Anarchical Society : A Study of Order in World Politics*, New York, Columbia University Press, 3e éd., 2002.

CARRÉ, Olivier, *Le Mouvement national palestinien*, Paris, Gallimard, 1977.

CHATEAUBRIAND, François René de, *Itinéraire de Paris à Jérusalem*, Paris, Flammarion, 1999.

CHOMSKY, Noam, *Les dessous de la politique de l'Oncle Sam*, Montréal, Écosociété, 1996.

CHOURAQUI, André, *Jérusalem. Une ville sanctuaire*, Paris, Rocher, 1996.

COHEN, Hillel, *Army of Shadows. Palestinian Collaboration with Zionism, 1917-1948*, Los Angeles, University of California Press, 2008.

COMBACAU, Jean et Serge SUR, *Droit international public*, 8e éd., Paris, Montchrestien, 2008.

CYRULNIK, Boris, *Les Nourritures affectives*, Paris, Odile Jacob, 2000.

DELPARD, Raphaël, *La Guerre des Six Jours. La victoire et le poison*, Lucien Souny, 2007.

EBAN, Abba, *Mon pays. L'épopée d'Israël moderne*, Paris, Buchet/Chastel, 1975.

ELON, Amos, *Requiem allemand. Une histoire des Juifs allemands 1743-1933*, Paris, Denoël, 2010.

ENCEL, Frédéric, *Géopolitique de Jérusalem*, Paris, Flammarion, 2008.

FUKUYAMA, Francis, *La fin de l'histoire et le dernier homme*, Paris, Flammarion, 1992

GAULLE, Charles de, *Mémoires de guerre. L'Appel : 1940-1942*, tome 1, Paris, Plon, 1954.

GERBET, Pierre, GHEBALI Victor-Yves et MOUTON Marie-Renée, *Société des Nations et Organisation des Nations unies*, Paris, Richelieu, 1973.

GHEBALI, Victor-Yves, *La crise du système des Nations unies*, Paris, La Documentation française, 1988.

GINIEWSKI, Paul, *Préhistoire de l'État d'Israël*, Paris, France-Empire, 1997.

GREILSAMMER, Ilan, *Le sionisme*, Paris, Presses Universitaires de France, 2005.

HALL, H. Duncan, *Mandates, Dependencies and Trusteeships*, Washington, Carnegie Endowment for International Peace, 1948.

HASSNER, Pierre et VAÏSSE Justin, *Washington et le monde. Dilemmes d'une superpuissance*, Paris, Autrement, 2003.

HATEM, Robert Maroun, *Dans l'ombre d'Hobeika… en passant par Sabra et Chatila*, Paris, Jean Picollec, 2003.

HERZL, Theodor, *L'État des Juifs*, Paris, La Découverte, 1990.

HUNTINGTON, Samuel P., *Le Choc des civilisations*, Paris, Odile Jacob, 1997.

HUREWITZ, Jacob Coleman, *The Struggle for Palestine*, New York, Norton, 1950.

JACKSON, Robert H., *Quasi-States : Sovereignty, International Relations and the Third World*, Cambridge, Cambridge University Press, 1993.

KISSINGER, Henry, *Diplomatie*, Paris, Fayard, 1999.

KISSINGER, Henry, *La nouvelle puissance américaine*, Paris, Fayard, 2003.

KOSKENNIEMI, Martti, *The Gentle Civilizer of Nations. The Rise and fall of International Law 1870-1960*, Cambridge, Cambridge University Press, 2002.

LAPIERRE, Dominique et COLLINS Larry, *Ô Jérusalem*, Paris, Robert Laffont, 1971.

LAURENS, Henry, *Le retour des exilés. La lutte pour la Palestine de 1869 à 1997*, Paris, Robert Laffont, 1998.

LAURENS, Henry, *La question de Palestine*, tomes 1 et 2, Paris, Fayard, 2002.

LAURENS, Henry, *L'Orient arabe. Arabisme et islamisme de 1798 à 1945*, Paris, Armand Colin, 2004.

LAWRENCE, Thomas Edward, *Les sept piliers de la sagesse*, tome 2, Paris, Payot, 1970.

LEUCHTER, Catherine, *Le livre noir de l'autorité palestinienne*, Barbâtre, Café Noir, 2004.

MACMILLAN, Margaret, *Paris 1919. Six Months That Changed the World*, Toronto, Random House, 2003.

MANSOUR, Camille, *Israël et les États-Unis ou les fondements d'une doctrine stratégique*, Paris, Armand Colin, 1995.

MARLOWE, John, *Rebellion in Palestine*, Londres, Cresset Press, 1946.

MARTIN, Gilbert, *The Routledge Atlas of the Arab-Israeli Conflict*, 8e éd., Londres, Routledge, 2005.

MEIR, Golda, *Ma vie*, Paris, Robert Laffont, 1975.

MORRIS, Benny, *The Birth of the Palestinian Refugee Problem, 1947-1949*, Cambridge, Cambridge University Press, 1987.

MORRIS, Benny, *Victimes. Histoire revisitée du conflit arabo-sioniste*, Paris, Complexe, 2003.

NIETZSCHE, Friedrich, *Ainsi parlait Zarathoustra*, Paris, Flammarion, 1996.

O'PERSON, Susan, *Mediation and assassinations: Count Bernadotte's Mission to Palestine*, 1948, Londres, Ithaca Press, 1979.

ORGANSKI, Abramo Fimo Kenneth, *The $36 Billion Bargain: Strategy and Politics in US Assistance to Israel*, New York, Colombia University Press, 1990.

PAPPÉ, Ilan, *Britain and the Arab-Israeli Conflict, 1947-1951*, Londres, Macmillan, 1988.

PAPPÉ, Ilan, *La guerre de 1948 en Palestine. Aux origines du conflit israélo-arabe*, Paris, La Fabrique, 2000.

PAPPÉ, Ilan, *Une terre pour deux peuples. Histoire de la Palestine moderne*, Paris, Fayard, 2004.

PERRIN, Dominique, *Palestine. Une terre, deux peuples*, Paris, Presses Universitaires du Septentrion, 2000.

PEYREFITTE, Alain, *La Société de confiance*, Paris, Odile Jacob, 1995.

PICAUDOU, Nadine, *Le mouvement national palestinien. Genèse et structures*, Paris, L'Harmattan, 1989.

PICAUDOU, Nadine, *Les Palestiniens. Un siècle d'histoire*, Paris, Complexe, 2003.

PIÉTRI, François, *Napoléon et les Israélites*, Paris, Berger-Levrault, 1965.

PLATON, *La République*, Paris, Flammarion, 2002.

ROCHE, Jean-Jacques, *Relations internationales*, Paris, LGDJ, 2001.

ROSENAU, James N., *Turbulence in World Politics*, Princeton, Princeton University Press, 1990.

SAÏD, Edward W., *Culture et impérialisme*, Paris, Fayard, 2000.

SAÏD, Edward W., *L'Orientalisme. L'Orient créé par l'Occident*, Paris, Seuil, 2005.

SCHIFF, Ze'ev et YA'ARI Ehud, *Israel's Lebanon War*, New York, Simon and Schuster, 1984.

SCHMITT, Carl, *Le nomos de la Terre*, coll. Léviathan, Paris, Presses Universitaires de France, 2001.

SENOR, Dan et SINGER Saul, *Start-Up Nation. The story of Israel's Economic Miracle*, Westminster, McClelland & Stewart, 2009.

SFEIR, Antoine, *Vers l'Orient compliqué*, Paris, Grasset, 2006.

SFEIR, Antoine et CHESNOT Christian, *Orient-Occident, le choc ? Les impasses meurtrières*, Paris, Calmann-Lévy, 2009.

SFEIR Antoine et KLEIN Théo, *Israël survivra-t-il ?* Paris, L'Archipel, 2008.

SHAMIR, Ronen, *The Colonies of Law. Colonialism, Zionism and Law in Early Mandate Palestine*, Cambridge, Cambridge University Press, 2000.

SHLAÏM, Avi, *Collusion Across the Jordan. King Abdullah, the Zionist Movement, and the Partition of Palestine*, Oxford, Clarendon Press, 1988.

SHLAÏM, Avi, *Le mur de fer. Israël et le monde arabe*, Paris, Buchet/Chastel, 2007.

SOUSTELLE, Jacques, *La longue marche d'Israël*, Paris, J'ai Lu, 1968.

TOUSSAINT, Charmian Edwards, *The Trusteeship System of the United Nations*, New York, Praeger, 1956.

TRIGANO, Shmuel, *L'Ébranlement d'Israël. Philosophie de l'histoire juive*, Paris, Seuil, 2002.

TRIGANO, Shmuel, *Les Frontières d'Auschwitz. Les ravages du devoir de mémoire*, Paris, Livre de Poche-Hachette, 2005.

TRIGANO, Shmuel (sous la direction de), *La Fin du judaïsme en terres d'islam*, Paris, Denoël, 2009.

TSUR, Jacob, *Prière du matin. L'aube de l'État d'Israël*, Paris, Plon, 1967.

VAN PAASSEN, Pierre, *The Forgotten Ally*, New York, Dial Press, 1943.

VATTEL, Emer de, *Le Droit des gens, ou Principes de la loi naturelle, appliqués à la conduite et aux affaires des nations et des souverains*, Carnegie Classics of International Law Series, n° 4, Washington, Carnegie Institution of Washington, 1758.

WALTZ, Kenneth N., *Theory of International Politics*, New York, McGraw-Hill Education, 1979.

WARRAQ, Ibn, *Defending the West. A critique of Edward Saïd's Orientalism*, New York, Prometheus Books, 2007.

WASSERSTEIN, Bernard, *Divided Jerusalem. The Stuggle for the Holy City*, Londres, Profile Books, 2001.

WIESEL, Elie, *Un Juif, aujourd'hui*, Paris, Seuil, 1977.

ZWEIG, Stefan, *Fouché*, Paris, Le Livre de Poche, 2000.

Articles universitaires

AL HUSSEINI, Jalal, « L'UNRWA et les réfugiés », *Revue d'études palestiniennes*, n° 86, 2003.

ANGHIE, Antony, « Colonialism and the Birth of Institutions : Sovereignty, Economy and the Mandate System of the League of Nations », *New York, Journal of International Law and Politics*, vol. 34, n° 3, été 2002.

ARCHIBALD, Benjamin, « We Live to Survive Our Paradoxes : In Defense of Israel as a Jewish & Democratic State », *New England Journal of International and Comparative Law*, vol. 10, 2004.

ATRAN, Scott, « Le masha'a et la question foncière en Palestine 1858-1948 », *Annales ESC*, vol. 42, n° 6, novembre-décembre 1987.

AZMI, Mahmoud, « La question palestinienne devant l'assemblée des Nations unies », *Politique étrangère*, n° 5-6, 1948.

AZRIA, Régine, « Israël : de l'invention de la nation à l'examen de conscience ; la morale à l'épreuve du politique », *Archives de sciences sociales des religions*, vol. 88, n° 1, 1994.

BAKER, Alan, « L'illusion des "Frontières de 1967"… qui n'ont jamais existé », *Controverses*, n° 17, juin 2011.

BEN ACHOUR, Yadh, « La civilisation islamique et le droit international », *Revue Générale de Droit International Public*, tome 110, avril 2006.

BENCHIKH, Madjid, « L'accord intérimaire israélo-palestinien sur la Cisjordanie et la bande de Gaza du 28 septembre 1995 », *Annuaire français de droit international*, vol. 41, 1995.

BENFREDJ, Esther, « Jérusalem et l'Islam », *Controverses*, n° 17, juin 2011.

BENSIMON, Jean-Pierre, « Diplomatie de guerre au Proche-Orient », *Controverses*, n° 7, février 2008.

BERMAN, Nathaniel, « Legalizing Jerusalem or, of Law, Fantasy, and Faith », *Catholic University Law Review*, vol. 45-823, 1995-1996.

BETTATI, Mario, « L'ONU et l'action humanitaire », *Politique étrangère*, vol. 58, n° 3, 1993.

BOCKEL, Alain, « Vers un État palestinien démocratique ? », *Annuaire français de droit international*, vol. 41, 1995.

BOCKEL, Alain, « L'issue du processus de paix israélo-palestinien en vue ? Le mémorandum de Charm-el-Cheikh du 4 septembre 1999 et la question de la proclamation de l'État palestinien », *Annuaire français de droit international*, vol. 45, 1999.

BOCKEL, Alain, « Le pari perdu d'Oslo : le règlement du conflit israélo-palestinien dans l'impasse », *Annuaire français de droit international*, vol. 46, 2000.

BOCKEL, Alain, « Le retrait israélien de Gaza et ses conséquences sur le droit international », *Annuaire français de droit international*, vol. 51, 2005.

BURGIS, Michelle, « Discourses of Division : Law, Politics and the ICJ Advisory Opinion on the Legal Consequences of the Construction of a Wall in the Occupied Palestinian Territory », *Chinese Journal of International Law*, vol. 7, n° 1, 2008.

BURGIS, Michelle, « Faith in the State ? Traditions of Territoriality, International Law and the Emergence of Modern Arab Statehood », *Journal of the History of International Law*, vol. 11, 2009.

CALVO-GOLLER, Karin N., « L'Accord du 13 septembre 1993 entre Israël et l'OLP : le régime d'autonomie prévue par la Déclaration Israël/OLP », *Annuaire français de droit international*, vol. 39, 1993.

CALVO-GOLLER, Karin N., « L'extension de l'autonomie palestinienne à des territoires en Cisjordanie », *Annuaire français de droit international*, vol. 41, 1995.

CAPLEN, Robert A., « Rules of Disengagement : Relating the Establishment of Palestinian Gaza to Israel's Right to Exercise Self-Defense as Interpreted by The International Court of Justice at the Hague », *Florida Journal of International Law*, vol. 18, 2006.

DAUMAS, Philippe, « La Commission King-Crane, une occasion perdue », *Revue d'études palestiniennes*, août 1995.

DERSHOWITZ, Alan, « The Case Against the Goldstone Report : A Study in Evidentiary Bias », *Harvard Public Law School & Legal Theory, Working Paper Series*, n° 10-26, 2010.

DEZALAY, Yves et BRYANT Garth, « L'impérialisme moral. Les juristes et l'impérialisme américain », *Actes de la recherche en sciences sociales*, 1-2, n° 171-172, Seuil, 2008.

DUCLOS, Louis-Jean, « Territorialités palestiniennes », *Revue de l'Occident musulman et de la Méditerranée*, n° 48-49, 1988.

DUMONT, Gérard-François, « Le changement de paradigme au Moyen-Orient », *Géostratégiques*, n° 15, février 2007.

DUPLESSIS, Isabelle, « Le droit international a-t-il une saveur coloniale ? L'héritage des institutions internationales multilatérales », *Revue juridique Thémis*, 2008.

DRAÏ, Raphaël, « Jérusalem et le droit international. Quel droit international ? », *Controverses*, n° 17, juin 2011.

EISENSTADT, Shmuel Noah, « Le passage d'une société de pionniers à un État organisé », *Revue française de science politique*, vol. 4, 1954.

FEUER, Guy, « Le statut des zones de Jérusalem contrôlées par les Nations unies », *Annuaire français de droit international*, vol. 12, 1966.

FLORY, Maurice, « L'accord libano-israélien du 17 mai 1983 », *Annuaire français de droit international*, vol. 29, 1983.

GINIEWSKI, Paul, « La paix israélo-arabe est-elle possible ? », *Politique étrangère*, vol. 20, n° 3, 1955.

GOTTMANN, Jean, « Le problème palestinien et le projet de partage du pays », *Annales de Géographie*, vol. 47, n° 265, 1938.

HARDY, Michael, « L'UNRWA et son personnel », *Annuaire français de droit international*, n° 8, 1962.

HASSAN, Zaha, « The Palestinian Constitution and The Geneva Accord : The Prospects for Palestinian Constitutionalism », *Florida Journal of International Law*, vol. 16, n° 4, décembre 2004.

JOHANSSON, Patrik, « The Humdrum Use of Ultimate Authority : Defining and Analysing Chapter VII Resolutions », *Nordic Journal of International Law*, vol. 78 n° 3, 2009.

KOSKENNIEMI, Martti, « National Self-Determination Today : Problems of Legal Theory and Practice », *The International and Comparative Law Quarterly*, vol. 43, no 2, 1994.

KOSKENNIEMI, Martti, « International Law in Europe : Between Tradition and Renewal », *European Journal of International Law*, vol. 16, n° 1, 2005.

KRAMER, Arnold, « Soviet Policy on Palestine 1947-1948 », *Journal of Palestine Studies*, vol. 2, n° 2, hiver 1973.

KRAUTHAMMER, Charles, « The Unipolar Moment », *Foreign Affairs*, septembre 1990.

LAURENS, Henry, « Le Liban et l'Occident. Récit d'un parcours », *Vingtième Siècle*, vol. 32, 1991.

LAZARUS, Claude, « Le statut des mouvements de libération nationale à l'Organisation des Nations unies », *Annuaire français de droit international*, vol. 20, 1974.

LEGRAND, Vincent, « La question de l'inconstitutionnalité de la décision jordanienne de désengagement de Cisjordanie du 31 juillet 1988. Éclairages politiques et juridiciaires », *Égypte/Monde arabe*, n° 2, 3e série, 2005.

LEPRETTE, Jacques, « Le Conseil de sécurité et la résolution 377 A 1950 », *Annuaire français de droit international*, vol. 34, 1988.

MANIN, Philippe, « Les efforts de l'Organisation des Nations unies et des grandes puissances en vue d'un règlement de la crise au Moyen-Orient », *Annuaire français de droit international*, vol. 15, 1969.

METELLUS, « Le nationalisme arabe », *Politique étrangère*, vol. 22, n° 6, 1957.

MONTAGNE, Robert, « L'Union arabe », *Politique étrangère*, vol. 11, n° 2, 1946.

MOREAU DEFARGES, Philippe, « L'Organisation des Nations unies et le droit des peuples à disposer d'eux-mêmes », *Politique étrangère*, vol. 58, n° 3, 1993.

MYERS, Denys P., « Liquidation of League of Nations Functions », *American Journal of International Law*, vol. 42, n° 2, avril 1948.

NASR, Marlène, « La rhétorique du refus islamiste de l'accord Ghaza-Ariha », *Mots. Les langages du politique*, n° 50, mars 1997.

NAVON, Emmanuel, « Une anthologie du plan par étapes palestinien de l'OLP », *Controverses*, n° 17, 2011.

NOAM, Gilad, « Territorial Aspects of the Israeli-Palestinian Conflict : A Legal Perspective on Some Historical and Contemporary Issues », *The International Law Forum of the Hebrew University of Jerusalem*, 2006.

ONUMA, Yasuaki, « When was the Law of International Society Born ? An Inquiry of the History of International Law from an Intercivilizational Perspective », *Journal of the History of International Law*, vol. 2, 2000.

PERANI, Prisca, « Les chrétiens sionistes aux États-Unis », *Matériaux pour l'histoire de notre temps*, vol. 75, 2004.

PERRITT, Henry H., « Structures and Standards for Political Trusteeship », *UCLA Journal of International Law and Foreign Affairs*, automne-hiver 2003.

PICAUDOU, Nadine, « Genèse des élites politiques palestiniennes, 1948-1982 », *Revue française de science politique*, volume 34, nº 2, 1984.

PIPES, Daniel, « Les revendications des musulmans sur Jérusalem », *Middle East Quarterly*, septembre 2001.

QUIGLEY, John, « The Palestine Declaration to the International Criminal Court : The Statehood Issue », *Rutgers Law Record*, vol. 35, été 2009.

QUIGLEY, John, « The Perfidy of Albion : Britain's Secret Re-Assessment of the Balfour Declaration », *Ohio State Public Law Working Paper*, nº 128, août 2010.

RAFAEL, Gideon, « Quarante ans de politique étrangère israélienne », *Politique étrangère*, vol. 53, nº 2, 1988.

RAJAGOPAL, Balakrishnan, « Lipstick on a Caterpillar ? Assessing the New U.N. Human Rights Council Through Historical Reflection », *Buffalo Human Rights Law Review*, vol. 13, nº 7, 2007.

RAVNDAL, Ellen Jenny, « Exit Britain : British Withdrawal From the Palestine Mandate in the Early Cold War, 1947-1948 », *Diplomacy & Statecraft*, septembre 2010.

RONDOT, Pierre, « Report of the Palestine Royal Commission », *Politique étrangère*, vol. 2, nº 4, 1937.

RONDOT, Pierre, « Report of the Palestine Partition », *Politique étrangère*, vol. 3, nº 6, 1938.

RONDOT, Pierre, « Le monde arabe et la coexistence pacifique », *Revue Tiers Monde*, vol. 9, nº 35, 1968.

RONEN, Yael, « Illegal Occupation and its Consequences », *Israel Law Review*, vol. 41, novembre 2008.

ROSSI, Mario, « L'ONU et la crise du Proche-Orient de 1967 », *Politique étrangère*, vol. 40, nº 5, 1975.

SACRISTE, Guillaume et Antoine VAUCHEZ, « The Force of International Law : Lawyer's Diplomacy on the International Scene in the 1920's », *Law & Social Inquiry*, vol. 32, nº 1, hiver 2007.

SAÏD, Edward W., « Jusqu'où ira Israël ? », *Confluences Méditerranée*, nº 37, printemps 2001.

SAYRE, Francis B., « Legal Problems Arising from the United Nations Trusteeship System », *American Journal of International Law*, vol. 42, 1948.

SEURAT, Laetitia, « Le Hamas entre stratégies internes et externes », septembre 2011, en ligne [http://www.sciencespo.fr/ceri/sites/sciencespo.fr.ceri/files/art_ls.pdf].

SHANY, Yuval, « Faraway, so Close : The Legal Status of Gaza after Israel's Disengagement », *Yearbook of International Humanitarian Law*, vol. 8, 2006.

SMOUTS, Marie-Claude, « Réflexions sur les méthodes de travail du Conseil de sécurité », *Annuaire français de droit international*, vol. 28, 1982.

SOFFER, Ovadia, « Le conflit arabo-israélien : la réalité et les mythes », *Politique étrangère*, vol. 49, n° 4, 1984.

TAMS, Christian J., « League of Nations », *Max Planck Encyclopedia of Public International Law*, Oxford, 2007.

TLEMÇANI, Rachid, « Le Proche-Orient entre guerres et paix. L'OLP, les islamistes, Israël et l'accord Gaza-Jericho », *Revue du monde musulman et de la Méditerranée*, n° 68-69, 1993.

TOUATI, Sidney, « Conférences pour la paix : l'étrange paradoxe », *Controverses*, n° 7, février 2008.

TRIGANO, Shmuel, « La Fin de 40 ans d'illusions », *Controverses*, n° 3, octobre 2006.

TRIGANO, Shmuel, « Le refus palestinien d'un État juif », *Controverses*, n° 7, février 2008.

TRIGANO, Shmuel, « Le nouvel antisémitisme, vers une modélisation », *Controverses*, n° 8, mai 2008.

TRIGANO, Shmuel, « L'instrumentalisation meurtrière de l'humanisme », *Controverses*, n° 10, mars 2010.

TROUDI, Mohamed, « La gestion onusienne du conflit israélo-palestinien : la défaite du droit », *Géostratégiques*, n° 14, 2006.

VIÉNOT, Pierre, « Le mandat français sur le Levant », *Politique étrangère*, n° 2, 1939.

Articles de presse

Agence France-Presse, « Mahmoud Abbas sera reçu à l'Élysée vendredi », *France 24*, 11 octobre 2011, en ligne [http://www.france24.com/fr/20111011-mahmoud-abbas-conflit-israel-palestine-nicolas-sarkozy-etat-palestinien-processus-paix].

Agence France-Presse, « Abbas et Mechaal annoncent au Caire un "partenariat" palestinien Fatah/Hamas », *L'OBS*, 24 novembre 2011, en ligne [http://tempsreel.nouvelobs.com/monde/20111124.AFP9692/abbas-et-mechaal-annoncent-au-caire-un-partenariat-palestinien-fatah-hamas.html].

Agence Reuters, « La Palestine devient membre à part entière de l'UNESCO », *Le Monde*, 31 octobre 2001, en ligne [http://www.lemonde.fr/proche-orient/article/2011/10/31/l-unesco-se-prononce-sur-la-demande-d-adhesion-de-l-autorite-palestinienne_1596258_3218.html].

BENFREDJ, Esther, « Connaissez-vous le "conflit arabo-palestinien" ? », *Causeur*, septembre 2012, en ligne [http://www.causeur.fr/connaissez-vous-le-conflit-arabo-palestinien-18970.html].

BENFREDJ, Esther, « Fallait-il exhumer l'État palestinien fantôme ? », *Causeur*, 5 décembre 2012, en ligne [http://www.causeur.fr/vers-exhumation-de-etat-palestinien-fantome-20241.html].

BERMAN, Lazar, « Top US general : Israel protected civilian lives in Gaza », *The Times of Israel*, 7 novembre 2014, en ligne [http://www.timesofisrael.com/top-us-general-israel-protected-civilian-lives-in-gaza/].

BOOT, Max, « George W. Bush : The "W" stands for Woodrow », *The Wall Street Journal*, 1er juillet 2002.

CAMUS, Jean-Yves, « Pourquoi l'armée israélienne intervient-elle à Gaza ? », *Debriefing*, 4 janvier 2009, en ligne [http://debriefing.org/27473.html].

COOPMAN, Pierre, « Les médias arabes à propos de Moubarak et de la guerre à Gaza », *Arab Press Network*, 20 janvier 2009, en ligne [http://www.arabpressnetwork.org/articlesv2.php?id=2977&lang=fr].

GILLIGAN, Andrew, « Qatar : Le Club Med des terroristes », *Courrier international*, 30 septembre 2014, en ligne [http://www.courrierinternational.com/article/2014/09/30/le-club-med-des-terroristes].

GILLMANN, Christiane, « Tracé modifié, mais pas de démantèlement », *Association France Palestine Solidarité*, 25 octobre 2004, en ligne [http://www.france-palestine.org/article724.html].

GOLDSTONE, Richard, « Reconsidering the Goldstone Report on Israel and war crimes », *Washington Post*, 1er avril 2011.

HAÏM, Laura, « Le Hamas ambigu face à la démarche d'Abbas », *Le Figaro*, 23 septembre 2011.

HAYOM, Israël, « Ayaan Hirsi Ali : "Tous les pays qui condamnent aujourd'hui Israël se retrouveront plus tard dans la même situation" », *Europe Israël news*, 6 août 2014, en ligne [http://www.europe-israel.org/2014/08/ayaan-hirsi-ali-tous-les-pays-qui-condamnent-aujourdhui-israel-se-retrouveront-plus-tard-dans-la-meme-situation/].

HIJAZI, Ihsan A., « Lebanese Scrap P.L.O. Accord, Barring Bases », *The New York Times*, 22 mai 1987.

I24 NEWS, « Le Canada réaffirme son appui à Israël », *i24 News*, 2 décembre 2013, en ligne [http://www.i24news.tv/fr/actu/israel/diplomatie-defense/131202-le-canada-reaffirme-son-appui-a-israel].

LAURENs, Henry, « Comment l'Empire ottoman fut dépecé », *Le Monde diplomatique*, avril 2003.

MARCEAU, Richard, « Israël et le Canada partagent des valeurs et intérêts communs », *Huffington Post Québec*, 15 janvier 2014, en ligne [http://quebec.huffingtonpost.ca/richard-marceau/canada-israel-valeurs-interets-communs_b_4588519.html].

MILLIÈRE, Guy, « La place des barbares est en enfer », *Dreuz.info*, 1er juillet 2014, en ligne [http://www.dreuz.info/2014/07/la-place-des-barbares-est-en-enfer/].

MORRIS, Benny, « Politics by Other Means », *The New Republic*, 17 mars 2004.

NAKACHE, Laëtitia, « Elie Wiesel : Il faut que le Hamas rejette le sacrifice d'enfants », *Cool Israël*, 6 août 2014, en ligne [http://coolisrael.fr/19928/elie-wiesel-il-faut-que-le-hamas-rejette-le-sacrifice-denfants].

NAVON, Emmanuel, « Le conflit israélo-palestinien est-il insoluble ? », *JForum.fr*, 20 juin 2011, en ligne [http://jforum.fr/forum/israel/article/le-conflit-israelo-palestinien-est].

NAVON, Emmanuel, « Abbas refuse d'intégrer les réfugiés palestiniens au nouvel État », *Overblog*, 21 septembre 2011, en ligne [http://lessakele.over-blog.fr/article-abbas-refuse-d-integrer-les-refugies-palestiniens-au-nouvel-etat-la-vraie-signification-du-vote-onus-84816788.html].

PIPES, Daniel, « Les Palestiniens qui ont aidé à la création d'Israël », *Jerusalem Post,* 26 mars 2009.

PIPES, Daniel, « La Turquie soutient l'EIIL », *The Washington Times*, 18 juin 2014, en ligne [http://fr.danielpipes.org/14494/turquie-soutient-eiil].

TRIGANO, Shmuel, « Le concept de "pogrom médiatique" », *Blog-Controverses*, 27 janvier 2009, en ligne [http://www.controverses.fr/blog/blog_trigano.htm].

TRIGANO, Shmuel, « La cérémonie du bouc émissaire, *Tribune juive*, 6 décembre 2013, en ligne [http://www.tribunejuive.info/international/la-ceremonie-du-bouc-emissaire-par-shmuel-trigano].

Documentation des Nations unies

Résolutions adoptées par l'Assemblée générale

Gouvernement futur de la Palestine, Rés. AG 181, Doc. off. AG NU, 2e sess. (1947).

Nomination et mandat d'un Médiateur des Nations unies en Palestine, Rés. AG 186, Doc. off. AG NU, 2e sess. (1948).

Palestine-Rapport intermédiaire du Médiateur des Nations unies, Rés. AG 194, Doc. off. AG NU, 3e sess. (1948).

Admission d'Israël à l'ONU, Rés. AG 273, Doc. off. AG NU, 3e sess. (1949).

Aide aux réfugiés de Palestine, Rés. AG 302, Doc. off. AG NU, 4e sess. (1949).

L'union pour le maintien de la paix, Rés. AG 377/A, Doc. off. AG NU, 5e sess. (1950).

Admission de nouveaux Membres à l'ONU, Rés. AG 995, Doc. off. AG NU, 10e sess. (1955).

Première session extraordinaire d'urgence, Rés. AG 1000 (ES-1), Doc. off. AG NU (1956).

Déclaration sur l'Octroi de l'indépendance aux pays et aux peuples coloniaux, Rés. AG 1514, Doc. off. AG NU, 15e sess. (1960).

Coopération entre l'ONU et l'Organisation de l'unité africaine, Rés. AG 2011, Doc. off. AG NU, 20e sess. (1965).

Pacte international relatif aux droits économiques, sociaux et culturels, Pacte international relatif aux droits civils et politiques et Protocole facultatif se rapportant au Pacte international relatif aux droits civils et politiques, Rés. AG 2200, Doc. off. AG NU, 21e sess. (1966).

Mesures prises par Israël pour changer le statut de la ville de Jérusalem, Rés. AG A/RES/2253, Doc. off. AG NU, (1967).

Mesures prises par Israël pour changer le statut de la ville de Jérusalem, Rés. AG A/RES/2254, Doc. off. AG NU, (1967).

Importance, pour la garantie et l'observation effectives des droits de l'homme, de la réalisation universelle du droit des peuples à l'autodétermination et de l'octroi rapide de l'indépendance aux pays et aux peuples coloniaux, Rés. AG 2787, Doc. off. AG NU, 26e sess. (1971).

Invitation à l'Organisation de libération de la Palestine, Rés. AG 3210, Doc. off. AG NU, 29e sess. (1974).

Question de Palestine, Rés. AG 3236, Doc. off. AG NU, 29e sess. (1974).

Statut d'observateur pour l'Organisation de libération de la Palestine, Rés. AG 3237, Doc. off. AG NU, 29e sess. (1974).

Statut d'observateur pour la Conférence islamique de l'ONU, Rés. AG 3369, Doc. off. AG NU, 30e sess. (1975).

Invitation à l'Organisation de libération de la Palestine à participer aux efforts pour la paix au Moyen-Orient, Rés. AG 3375, Doc. off. AG NU, 30e sess. (1975).

Question de Palestine, Rés. AG 3376, Doc. off. AG NU, 30e sess. (1975).

Élimination de toutes les formes de discrimination raciale, Rés. AG 3379, Doc. off. AG NU, 30e sess. (1975).

La situation au Moyen-Orient, Rés. AG 3414, Doc. off. AG NU, 30e sess. (1975).

Question de Palestine, Rés. AG 31/20, Doc. off. AG NU, 31e sess. (1976).

La situation au Moyen-Orient, Rés. AG 32/20, Doc. off. AG NU, 32e sess. (1977).

Mesures illégales prises par Israël dans les territoires arabes occupés et visant à en modifier le statut juridique, le caractère géographique et la composition démographique en violation des principes de la Charte des Nations unies, des obligations internationales contractées par Israël aux termes de la quatrième convention de Genève de 1949; ainsi que des résolutions des Nations unies, et obstruction des efforts visant à instaurer une paix juste et durable au Moyen-Orient, Rés. AG 32/5, Doc. off. AG NU, 32e sess. (1977).

Question de Palestine, Rés. AG 32/40 B, Doc. off. AG NU, 32e sess. (1977).

Question de Palestine, Rés. AG 34/65, Doc. off. AG NU, 34e sess. (1979).

Rapport du Comité spécial chargé d'enquêter sur les pratiques israéliennes affectant les droits de l'homme de la population des territoires occupés, Rés. AG 34/90, Doc. off. AG NU, 34e sess. (1979).

Question de Palestine, Rés. AG ES - 7/2, Doc. off. AG NU (1980).

Rapport du Comité spécial chargé d'enquêter sur les pratiques israéliennes affectant les droits de l'homme de la population des territoires occupés, Rés. AG 35/122, Doc. off. AG NU, 35e sess. (1980).

Assistance au peuple palestinien, Rés. AG 36/70, Doc. off. AG NU, 36e sess. (1981).

Conditions de vie du peuple palestinien, Rés. AG 36/73, Doc. off. AG NU, 36e sess. (1981).

Rapport du Comité spécial chargé d'enquêter sur les pratiques israéliennes affectant les droits de l'homme de la population des territoires occupés, Rés. AG 36/147, Doc. off. AG NU, 36e sess. (1981).

La situation au Moyen-Orient, Rés. AG 36/226, Doc. off. AG NU, 36e sess. 1981.

La situation dans les territoires arabes occupés, ES – 9/1, Doc. off. (1982).

Question de Palestine, ES - 7/4, Doc. off. (1982).

Question de Palestine, Rés. AG 43/177, Doc. off. AG NU, 43e sess. (1988).

Convention relative aux droits de l'enfant, Rés. AG 44/25, Doc. off. AG NU, 44e sess. (1989).

Élimination du racisme et de la discrimination raciale, Rés. AG 46/86, Doc. off. AG NU, 46e sess. (1991).

Processus de paix au Moyen-Orient, Rés. AG 48/58, Doc. off. AG NU, 48e sess. (1994).

Assistance au peuple palestinien, Rés. AG 48/213, Doc. off. AG NU, 48e sess. (1994).

Report of the Secretary-General prepared pursuant to General Assembly resolution ES-10/13, Rés. ES-10/248, Doc. off. 30e sess. spéc. urg. (2003).

Illegal Israeli actions in Occupied East Jerusalem and the rest of the Occupied Palestinian Territory, Rés ES-10/14, Doc. off. (2003).

Follow-up to the report of the United Nations Fact-Finding Mission on the Gaza Conflict, Rés. AG 64/10, Doc. off. AG NU, (2009).

Résolutions adoptées par le Conseil de sécurité

La question de Palestine, Rés. CS 50, Doc. NU, S/801, 310e séance (1948).

La question de Palestine, Rés. CS 54, Doc. NU, S/902, 338e séance (1948).

La question de Palestine, Rés CS 62, Doc. off. NU, 381e séance (1948).

Admission d'Israël comme Membre de l'Organisation des Nations unies, Rés. CS 69, Doc. NU, S/1277, 414e séance (1949).

Corrigendum to Cablegram Dated 23 February 1949 from the Acting Mediator to the Secretary-General Transmitting the Texte of an Armistice Agreement Between Egypt And Israel, CS, Doc. off. NU, S/1264/Corr.1, 23 février 1949.

Cablegram Dated 22 March 1949 from the Acting Mediator To The Secretary-General Transmitting the Text of an Armistice Agreement Between Lebanon And Israel, CS, Doc. off. NU, S/1296, 23 mars 1949.

Communication Dated 20 July 1949 From The United Nations Acting Mediator on Palestine to the Acting Secretary-General Transmitting the Text of an Armistice Agreement Between Israel and Syria, CS, Doc. off. NU, S/1353 (1949).

Lettre datée du 2 mars 1955 du représentant de l'Égypte aux Nations unies adressée au Président du Conseil de sécurité, CS, Doc. off. NU, S/3367 (1955).

La Question de Palestine, Rés. CS 106, Doc. off. NU, S/3378 (1955).

Plainte de l'Égypte, Rés. CS 119, Doc. off. NU, S/3721 (1956).

La situation au Moyen-Orient, Rés. CS 242, Doc. off. NU, 1382e séance (1967).

La situation au Moyen-Orient, Rés. CS 252, Doc. off. NU, 1440e séance (1968).

La situation au Moyen-Orient, Rés. CS 267, Doc. off. NU, 1485e séance (1969).

Cessez-le-feu au Moyen-Orient, Rés. CS 338, Doc. off. NU, 1750e séance (1973).

Israël-République arabe syrienne, Rés. CS 497, Doc. off. NU, 2319e séance (1981).

Israël-Tunisie, Rés CS 611, Doc. off. NU, 2810e séance (1988).

Irak et Koweït, Rés. CS 678, Doc. off. NU, 2963e séance (1990).

Iraq-Koweït, Rés. CS 687, Doc. off. NU, 2981e séance (1991).

Menaces à la paix et à la sécurité internationales résultant d'actes terroristes, Rés. CS 1368, Doc. off. NU, 4370e séance (2001).

Menace à la paix et à la sécurité internationales résultant d'actes terroristes, Rés. CS 1373, Doc. off. NU, 4385e séance (2001).

La situation entre l'Iraq et le Koweït, Rés. CS 1441, Doc. off. NU, 4644e séance (2002).

Lettre datée du 7 mai 2003, adressée au Président du Conseil de sécurité par le Secrétaire général (Moyen-Orient, question de Palestine, Feuille de route), Doc. off. NU, S/2003/529 (2003).

La situation au Moyen-Orient, y compris la question palestinienne, Rés. CS 1515, Doc. off. NU, 4862e séance (2003).

Application of Palestine for admission to membership in the United Nations, CS Doc. off. NU, S/2011/592 (2011).

Report of the Committee on the Admission of New Members concerning the application of Palestine for admission to membership in the United Nations, CS S/2011/705, Doc. off. NU (2011).

Veto *américain utilisé entre 1972 et 1990 dans la question israélo–arabe*

La situation au Moyen-Orient, CS S/10784, Doc. off. NU, 10 septembre 1972.

La situation au Moyen-Orient, CS S/10974, Doc. off. NU, 26 juillet 1973.

La situation au Moyen-Orient, CS S/11898, Doc. off. NU, 8 décembre 1975.

Le problème du Moyen-Orient, y compris la question de Palestine, CS S/11940, Doc. off. NU, 26 janvier 1976.

Demande adressée au Conseil de sécurité par la Jamahiriya arabe libyenne et le Pakistan pour qu'il examine la situation grave résultant des événements survenus récemment dans les territoires arabes occupés, CS S/12022, Doc. off. NU, 25 mars 1976.

Question de l'exercice par le peuple palestinien de ses droits inaliénables, CS S/12119, Doc. off. NU, 29 juin 1976.

Question de l'exercice par le peuple palestinien de ses droits inaliénables, CS S/13911, Doc. off. NU, 30 avril 1980.

La situation dans les territoires arabes occupés, CS S/14832/Rev.1, Doc. off. NU, 20 janvier 1982.

La situation dans les territoires arabes occupés, CS S/14943, Doc. off. NU, 2 avril 1982.

La situation dans les territoires arabes occupés, CS S/14985, Doc. off. NU, 20 avril 1982.

La situation au Moyen-Orient, CS S/15185, Doc. off. NU, 8 juin 1982.

La situation au Moyen-Orient, CS S/15347/Rev.1, Doc. off. NU, 6 août 1982.

La situation dans les territoires arabes occupés, CS S/15895, Doc. off. NU, 2 août 1983.

La situation au Moyen-Orient, CS S/16732, Doc. off. NU, 6 septembre 1984.

La situation au Moyen-Orient, CS S/17000, Doc. off. NU, 12 mars 1985.

La situation dans les territoires arabes occupés, CS S/17459, Doc. off. NU, 13 septembre 1985.

La situation au Moyen-Orient, CS S/17730/Rev.2, Doc. off. NU, 17 janvier 1986.

La situation dans les territoires arabes occupés, CS S/17769/Rev.1, Doc. off. NU, 30 janvier 1986.

Lettre datée du 4 février 1986, adressée au Président du Conseil de sécurité par la Syrie, CS S/17796/Rev.1, Doc. off. NU, 6 février 1986.

La situation au Moyen-Orient, CS S/19434, Doc. off. NU, 18 janvier 1988.

La situation dans les territoires arabes occupés, CS S/19466, Doc. off. NU, 1er février 1988.

La situation dans les territoires arabes occupés, CS S/19780, Doc. off. NU, 15 avril 1988.

La situation au Moyen-Orient, CS S/19868, Doc. off. NU, 10 mai 1988.

La situation au Moyen-Orient, CS S/20322, Doc. off. NU, 14 décembre 1988.

La situation dans les territoires arabes occupés, CS S/20463, Doc. off. NU, 17 février 1989.

La situation dans les territoires arabes occupés, CS S/20677, Doc. off. NU, 9 juin 1989.

La situation dans les territoires arabes occupés, CS S/20945/Rev.1, Doc. off. NU, 7 novembre 1989.

La situation dans les territoires arabes occupés, CS S/21326, Doc. off. NU, 31 mai 1990.

Rapports officiels transmis aux Nations unies

Palestine : Report on Immigration, Land Settlement and Development, de Sir John Hope Simpson, 1er octobre 1930.

Official Records of the Second Session of the General Assembly, UNSCOP, Report to the General Assembly, 3 septembre 1947.

Report of the Secretary-General prepared pursuant to General Assembly resolution ES-10/13. A/ES-10/248, 24 novembre 2003.

Report of the United Nations Fact-Finding Mission on Gaza Conflict, A/HRC/12/48, 25 septembre 2009 (Advance Edited Version, 15 septembre 2009).

TABLE DES MATIÈRES

REMERCIEMENTS

Former les esprits sans les conformer, les enrichir sans les endoctriner [...] *pour les amener à leur propre vérité, leur donner le meilleur de soi sans attendre ce salaire qu'est la ressemblance.*

Extrait du discours de Jean Rostand à l'Académie française (1960)

Sincères remerciements à la formidable équipe des Éditions Desclée de Brouwer. Plus particulièrement, j'exprime toute ma gratitude à Julie Daniel du comité éditorial. Son remarquable travail de relecture et ses commentaires m'ont été d'une aide précieuse.

Que Raphaël Delpard, Shmuel Trigano et ma famille soient également remerciés pour la confiance et le soutien qu'ils m'ont toujours témoignés.

Ma reconnaissance s'adresse aussi aux professeurs de droit de l'Université de Montréal Isabelle Duplessis et Jean-François Gaudreault-Desbiens pour leur enseignement, qui s'inscrit dans la continuité de la pensée de Jean Rostand ainsi qu'à Louis-Philippe Messier, à Romain Droitcourt et à Aude Cavailler pour leur contribution amicale.

Achevé d'imprimer par Laballery,
en mars 2017
N° d'imprimeur : 702442

Dépôt légal : mars 2017

Imprimé en France